STEND

HEINZ KLIPPERT

# FRIEDEN? SICHERN!

## Anleitung zur Belebung pazifistischen Denkens

WESTEND

Mehr über unsere Autoren und Bücher:
www.westendverlag.de
Die Deutsche Nationalbibliothek verzeichnet diese Publikation in der Deutschen Nationalbibliografie; detaillierte bibliografische Daten sind im Internet über http://dnb.d-nb.de abrufbar.

978-3-86489-434-3
1. Auflage 2024

Umschlaggestaltung: © Buchgut, Berlin
Satz: Publikations Atelier, Weiterstadt
Druck und Bindung: Friedrich Pustet GmbH & Co. KG, Regensburg
Printed in Germany

# Inhalt

»Ich dachte immer,
jeder Mensch sei gegen den Krieg,
bis ich herausfand,
dass es welche gibt,
die dafür sind.
Besonders die, die nicht
hingehen müssen.«

*Erich Maria Remarque*

*Für Doris*

*Für meine Töchter und Enkelkinder*

*Wer das Hinterfragen von Konflikten und Kriegsursachen verlernt, öffnet den Demagogen und Kriegstreibern Tür und Tor und verspielt damit die Chance auf nachhaltige Friedenssicherung. Wer sich dagegen einen kritischen Geist bewahrt und andere Menschen/Völker angemessen zu verstehen, zu respektieren und für friedliche und gesichtswahrende Konfliktlösungen zu gewinnen versucht, wird für den Weltfrieden mehr tun können als all die Hardliner, Panikmacher und Bellizisten, die mit ihrer geballten Forschheit, Hybris und Konfrontationslust Gefahr laufen, unseren Planeten Erde leichtfertig aufs Spiel zu setzen.*

# Vorwort

Die Idee zu diesem Buch entstand vor dem Hintergrund der alarmierenden Kriegsgeschehnisse in der Ukraine, die nicht nur Erwachsene, sondern auch viele Jugendliche durcheinandergebracht und zutiefst erschreckt haben. Wer hätte das inmitten des zivilisierten Europas für möglich gehalten? Ich auf jeden Fall nicht! Aufgewachsen nach den Schrecken des Zweiten Weltkriegs, war ich angesichts des beeindruckenden Vormarschs der Diplomatie und der internationalen Vernetzung auf der Ebene der Europäischen Union (EU) und der Vereinten Nationen (UNO) fest davon überzeugt, dass der Frieden in Europa sicher ist. Schließlich hatten ja alle mitbekommen, welche immensen Verwüstungen und Opferzahlen der Zweite Weltkrieg mit sich gebracht hatte. Daher war ich zuversichtlich, dass nun endlich das Zeitalter der politischen Vernunft angebrochen ist. Allein die neue Harmonie zwischen den beiden Erzrivalen Deutschland und Frankreich stärkte meine Überzeugung, dass es in Europa nie wieder Krieg geben werde.

Leider hat dieser Optimismus spätestens seit den aktuellen Kriegsexzessen in der Ukraine kräftige Risse bekommen. Die dortigen Zerstörungen und Opferzahlen sind enorm und werden von Woche zu Woche schlimmer. Gleichzeitig verhärten sich die politischen, ökonomischen und ideologischen Fronten zwischen Russland und den NATO-Ländern immer weiter und machen einmal mehr deutlich, wie fragil der Weltfrieden ist und wie schnell sich auch in unserem »aufgeklärten Zeitalter« eine alarmierende Kriegsstimmung ausbreiten kann. Das gilt für die russische wie für die ukrainische Seite. Das gilt aber auch für Deutschland und Europa, wo sich innerhalb weniger Wochen eine erstaunliche Kehrtwende vom langjährigen Entspannungsoptimismus hin zur militärischen, ideologischen und emotionalen Blockbildung gegenüber Russland vollzogen hat. Die alten Feindbilder des Kalten Krieges sind plötzlich wieder da und geben dem bellizistischen Denken Auftrieb.

Dabei wird sträflich übersehen, dass Frieden noch selten auf dem Schlachtfeld, sondern in aller Regel nur durch konstruktive Verhandlungen und kompromissorientierte Diplomatie gesichert wurde. Je früher damit begonnen wird, desto besser. Das betrifft nicht nur den Ukraine-Krieg und ähnliche internationale Kriegsereignisse, sondern auch zahllose kleinere Konflikte auf dieser Welt, die sich ebenfalls rasch zu handfesten Kriegen auswachsen können. Deshalb: Kriege müssen mit allen Mitteln verhindert werden, bevor sie tatsächlich um sich greifen und hasserfüllte Fronten entstehen! Das ist im Fall der Ukraine zu wenig geschehen, da nicht nur Russland Kriegsvorbereitungen betrieb, sondern auch der Westen ziemlich versagte, als er sich nach 1990 als Sieger des Kalten Krieges aufspielte und Russlands Sicherheitsinteressen sträflich ignorierte. Von daher müssen auch die NATO-Staaten einiges aufarbeiten, wenn sie zukünftige Kriegsgefahren früher abfangen wollen.

Nötig ist also ein Mehr an sensibler und flexibler Kriegsprävention. Das gilt für Europa, aber auch für andere Kontinente und Konfliktzonen. Denn Kriege sind leider weltweit an der Tagesordnung: Bürgerkriege, Eroberungskriege, Religionskriege, Stammeskriege, Stellvertreterkriege, Familienkriege, Ehekriege et cetera. Egal, wo man hinschaut: Rivalitäten, Misstrauen, Intoleranz, Hass und tiefgreifendes Schwarz-Weiß-Denken führen Menschen immer wieder dazu, dass Konflikte eskalieren und in ruinöse Kriegshandlungen einmünden. Interessant dabei ist, dass die Bösen und Schuldigen stets die Anderen sind, während die eigenen Provokationen,

Aggressionen und »Waffengänge« meist als moralisch geboten, politisch alternativlos und/oder ethisch gerechtfertigt hingestellt beziehungsweise verklärt werden. Perspektivenwechsel, Toleranz, Verhandlungen, Kompromisssuche und andere Formen der Entspannungsbemühungen kommen unter diesen Vorzeichen oft zu kurz oder werden vorschnell als falsch beziehungsweise aussichtslos bewertet. Stattdessen neigen viele Akteurinnen und Akteure dazu, den jeweiligen Gegner bedenkenlos zu verteufeln und moralisch zum Abschuss freizugeben. Diese Denk- und Handlungslogik findet sich sowohl in kleineren Gemeinschaften (Schule, Parteien et cetera) als auch auf der großen Bühne der Weltpolitik.

Das Fatale an diesem Schwarz-Weiß-Denken ist, dass damit einer differenzierten Sondierung des Konfliktmanagements von vorneherein der Boden entzogen wird. Das gilt nicht zuletzt in der aktuellen Debatte über den Ukraine-Krieg. Nach westlicher Lesart ist Russland ohne Wenn und Aber der hinterhältige Verbrecherstaat, der Westen dagegen der Anwalt des Völkerrechts und der Menschenrechte. Von daher verbieten sich kritische Nachfragen zur Vorgeschichte des Krieges für viele deutsche Politiker:innen, Medienschaffende und Bürger von selbst. Diese rigide Abwehr differenzierten Nachdenkens findet sich selbst im engsten Freundeskreis, wo schnell mal Killerbegriffe wie »Verschwörungstheorie« oder »Antiamerikanismus« bemüht werden, um einen kritischen Diskurs über Kriegsursachen, Geopolitik, Kriegsfolgen und Verhandlungsperspektiven zu unterbinden. Dieser neue Dogmatismus ist ein bizarres Phänomen unserer Tage.

Bizarr deshalb, weil er eine geistige Engführung fördert, die mit den Grundprinzipien einer lebendigen Demokratie schwerlich in Einklang zu bringen ist. Wenn beispielsweise UN-Generalsekretär Antonio Guterres Ende Oktober 2023 heftige Kritik erntete, weil er in einer Stellungnahme zum Gaza-Krieg nicht nur die Hamas verurteilte, sondern auch darauf verwies, dass das palästinensische Volk 56 Jahre lang unter einer »erdrückenden Besetzung« durch

Israel gelitten habe (vgl. *Frankfurter Rundschau* vom 26.10.2023), dann ist das bezeichnend und alarmierend zugleich. Ähnliches wiederfuhr im gleichen Monat dem renommierten slowenischen Philosophen Slavoj Žižek, als er in seinem Eröffnungsvortrag anlässlich der Frankfurter Buchmesse die Frage nach den Ursachen des »tödlichen Hasses« der Hamas stellte und deswegen gleich der Terror-Rechtfertigung und Israelfeindlichkeit bezichtigt wurde (vgl. *Frankfurter Rundschau* vom 19.10.2023, S. 28). Derartige Denk- und Analyse-Verbote sind der Tod einer wirksamen Konfliktlösung.

Diese wenigen Anmerkungen zeigen, dass das (selbst-)kritische Hinterfragen und Verstehen-Wollen internationaler Konfliktherde in jüngster Zeit schwieriger geworden ist. Wer derzeit ernsthaft versucht, die Denk- und Handlungsweisen erklärter »Schurkenstaaten« wie Russland, Iran oder China zu verstehen und mögliche Entspannungsstrategien zu eruieren, hat eher schlechte Karten. Die Vorurteile scheinen in Stein gemeißelt. Dabei steht fest, dass sich ohne das Verstehen der spezifischen Interessen, Erfahrungen, Sichtweisen, Befürchtungen und Handlungskalküle aller Konfliktparteien weder ein erfolgversprechendes Friedensszenario noch ein tragfähiger Frieden erreichen lässt. Das gilt grundsätzlich für alle Konflikte. Deshalb: Wer Frieden will, muss den Frieden vorbereiten und vor allem eines tun: die Beweggründe und Prägungen der jeweiligen Gegenseite vorurteilsfrei analysieren und mögliche Kompromisse suchen. Andernfalls drohen immer neue Missverständnisse, Vertrauensverluste und Waffengänge.

Eine zeitgemäße Meinungsbildung in Sachen »Krieg und Frieden« muss diese letztgenannten Optionen spiegeln und ebenso sensible wie konstruktive Hintergrundanalysen und Konfliktlösungsüberlegungen anstreben. Verstehen und Verständigungsbereitschaft sind nun einmal wichtige Quellen nachhaltiger Friedenssicherung beziehungsweise Kriegsprävention. Das ist zumindest der Grundgedanke in diesem Buch. Mit diesem Gedanken verbindet sich gleichzeitig die Zuversicht, dass sich die allermeisten zwischenstaatlichen und zwischenmenschlichen Konflikte in friedlicher Weise beilegen lassen, sofern nur rechtzeitig, sensibel und flexibel genug auf Interessenausgleich, Deeskalation und wechselseitige Vertrauensbildung gesetzt wird. In den nachfolgenden Kapiteln finden sich vielfältige Begründungen, Texte, Fakten und Denkanstöße, die helfen sollen, einer reflektierten Kriegsskepsis den Boden zu bereiten und entsprechende Nachdenklichkeit, Kritikfähigkeit und Analysekompetenz aufzubauen.

Mit diesem Ansinnen richtet sich das Buch an alle, die pazifistisches Denken unverändert wertschätzen und der Entspannungspolitik der 1970er- und 1980er-Jahre nicht einfach den Rücken kehren und der vermeintlichen Alternativlosigkeit von Aufrüstung, Waffenlieferungen und militärischer Konfrontation das Wort reden wollen. Dieser neue Bellizismus übersieht völlig, dass Kriege noch selten stabilen Frieden gebracht haben. Wer Frieden will, muss vor allem eines tun: Kriegsgefahren frühzeitig erkennen, Interessengegensätze ausloten, Perspektivenwechsel wagen, Kompromisse suchen und glaubwürdige Entspannungs- beziehungsweise Deeskalationsschritte unternehmen. Die entsprechende Meinungsbildungs- und Reflexionsarbeit ist der Kern eines »reflektierten Pazifismus«, wie er hier verstanden wird. Näheres dazu findet sich in der nachfolgenden Einleitung. Die weiteren Kapitel des Buches bieten wichtige Grundinformationen und Denkanstöße zur Entfaltung dieses pazifistischen Denkens, aber auch zahlreiche Materialien und Anregungen zur korrespondierenden Reflexionsarbeit. Dass diese dringend vonnöten ist, zeigt unter anderem die aktuelle Kriegsrhetorik in Politik, Medien und Zivilgesellschaft.

Landau, im Herbst 2023
Heinz Klippert

# Einleitung

Wo immer in der Welt man hinschaut, existieren Rivalitäten, Intrigen, Anfeindungen und Kriegsgefahren in den verschiedensten Schattierungen. Sie sind in aller Regel das Resultat fataler politisch-ökonomischer Machtkämpfe, geostrategischer Ambitionen, ideologischer Differenzen, politischer Rachegelüste, ethnischer Rivalitäten, missionarischer Antriebe, kultureller Überlegenheitsfantasien oder sonstiger aggressionsfördernder Machenschaften. Doch nicht nur das. Die verbreitete Affinität von Menschen zu Kriegen und Gewalt hat auch damit zu tun, dass die meisten von ihnen von Kindesbeinen an Rivalität, Mobbing, Geringschätzung, Ausgrenzung und andere Formen des sozialen Gegeneinanders erleben oder auch selbst praktizieren. Das begünstigt Gewaltbereitschaft und fördert ein Denken in Kategorien von Gut und Böse, Freund und Feind, Sieg und Niederlage. Diese soziokulturellen Einflüsse und Prägungen werden im Buch ebenso beleuchtet wie korrespondierende Eckpunkte und Zielsetzungen einer zeitgemäßen friedensethischen Bewusstseinsbildung.

Fest steht: Friedenssicherung beginnt im Kleinen – in den Familien, Schulen, Parteien und sonstigen Gruppierungen, in denen Rücksichtnahme, Empathie, Perspektivenwechsel, Konfliktmanagement und sonstige Formen des friedlichen Miteinanders geübt oder eben nicht geübt werden. Leider deuten die aktuellen Stimmungsbilder weltweit darauf hin, dass es um die Kriegsresistenz der Menschen und Völker nicht gerade zum Besten bestellt ist.

Das gilt keinesfalls nur für autokratisch regierte Staaten, sondern auch für viele demokratisch geprägte Länder wie Deutschland, die USA oder andere westliche Nationen. Anders nämlich lässt sich die demoskopisch belegte Empfänglichkeit vieler Bundesbürger für verstärkte Aufrüstungsmaßnahmen, Waffenlieferungen und Militäreinsätze nur schwer erklären. Auch spricht die rüde Tonlage, mit der hierzulande die zurückliegende Entspannungs- und Abrüstungspolitik abgeurteilt wird, unmissverständlich dafür, dass es um den ins Auge gefassten »reflektierten Pazifismus« derzeit eher schlecht bestellt ist.

Reflektierter Pazifismus meint hierbei eine Haltung und Denkweise, die der Kriegsprävention absolute Priorität beimisst und für eine ebenso kritische wie differenzierte Meinungsbildung in Sachen Krieg und Frieden eintritt. Dahinter steht unter anderem der Grundgedanke, dass Kriege selten nur einen Verursacher haben und es daher unbedingt angezeigt ist, frühzeitig auf Perspektivwechsel, Verhandlungen und Kompromisse zu setzen, anstatt ruinöse Waffengänge zu starten. Das heißt zwar nicht, dass Waffen generell geächtet werden, wohl aber, dass Kriege mit allen Mitteln zu verhindern sind! Leider hapert es an diesem Kalkül bis heute ganz erheblich. Das zeigt nicht zuletzt die Vorgeschichte des Ukraine-Kriegs, der bei rechtzeitiger Vertrauensbildung, sicherheitspolitischer Rücksichtnahme und politischer Deeskalation wohl zu vermeiden gewesen wäre. Versagt haben letztlich alle Seiten – auch die westliche! Das wird hierzulande häufig geleugnet, obwohl es für die Erklärung und Beendigung der Kriegsdynamik immens wichtig wäre, die zurückliegenden Versäumnisse einzugestehen.

Grundsätzlich sollte es das Bestreben der Regierenden sein, einen Konflikt erst gar nicht eskalieren zu lassen, sondern möglichst früh und konsequent nach einem tragfähigen Interessenausgleich zu suchen und entsprechend hart zu verhandeln. Denn wenn ein Krieg erst mal begonnen hat, ist es in der Regel zu spät. Dann sind Gräueltaten gleichsam programmiert. Gehört es doch zum Wesen von Kriegen, dass Massaker, Bombardierungen, Vergewaltigungen und Zerstörungen passieren. Von daher muss es das oberste Ziel der betreffenden Konfliktparteien sein, derartige Zerstörungsorgien erst gar nicht zu riskieren. Je besser das gelingt, desto humaner. Das aber verlangt von Politiker:innen, Militärs, Geheimdienstlern und Medienschaffenden, aufkeimende Konflikte möglichst frühzeitig zu erfassen, Interessengegensätze zu analysieren, Fremdperspektiven zu beleuchten, Provokationen zu sondieren, kalkulierte Zugeständnisse zu überlegen und friedensstiftende Kompromisse anzusteuern.

Diese Option ist Grundlage und Kern des vorliegenden Buches. Der intendierte »reflektierte Pazifismus« zielt genau auf diese kritische und selbstkritische Analyse von Konfliktursachen, Konfliktverläufen und Konfliktlösungsmöglichkeiten. Wenn nämlich jede Seite beizeiten den Größenwahn des Siegen-Wollens ablegt und einem zivilisierten »Miteinander-Leben-Lernen« den Vorrang gibt, dann kann das für die Zukunft der Menschheit nur gut sein. Denn Kriegshandlungen im Gefühl der höheren Moral oder der eigenen militärischen, ideologischen und/oder ökonomischen Überlegenheit haben in aller Regel allen geschadet – auch den vermeintlichen »Siegern«. Daher muss eine recht verstandene Friedenssicherung dieses Risikobewusstsein entwickeln helfen und die Menschen befähigen, zu einer möglichst reflektierten und vorurteilsfreien Urteilsfindung in Sachen Krieg und Frieden zu gelangen. Das begünstigt die Deeskalations-Fantasien aller Beteiligten. Das gilt für die internationale Politik wie für Konfliktlösungen in kleineren sozialen Systemen.

In diesem Sinne zielt die hier intendierte friedensethische Reflexionsarbeit auf eine Grundhaltung und Meinungsbildung, die einer vorschnellen Konflikt-Eskalation mit viel Skepsis begegnet und ganz bewusst auf einen vorausschauenden Konfliktabbau mit dem Ziel friedlicher Koexistenz setzt. Das erfordert unter anderem ein kritisches Hinterfragen von Kriegsanlässen, Kriegsbegründungen,

Kriegsfolgen, Kriegsberichten, Kriegspropaganda, Verhandlungsoptionen und Waffenstillstandszenarien. Dieses Hinterfragen und kritische Analysieren und Diskutieren von Konfliktsituationen, Eskalationsüberlegungen und möglichen Friedensszenarien gehört zu den zentralen Aufgaben einer zeitgemäßen Meinungsbildung in Sachen »Krieg und Frieden«. Dementsprechend muss möglichst konsequent und fundiert darauf hingearbeitet werden, die häufig behauptete Alternativlosigkeit von Kriegshandlungen zu widerlegen – ganz gleich, ob es sich dabei nun um Verteidigungs- oder Angriffskriege handelt.

Der Übergang vom Verteidigungs- zum Angriffskrieg ist ohnehin fließend. Wenn beispielsweise der türkische Präsident Erdogan einen Krieg gegen die Kurden in Nord-Syrien ankündigt, weil er damit einer kurdischen Offensive zuvorkommen will, dann wähnt er sich damit in der Verteidigerrolle, agiert tatsächlich aber als Angreifer. Diese Logik findet sich aktuell auch beim russischen Präsidenten Putin, der die nicht abgestimmte NATO-Osterweiterung erklärtermaßen als Bedrohung durch den Westen deutet und deshalb meint, in der Ukraine die territoriale Integrität Russlands verteidigen zu müssen. So gesehen ist das, was für die eine Seite ein Angriffskrieg ist, für die andere Seite womöglich ein Verteidigungskrieg. Diese Beispiele zeigen, dass eine objektive Beurteilung internationaler Konflikte/Kriege oft sehr schwierig ist und sich die friedensethische Reflexionsarbeit deshalb vorrangig darauf konzentrieren muss, die unterschiedlichen Perspektiven zu beleuchten.

Entscheidend ist also, dass bei aufkeimenden Konflikten nicht vorschnell geurteilt/verurteilt, sondern zunächst einmal darangegangen wird, die unterschiedlichen Wahrnehmungen, Beweggründe, Interessen und Deutungsmuster der einzelnen Konfliktparteien sorgfältig zu sondieren, bevor womöglich über militärische und/oder ökonomische Sanktionen nachgedacht wird. Dieser Perspektivenwechsel gehört zum Kern seriöser Friedenssicherung. Sind doch die verantwortlichen Akteure in Politik und Gesellschaft letztlich nur dann in der Lage, schwelende Konflikte angemessen zu beurteilen und mögliche Lösungsszenarien zu entwickeln, wenn sie sich im besten Sinne des Wortes hermeneutischer Verfahren bedienen. Diese Kompetenz des verständnisfördernden Perspektivenwechsels liegt derzeit zwar ziemlich im Argen, bleibt aber wichtig. Warum? Weil es politisch leider üblich geworden ist, den eigenen Standpunkt, den eigenen Blickwinkel, das eigene Ego und Interesse rücksichtslos zu verabsolutieren und der Gegenseite nur Schlechtes zu unterstellen.

Die damit einhergehenden Eskalationsgefahren sind enorm. Dies auch deshalb, weil Kriege für viele nach 1970 geborene Bundesbürger offenbar an Schrecken verloren haben. Das zeigt sich aktuell zum Beispiel darin, dass umfängliche Aufrüstungsprogramme bei der deutschen Bevölkerung derart hoffähig geworden sind, dass sich viele Friedensforscher irritiert die Augen reiben. Von Entspannungspolitik, Abrüstung, Interessenausgleich und friedlicher Koexistenz ist kaum noch die Rede. Auch gegenüber China, dem Iran oder anderen sogenannten »Schurkenstaaten« werden Töne angeschlagen, die höchst gefährlich sind. Das Bedenkliche an dieser neuen Radikalität ist, dass sie in alarmierender Weise zeigt, wie schnell die Stimmung in der Bevölkerung umschlagen und eine neue Konfrontations- und Aufrüstungsmentalität Platz greifen kann.

Ernüchternd an diesem aktuellen Stimmungsbild in Deutschland und Europa ist, dass die Irrationalität des militärischen Denkens offenbar unverändert virulent ist. Das zeigt sich nicht nur im Kontext des Ukraine-Kriegs, sondern auch in Verbindung mit zahlreichen anderen Kriegsschauplätzen auf dieser Welt, die unzählige Opfer kosten und bei uns nur deshalb eher wenig mediale Beachtung finden, weil sie sich fernab von Europa abspielen. Das gilt unter anderem für den langjährigen Irak-Krieg, für den horrende 1,8 Millionen Tote bilanziert werden. In Afghanistan und Pakistan gab es rund 800 000 Tote; und der seit 9/11 von den USA entfachte

»Krieg gegen den Terror« kostete direkt oder indirekt mindestens 3,1 Millionen Menschen das Leben (vgl. Guilliard 2021; vgl. ferner: www.bundeswehr-journal.de/2015). Diese und andere kriegerische Exzesse zeigen, dass die weltweite Kriegstreiberei anhält und in allen Fällen »verheerende« Opferzahlen und Sachschäden bewirkt.

Woher rührt diese chronische Kriegsbereitschaft und wie kann ihr entgegengewirkt werden? Diese Frage steht im Mittelpunkt des Buches. Dabei geht es keinesfalls nur um die Analyse und Erörterung zwischenstaatlicher oder innerstaatlicher Kriegshandlungen, sondern um sehr viel mehr. Eine wichtige Rolle spielt dabei unter anderem die sehr grundsätzliche Frage nach den Wurzeln der latenten Gewalt- beziehungsweise Kriegsbereitschaft von Menschen sowie die Chance, trotz ungünstiger äußerer Einflüsse und Prägungen eine friedensethische Grundhaltung zu entwickeln, die eine tragfähige Gewaltresistenz bedingt. Dieser auf Gewaltprävention und Kriegsvermeidung gerichtete Anspruch bildet erklärtermaßen das Zentrum des Buches. Hinter dem darin zum Ausdruck kommenden Friedensoptimismus steht die grundlegende Überzeugung, dass Menschen prinzipiell in der Lage sind, ihre latente Gewaltbereitschaft einzuhegen und friedenstiftendes Denken und Handeln zu erlernen.

Bei der betreffenden Reflexions- und Klärungsarbeit geht es einerseits um die Erweiterung des Sachwissens, andererseits aber auch und besonders um den Aufbau von Kritikfähigkeit und Urteilsfähigkeit, von Mitmenschlichkeit und Vertrauen, von Empathie und Offenheit, von Analyse- und Argumentationskompetenz, von interkulturellem Denken und einer gewissen Toleranz gegenüber anderen Menschen, Kulturen, Mentalitäten, Traditionen, politischen Systemen und Modernisierungsvorstellungen. Das Entwickeln derartiger Kompetenzen und Einstellungen ist Anspruch und Verpflichtung einer auf »mündige Staatsbürger« zielenden Demokratie. Gerade in Krisen- und Kriegszeiten ist es wichtig, dass der alltäglich drohenden Verunsicherung und Überforderung vieler

Menschen entgegengewirkt und der leichtfertigen Legitimierung von Kriegen ein Riegel vorgeschoben wird.

Diesbezüglich stehen Politiker:innen, Medien, Bildungsträger und jede:r Einzelne in der Pflicht, möglichst früh und konsequent Vertrauen und Kriegsskepsis zu bilden und entsprechende Verhaltensweisen und Einstellungen anzubahnen. Das beginnt bei der Sensibilisierung für den Wert von Verhandlungen und Diplomatie und reicht über den erwähnten Aufbau von Respekt, Toleranz und Empathie gegenüber Fremden und Fremdem bis hin zur kritisch-konstruktiven Auseinandersetzung mit den kriegstreibenden Statements von Politiker:innen, Militärs, Journalist:innen und anderen Expertinnen und Experten. Dieser kritische Geist ist dringend vonnöten, wenn einem platten Schwarz-Weiß-Denken in unserer Gesellschaft entgegengewirkt und den Bürgern nachhaltig dazu verholfen werden soll, den Teufelskreis der medial und politisch geschürten Vorurteile, Klischees und Hetzkampagnen zu durchbrechen und zu einer möglichst differenzierten Urteilsbildung in Sachen Friedenssicherung zu gelangen.

Diese Sensibilisierung und Bewusstseinsbildung ist insofern »pazifistisch«, als sie der Vision verpflichtet ist, dass sich Frieden und Völkerverständigung mit gewaltfreien Mitteln sichern lassen. Zwar mögen manche »Hardliner« dagegen einwenden, dass das völlig utopisch sei. Gleichwohl ist diese Option im besten Sinne des Wortes erstrebenswert. Denn was bringt es schon, wenn der gängige Reflex des militärischen Draufhauens, Rachenehmens und/oder Siegen-Wollens die Oberhand behält? In der Regel bringt das nämlich weder einen humanitären noch einen zivilisatorischen Nutzen. Vielmehr provozieren Kriegshandlungen dieser Art im Regelfall nur weitere Konflikte, Rachefantasien, Angriffe, Zerstörungen und sonstige menschliche Verrohungsprozesse. Deshalb: Wer den Teufelskreis von Gewalt, Zerstörung und Rache durchbrechen will, muss zwingend auf frühzeitige Verhandlungen und Vertrauensbildung, auf wechselseitigen Respekt und gesichtswahrenden

Interessenausgleich, auf Zuhören, Verstehen und wohlüberlegte Zugeständnisse an die betreffenden Rivalen setzen. Diese friedenspolitische Perspektive wird im Buch grundgelegt.

Dringlich ist sie deshalb, weil bedauerlicherweise die alten Feindbilder des Kalten Krieges wieder zurück sind, obwohl es nach dem Fall der Berliner Mauer und dem Zusammenbruch der Sowjetunion den Anschein hatte, als sei der alte Ost-West-Konflikt für alle Zeiten erledigt. Der US-amerikanische Politikberater Francis Fukuyama widmete dieser optimistischen Sicht seinerzeit sogar ein ganzes Buch mit dem Titel: »Das Ende der Geschichte« (Fukuyama 1992). Darin prognostizierte er den weltweiten Durchbruch des US-amerikanischen Modernisierungsmodells mit seinen Grundpfeilern Liberalismus, Demokratie, Rechtsstaat, Wohlstand und Kapitalismus. Der Liberalismus amerikanischer Prägung schien endgültig über den russischen und chinesischen Autoritarismus gesiegt zu haben. Für Fukuyama war deshalb die Harmonisierung der Weltgemeinschaft nach US-Muster nur noch eine Frage der Zeit. Doch dieser Friedens-Optimismus ist spätestens mit dem Aufstieg Chinas und dem Wiedererstarken Russlands in den 2000er-Jahren zunehmend verflogen.

Vorherrschend ist heute die Vorstellung einer multipolaren Welt, in der das westliche Lebens-, Wirtschafts-, Demokratie- und Modernisierungsmodell trotz aller Ambitionen nur begrenzten Zuspruch erfährt (vgl. Reckwitz 2022a, S. 47). Das zeigt sich zum Beispiel in Afrika und Süd- und Mittelamerika, aber auch im arabischen Raum und in Teilen Asiens. Kein Wunder also, dass sich neue Spannungen und Konflikte zeigen, die durchaus kriegsauslösend sein können. Das gilt umso mehr, als nicht nur Russland und China an Ambitionen und Aggressivität zugelegt haben, sondern auch die politischen Eliten der USA recht subtile geopolitische Schachzüge pflegen, die schnell explosiv werden können. Dazu gehört unter anderem die selbstherrliche »America-First-Politik«, die seit Donald Trump das amerikanische Regierungshandeln bestimmt und die

Wirtschaftspartner der USA vor große Herausforderungen und Belastungen stellt. Das beginnt beim schwelenden »Wirtschaftskrieg« mit China und reicht bis hin zum aktuellen »Inflation-Reduction-Act«, der Europas Konzerne gehörig unter Druck setzt.

Störend ist aber nicht nur das selbstgefällige Dominanzgebaren der USA, das auf Europas Interessen wenig Rücksicht nimmt. Fragwürdig ist auch das spezifische neoliberale Wertesystem der USA, das sich deutlich von den sozial- und gesellschaftspolitischen Traditionen und Werten Europas – insbesondere Deutschlands – abhebt (Stichwort »soziale Marktwirtschaft«). Von daher haben Klaus von Dohnanyi und Michael Lüders recht, wenn sie eine stärkere Unabhängigkeit Europas von den USA anmahnen (vgl. Dohnanyi 2022; Lüders 2021). Liegt doch die Konfliktträchtigkeit der besagten »America-First-Politik« auf der Hand. Das gilt nicht nur für Europa, sondern weltweit. Die Zahl der US-kritischen Staaten ist einfach zu groß, um ohne diese Länder die dramatischen ökologischen, sozialen, wirtschaftlichen und politischen Krisen unserer Tage wirkungsvoll bekämpfen zu können. Konfrontation ist also keine gute Antwort. Stattdessen müssen alle Nationen lernen, miteinander leben zu wollen und friedliche Koexistenz zu praktizieren (vgl. Alt 2023).

In diesem Sinne soll und muss die hier ins Auge gefasste friedensethische Reflexionsarbeit dafür sorgen, dass die Menschen möglichst seriöse Einblicke in die Schwierigkeiten, Chancen und Perspektiven nachhaltiger Kriegsvermeidung/Völkerverständigung gewinnen. Zwar stehen die Vorzeichen für eine friedliche Koexistenz in Europa derzeit eher schlecht. Gleichwohl macht es wenig Sinn, deshalb gleich in Fatalismus zu verfallen und die alten archaischen Freund-Feind-Reflexe leichtfertig wiederzubeleben. Frieden ist und bleibt möglich! Allerdings muss er jeden Tag neu erarbeitet werden! Das gilt für die nationale und internationale Politik wie für die alltägliche Lebensgestaltung der Menschen. Daher müssen Fragen der Friedenssicherung unbedingt ganz oben auf der gesellschafts- und bildungspolitischen Agenda bleiben, damit sich die Menschen möglichst intensive Einblicke in die Möglichkeiten, Notwendigkeiten und Grenzen wirksamer Friedenssicherung verschaffen können. Das gilt für die Schuljugend ebenso wie für die Erwachsenen aller Altersgruppen.

Zum Aufbau des Buches im Einzelnen: Im ersten Kapitel geht es einleitend darum, das Spannungsfeld von Krieg und Frieden überblickshaft zu beleuchten und dabei die Zeit nach dem Zweiten Weltkrieg besonders unter die Lupe zu nehmen. Wie sich zeigen wird, war das Erreichen nachhaltiger Völkerverständigung und Konfliktregelung alles andere als leicht. Kalter Krieg und unaufhaltsame Aufrüstung prägten die ersten Nachkriegsjahrzehnte und sorgten für wachsende Spannungen im Ost-West-Verhältnis. Obwohl sich die Menschen infolge ihrer zunehmenden internationalen Reiseaktivitäten immer näherkamen, blieb die Friedenssicherung lange Zeit doch eine ziemliche Leerformel. Das änderte sich im europäischen Nahbereich erst dann, als in den 1970er-Jahren Willi Brandts Entspannungspolitik und die damit einhergehende Intensivierung der politischen und ökonomischen Zusammenarbeit zwischen Ost und West einsetzten und für beachtliche Abrüstungs- und Wohlstandseffekte sorgten. Leider ist dieses Tauwetter spätestens seit Russlands Krim-Annexion wieder passé. Dieser »steinige Weg der Friedenssicherung« wird in Kapitel eins skizziert.

Das zweite Kapitel widmet sich in Anknüpfung an Erich Fromms »Anatomie der menschlichen Destruktivität« (vgl. Fromm 2022) der Frage, woher denn die offenkundige Neigung vieler Menschen und Völker rührt, sich immer wieder Feinde zu machen, Gewalt auszuüben, Misstrauen zu säen, Konflikte zu schüren, andere Menschen zu demütigen und immer raffiniertere Waffen zu entwickeln und einzusetzen. Wie erklärt es sich, dass diese archaischen Kampf- und Kriegsreflexe nach wie vor so virulent sind, obwohl wir doch eigentlich in einem Zeitalter der Aufklärung, der Vernunft und der Rationalität leben? Fakt ist, dass der moderne Mensch trotz all seiner Bildung und Informiertheit unverändert dazu neigt, Hass, Häme, Gewalt, Diffamierung, Polemik, Demagogie und andere Formen der mutwilligen Konflikttreiberei an den Tag zu legen. Das gilt keinesfalls nur für autoritär regierte Systeme mit ihren legendären Propagandaapparaten, sondern auch für moderne Demokratien wie Deutschland. Woran das liegen mag und welche Einflüsse und Prägungen psychologischer, schulischer und gesellschaftlicher Art dazu beitragen, wird in Kapitel zwei beleuchtet.

Im dritten Kapitel wird diese Hintergrundanalyse konstruktiv gewendet, indem der Frage nach der Überwindung dieser latenten Gewaltbereitschaft von Menschen nachgegangen wird. Wie können Kriegsskepsis und Kriegsprävention gefördert werden? Welche Verhaltensmaximen und Denkweisen bieten sich diesbezüglich an, die sicherstellen, dass die Menschen zu einem Mehr an Friedfertigkeit, Toleranz, Respekt und Konfliktlösungskompetenz gelangen? Wie lässt sich das verbreitete Schwarz-Weiß-Denken in unserer Gesellschaft abbauen und ein Mehr an Offenheit, Differenzierungsfähigkeit, Selbstkritikbereitschaft und Sozialkompetenz erreichen? Die Beantwortung dieser und anderer Fragen zielt auf den erwähnten »reflektierten Pazifismus«, der Waffeneinsätze zwar nicht generell ausschließt, wohl aber dem Primat der Kriegsvermeidung mittels Diplomatie, Perspektivenwechsel, internationaler Kooperation und kontrollierter Abrüstung verpflichtet bleibt. Zwar mögen manche Leser:innen bei dieser strategischen Option eine gewisse Skepsis empfinden; wichtig und wegweisend bleibt sie aber dennoch.

Im vierten Kapitel wird dann die Bildungsarbeit direkt in den Blick genommen – und zwar zunächst mit dem Schwerpunkt »soziales Lernen«. Dahinter steht die Überlegung, dass reflektierter Pazifismus in erheblichem Umfang davon lebt, dass Menschen beizeiten lernen und erfahren, wie konstruktives Miteinander und friedliche Konfliktregelungsprozesse aussehen und gesichert werden können. Das stärkt üblicherweise ihre Zuversicht, dass gewaltfreier Spannungsabbau auch auf der großen politischen Bühne möglich ist und wegen seiner humanitären Chancen auch unbedingt angestrebt werden sollte. So gesehen schafft das soziale Lernen im Schulbereich den sozioemotionalen Unterbau für pazifistisches Denken und Handeln. Mit anderen Worten: Jugendliche, die in der Schule konstruktives Sozialverhalten gelernt haben, sind in aller Regel vergleichsweise gut in der Lage, im Falle internationaler Konflikte richtungsweisende Präventions- beziehungsweise Deeskalationsideen zu entwickeln. Zu dieser Sozialkompetenzerweiterung gibt es in Kapitel vier bewährte Anregungen.

Im fünften Kapitel wird dieses schulische Bedingungsfeld von Friedfertigkeit dahingehend erweitert, dass nunmehr die intellektuelle Auseinandersetzung mit ausgewählten Kriegs- und Friedensfragen in den Fokus gerückt wird. Dazu wird eine breite Palette an Materialien und Denkanstößen dokumentiert, die einer ebenso kritischen wie differenzierten friedensethischen Meinungsbildung den Weg ebnen sollen. Dieser kritische Blick hinter das öffentlichkeitswirksame Meinungsmanagement von Politik und Medien ist in einer lebendigen Demokratie unverzichtbar. Hinterfragen, Analysieren, Problematisieren, Recherchieren, Reflektieren, Diskutieren und andere Formen der hermeneutischen Selbstvergewisserung – das sind wichtige Facetten seriöser Urteilungsbildung und Diskursführung. Diese erkenntnisleitenden Klärungsprozesse werden angestoßen.

Abgeschlossen wird das Ganze mit einigen knappen Überlegungen, wo und wie denn die letztgenannte intellektuelle Auseinandersetzung und Meinungsbildung stattfinden kann. Der einfachste Weg ist natürlich der, das vorliegende Buch zu lesen, die dokumentierten Materialien zu durchdenken, persönliche Erkenntnisse und Argumentationslinien zu notieren und auf diese Weise sukzessive zu einer differenzierten Vorstellung von den Schwierigkeiten und Möglichkeiten wirksamer Kriegsprävention und Friedenssicherung zu gelangen. Diese autozentrierte Klärungsarbeit hat allerdings den

Nachteil, dass kritische Korrektive und Anstöße von außen fehlen. Daher gibt es abschließend einige gezielte Hinweise zur organisierten friedensethischen Reflexionsarbeit in Schulen, Universitäten und Weiterbildungseinrichtungen, deren kooperativer Zuschnitt vertiefende Gärungs- und Klärungsprozesse begünstigt. Hier kann und sollte das Problemfeld »Krieg und Frieden« verstärkt Beachtung finden.

# 1. Der steinige Weg der Friedenssicherung

Ein Blick auf die Menschheitsgeschichte zeigt, dass längerfristiger Frieden die große Ausnahme ist. Wo immer Menschen in Familien, Stämmen, Religionsgemeinschaften oder sonstigen sozialen beziehungsweise ethnischen Einheiten zusammenleben, scheint es beinahe unvermeidbar zu sein, dass sich immer wieder Rivalitäten und Kriegsgelüste einstellen. Vor allem die je herrschenden Eliten aus Politik, Religion und Militär tendieren dazu, immer neue Feindbilder zu kreieren, Feldzüge zu starten und die eigene Macht und Reputation durch das Erobern fremder Gebiete beziehungsweise das Unterwerfen missliebiger Konkurrenten möglichst heldenhaft zu mehren. Das gilt für die Vergangenheit. Das gilt im Kern aber auch für die Neuzeit. In den nachfolgenden Abschnitten wird diese Ambivalenz von Krieg und Frieden skizziert, und zwar unter besonderer Berücksichtigung der europäischen Entwicklung nach dem Zweiten Weltkrieg. Dabei wird besonderes Augenmerk auf die hoffnungsvollen Kooperations-, Entspannungs- und Abrüstungsschritte der 1960er- bis 1990er-Jahre gerichtet, die schließlich im Fall der Berliner Mauer und der Wiedervereinigung der beiden deutschen Staaten gipfelten. Das war eine ebenso ungewöhnliche wie vielversprechende Epoche. Doch leider ist sie inzwischen durch neue Kriegsreflexe abgelöst worden.

## 1.1 Kriege als historischer Normalzustand

Ein Freund meinte kürzlich: »Frieden ist das kurzzeitige Ausbleiben von Kriegen.« Mit dieser pessimistischen Einschätzung lag er wohl ziemlich richtig. Schlachten, Feldzüge und Kriege ziehen sich durch die Menschheitsgeschichte wie ein roter Faden – nicht nur in Europa, sondern auch in den anderen Regionen dieser Welt. Das gilt für die Urmenschen wie für den Homo sapiens der letzten Jahrtausende (vgl. Diamond 2020; Glaubrecht 2021). Die »apokalyptischen Reiter« im sechsten Kapitel der Offenbarung des Johannes stehen sinnbildlich für diese destruktive Neigung des Menschen. Nur eines von vielen Beispielen für die daraus resultierenden Katastrophen ist der Dreißigjährige Krieg. »Er begann im Mai 1618 mit dem berühmten Prager Fenstersturz, forderte während dreier Jahrzehnte Millionen Menschenleben und verwüstete weite Teile Mitteleuropas« (Glaubrecht 2021, S. 25).

So gesehen sind kriegerische Auseinandersetzungen seit Beginn der Geschichtsschreibung an der Tagesordnung. Mal seltener, mal häufiger, mal ruinöser, mal weniger einschneidend – auf jeden Fall aber immer wieder. Die Leidtragenden dieser chronischen Kriegstreiberei des Homo sapiens waren und sind bekanntlich nur selten die kriegsauslösenden Herrscher mit ihrem oft krankhaften Macht-, Geltungs-, Vernichtungs- und/oder Rachebedürfnis, sondern in erster Linie die als Kanonenfutter dienenden Soldaten und Zivilisten, von denen viele nicht nur ihr mühsam erarbeitetes Hab und Gut, sondern häufig auch ihr Leben verloren. Das gilt für neuzeitliche Kriege wie in der Ukraine, in Syrien, Israel, Jemen, Libyen, Afghanistan, Vietnam, Tschetschenien oder auf dem Balkan. Das gilt aber auch für die unzähligen Eroberungs-, Rache- und Missionsfeldzüge in früheren Abschnitten der Weltgeschichte.

Kriege sind also normal, in ihrer inflationären Häufung aber auch erschreckend. Wie Erich Fromm unter Berufung auf den US-amerikanischen Kriegsforscher Q. Wright berichtet, gab es allein in Europa im 16. und 17 Jahrhundert 326 Schlachten, im 18. und 19. Jahrhundert 1432 dieser Kriegsereignisse und zwischen 1900 und 1940 nochmals 892 Waffengänge (vgl. Wright 1965, zitiert nach Fromm 2022, S. 242). Egal, wie Wright diese Zahlen ermittelt hat: Sie zeigen auf jeden Fall sehr deutlich, dass die als relativ zivilisiert geltenden europäischen Mächte alles andere als friedliebend waren und immer wieder Gründe fanden, um gegen andere missliebige Volksgruppen oder Nationen zu Felde zu ziehen – und zwar mit wachsender Häufigkeit. Dabei bildet diese europäische Kriegsgeschichte der letzten Jahrhunderte nur die Spitze des Eisbergs. Die Flut der weltweit geführten Stammeskriege, Bürgerkriege und zwischenstaatlichen Kriege und Schlachten geht sehr viel weiter und bestätigt in geradezu alarmierender Weise die chronische Kriegsbesessenheit vieler Führungskader und Völker.

Für dieses verbreitete »Kriegs-Gen« der Menschheit steht sowohl das Abschlachten der Ureinwohner kolonialisierter Länder beziehungsweise Weltregionen als auch eine Vielzahl ruinöser Feldzüge im Namen des Kreuzes. Die Kriegsmotive waren und sind eigentlich immer die Gleichen: Religiöser Hass, Neid, ethnische Ab- und Ausgrenzungsbestrebungen, Geltungsbedürfnis, Narzissmus, ideologische Rivalitäten, politische Legitimationsprobleme, moralische Hybris, Rachegelüste oder ökonomische beziehungsweise geostrategische Ambitionen – das alles treibt Angreifer und Verteidiger seit Jahrtausenden in erstaunlichem Gleichklang in Kriege hinein, über deren Folgen die wenigsten von ihnen ernsthaft nachdenken. Kriegsreflexe eben! Das gilt vor allem für die religiös oder pseudo-religiös motivierten Kriege, wie sie oben bereits angesprochen wurden. Dazu zählen sowohl die mittelalterlichen Kreuzzüge zur Rettung beziehungsweise Stärkung der christlichen Gemeinden im Mittleren und Nahen Osten als auch die neuzeitlichen Religionskriege im Irak, in Afghanistan, Syrien, Libyen und anderen Teilen Nordafrikas.

Zur Geltung kommt dieser Missionsgeist allerdings nicht nur im Verhältnis des Islam zum Christentum, sondern auch in zahllosen blutigen Eroberungskriegen, wie sie im Zuge der Kolonialisierung außereuropäischer Gebiete durch die Seefahrernationen Spanien, England, Holland, Portugal und Frankreich entzündet wurden. Legitimiert wurden diese »Missionskriege« unter anderem mit dem Hinweis auf die zivilisatorische Rückständigkeit der in den eroberten Gebieten lebenden Menschen sowie darauf, dass diesen Menschen unter den neuen Vorzeichen zu einem besseren Leben und modernisierten Denken und Handeln verholfen werde. Das war zwar Rassismus pur, wurde seinerzeit aber als gottgewollt verklärt. Dementsprechend versuchten die missionsgeleiteten Eroberer die vermeintlich primitiven »Natives« mit kriegerischen Mitteln zur Räson zu bringen, um ihnen dann das eigene Weltbild beziehungsweise Glaubensbekenntnis überzustülpen und damit eine Art »humanitäre Aktion« zu vollenden. Diese missionsgenährte Kriegstreiberei kann rückblickend nur als zynisch, anmaßend und scheinheilig bezeichnet werden – auch wenn das bis heute oft anders verkauft wird.

Dieser Etikettenschwindel findet sich indes nicht nur bei den Initiatoren der Kreuzzüge und den Protagonisten der späteren Kolonialepoche. Genutzt wurde der Missionsgedanke auch von den tonangebenden Päpsten und päpstlich legitimierten Polit-Eliten des Mittelalters, die sich als Vorreiter der Zivilisation wähnten und verheerende militärische Feldzüge zur Unterwerfung anderer Völker in Skandinavien, im Baltikum und anderswo starteten. Tatsächlich ging es dabei weniger um humanitäre Motive, sondern ganz vorrangig darum, die eigenen wirtschaftlichen, politischen und/oder geostrategischen Interessen und Geltungsbedürfnisse durchzusetzen. Das wurde zwar selten zugegeben, ist aber ein historisches Faktum. Fakt ist auch, dass sowohl die römisch-katholischen als auch die späteren lutherisch-protestantischen Würdenträger diesen imperialistischen Kurs massiv unterstützten. Trotzdem werden diese missionsgeleiteten Eroberungskriege bis heute moralisch bemäntelt.

Apropos Moral: Die moralische Rechtfertigung von Kriegen und Aufrüstungsmaßnahmen war historisch schon immer ein beliebtes Spiel. Egal, welches Kriegsgeschehen man auch immer anschaut: Stets geht es um den vermeintlichen Kampf von Gut gegen Böse, von Menschenrechtsverteidigern gegen Menschenrechtsverächter. Dieses Legitimationsschema durchzieht die Kriegsgeschichte der letzten Jahrtausende, obwohl es de facto meist ganz profan darum ging, andere Völker zu unterwerfen und zu demütigen. Erinnert sei nur an die jahrhundertelange Dauerfehde zwischen Frankreich und Deutschland, die für beide Nationen gigantische Zerstörungen, Opferzahlen und ökonomische Rückschläge mit sich brachte. Das betrifft die napoleonischen Feldzüge im frühen 19. Jahrhundert ebenso wie die späteren Revanche-Aktionen des Deutschen Kaiserreichs in den Jahren 1870/71 beziehungsweise 1914 bis 1918. Dieser Irrsinn hat den beteiligten Ländern weder Frieden noch humanitäre Fortschritte gebracht.

Ähnliche Dramen gab es selbstverständlich auch in anderen Weltregionen – nur mit anderen Beteiligten und Vorgeschichten. Das gilt unter anderem für die neuzeitlichen Stammes- und Bürgerkriege im Gefolge kolonialer Interventionen und Beutezüge. Kriegsauslösend waren aber auch – wie im deutsch-französischen Verhältnis – immer wieder chronische Rivalitäten zwischen einzelnen Ländern beziehungsweise Herrscher-Clans, die sich über Jahrhunderte hinweg entwickelten und in mehr oder weniger regelmäßigen Abständen zum Anlass für kriegerische Auseinandersetzungen genommen wurden. Treiber dieser wiederkehrenden »Revierkämpfe« waren aber nicht nur singuläre Herrscher:innen beziehungsweise Herrscherfamilien oder sonstige von Hybris getriebene Despoten, sondern auch die kriegsbejahenden Stimmungsbilder in der Bevölkerung, die das Entstehen von Gewalt, Hass, Hetze, Misstrauen, Vorurteilen, Verteufelung, Propagandahörigkeit und Kriegsbereitschaft überhaupt erst möglich machten.

Diese kriegsbejahenden Stimmungsbilder gibt es bis heute (siehe Abschnitt 2.1). Sie werden von Kriegstreibern der verschiedensten Couleur immer wieder genutzt, um größere Teile der Bevölkerung so zu emotionalisieren, dass intendierte Kriege »hoffähig« werden. Die entsprechende Kriegspropaganda durchzieht die Menschheitsgeschichte seit Urzeiten. Besonders gefährlich sind diese Manipulationstendenzen heute deshalb, weil die modernen Informations- und Kommunikationsmedien nahezu unbegrenzte Möglichkeiten eröffnen, in der Öffentlichkeit gewünschte Stimmungen zu erzeugen und Kriege im schlimmsten Sinne des Wortes herbeizureden beziehungsweise herbeizuschreiben. Nicht wenige Medienkonzerne und Internet-Stars (Influencer) verdienen mit diesen populistischen Hetzkampagnen sogar richtig viel Geld (vgl. Abschnitt 2.8). Das alles erklärt, warum die Wahrscheinlichkeit von Kriegen und internationalen Verwerfungen im modernen Medienzeitalter eher zunimmt.

## 1.2 Der Zweite Weltkrieg als Kulminationspunkt

Die exorbitanten Zerstörungen und Opferzahlen im Zweiten Weltkrieg sorgten dafür, dass die Menschheit erstmals richtig geschockt war und unter dem Eindruck des angerichteten Infernos nach gangbaren internationalen Übereinkünften und Strategien zur Kriegsvermeidung zu suchen begann. Das Entsetzen war groß. Die nach 1945 ermittelten Opfer- und Schadensbilanzen zeigten in atemberaubender Weise, wie sehr die Kriegsmaschinerie in Europa, Asien und Afrika gewütet und in zahlreichen Ländern unermessliches Leid und Elend angerichtet hatte. Dieser menschenverachtende Horror sowie die zusätzlich aufgedeckten abgründigen Exzesse in den Gaskammern und Arbeitslagern Nazi-Deutschlands ließen endlich den Gedanken reifen, dass es nie wieder einen derartigen Krieg geben dürfe – eine Option, die in den Köpfen und Herzen vieler Menschen sehr schnell Anklang fand.

Die Notwendigkeit einer verlässlichen Kriegsvermeidung lag in Europa auch deshalb auf der Hand, weil der Kontinent durch die jahrelangen Kriegsexzesse ökonomisch, militärisch, ethisch und sozial derart ausgezehrt war, dass nur noch ein friedlicher Wiederaufbau weiterhelfen konnte. Das galt insbesondere für Deutschland, wo unter Hitler alle Dämme gebrochen und die Schrecken der Zerstörung und Demoralisierung besonders verheerend zutage getreten waren. Russland, England und Frankreich waren zwar die Kriegs-Gewinner, hatten aber ebenfalls derart gigantische Schäden und Opferzahlen zu beklagen, dass auch dort der Schock sehr tief saß und das Interesse an einer wirksamen Kriegsprävention rasch anwuchs. Allein die Zahl der Kriegstoten zwischen 1939 und 1945 war apokalyptisch.

Weltweit wurden in diesen Jahren rund 70 Millionen tote Soldaten und Zivilisten gezählt – ohne die ermordeten Jüdinnen und Juden, Sinti und Roma, Menschen mit Behinderungen sowie Zwangsarbeiter:innen in den damaligen Konzentrations- und sonstigen Arbeitslagern des Nazi-Reichs (vgl. https://de.statista.com/statistik/daten/studie/1055110). Allein in der Sowjetunion gab es kriegsbedingt rund 24 Millionen tote Soldaten und Zivilistinnen und Zivilisten. In Deutschland belief sich deren Anzahl auf rund 7,7 Millionen, in Polen auf knapp 6 Millionen, in Jugoslawien auf eine Million und in Ungarn auf ca. 600 000 Menschen (vgl. ebenda). Diese Horror-Zahlen betrafen allerdings nicht nur Europa, sondern in ganz ähnlichem Umfang auch das ferngelegene Asien, wo der Zweite Weltkrieg ebenfalls ganz heftig tobte, und zwar unter besonderer Beteiligung Japans.

Japan war damals Alliierter des Deutschen Reichs und versuchte nach Kriegsbeginn die Gunst der Stunde für eigene Expansionsbestrebungen im asiatischen Raum zu nutzen. Die Folge dieser asiatischen Kriegsgeschehnisse war, dass zum Beispiel in China zwischen 1939 und 1945 rund 20 Millionen Soldaten und Zivilisten getötet wurden. Japan seinerseits beklagte knapp 3 Millionen Kriegstote, Indien rund 2 Millionen und die Philippinen ca. 750 000 Tote (vgl. ebenda). So gesehen kann der Zweite Weltkrieg mit Fug und Recht als weltweites Inferno und absoluter Höhepunkt des militärischen und kriegerischen Wahnsinns bezeichnet werden. Eines Wahnsinns, der durch die bestehenden Bündnisverpflichtungen zwischen Deutschland, Japan und einigen anderen Ländern kräftig befeuert wurde.

Die dadurch ausgelösten Kriegszerstörungen waren gigantisch und betrafen nicht nur Menschenleben, sondern auch öffentliche und private Sachwerte in unvorstellbarem Ausmaß (vgl. Bode 1995). Angefangen bei der Beschädigung beziehungsweise Zerstörung öffentlicher und privater Gebäude wie Bahnhöfe, Wohnhäuser, Kirchen, Schulen, Verwaltungsgebäude, Theater, Museen und Krankenhäuser bis hin zum planmäßigen Zerbomben ökonomischer und technischer Infrastruktureinrichtungen wie Bahnlinien, Straßen, Brücken, Strom- und Wasserleitungen, Schifffahrtswege, Fabriken et cetera. Allein in Deutschland wurden durch die ab 1942 laufenden Flächenbombardements der englischen Luftwaffe zahlreiche Städte im wahrsten Sinne des Wortes in Schutt und Asche gelegt. So warf die Royal Air Force zum Beispiel über Köln in einer einzigen Nacht (30./31. Mai 1942) rund 1500 Tonnen Bomben ab und entfachte mittels der eingesetzten Brandbomben über 2000 Großfeuer (vgl. ebenda, S. 14).

Besonders ausgeprägte Schäden und Trümmermengen gab es in Großstädten wie Köln, Berlin, Hamburg, Dresden, Dortmund, Essen, Frankfurt und Nürnberg, wo viele Häuser und sonstige Gebäude im wahrsten Sinne des Wortes platt gemacht wurden. Aber auch in mittelgroßen Städte mit Einwohnerzahlen zwischen 25 000 und 100 000 zeigte sich nach Kriegsende, dass der dortige Wohnungsbestand im Schnitt einen Totalzerstörungsgrad von 20 Prozent aufwies, das heißt ein Fünftel aller Wohngebäude war dem Erdboden gleichgemacht worden (vgl. ebenda, S. 18 f.). Die betreffenden Flächenbombardements betrafen insbesondere das Rhein-Ruhr-Gebiet, die Gebiete Rhein-Main und Rhein-Neckar, mehrere westdeutsche Hafenstädte, den Raum Magdeburg-Dessau sowie das sächsische Städteband Plauen-Chemnitz-Dresden. Obwohl nach 1945 vieles wiederaufgebaut wurde, blieben doch bis heute gravierende Wunden. Das gilt vor allem für die historisch gewachsenen Innenstädte.

Diese wenigen Anmerkungen mögen genügen, um das Drama und die ruinösen Folgen des Zweiten Weltkriegs ausschnitthaft vor Augen zu führen. Europa lag im schlimmsten Sinne des Wortes in Trümmern und brauchte anschließend Jahrzehnte, bis die entstandenen Schäden und Traumata einigermaßen wieder verheilt waren. Dieses Faktum und das damit verbundene Elend sollten heute allen zu denken geben, die in leichtfertiger Weise neuen Aufrüstungsanstrengungen und Kriegstreibereien das Wort reden. Kriege kennen eigentlich nur Verlierer! Das dämmerte 1945 selbst vielen militärischen Hardlinern, sodass die Frage der Kriegsprävention zunehmend in den Fokus der politischen Parteien und Debatten geriet. So gesehen war der Zweite Weltkrieg ein echter Kulminations- und Wendepunkt im jahrtausendelangen Hauen und Stechen der Völker. Der Schock saß bei den meisten so tief, dass mit ungewohnter Aufgeschlossenheit nach neuen Wegen zur Völkerverständigung gesucht wurde.

Unterstützt wurde diese friedenspolitische Neuorientierung von massiven Wiederaufbauhilfen der USA im Rahmen des sogenannten Marshall-Plans, die den darniederliegenden europäischen Ländern nach 1948 relativ schnell wieder auf die Füße halfen – Westdeutschland eingeschlossen. Am 3. März 1948 wurde dieser Marshall-Plan im US-Kongress beschlossen und mit einem Gesamtbudget von rund 14 Milliarden US-Dollar ausgestattet, die in Form von Krediten, Sachlieferungen sowie nicht rückzahlbaren

Finanzhilfen vergeben wurden, und zwar über einen Zeitraum von vier Jahren. 24,75 Prozent davon bekam Großbritannien, gefolgt von Frankreich (20,18 Prozent), Italien (10,89 Prozent) und Deutschland (10,16 Prozent). Mit diesen Starthilfen wollten die USA sowohl dem Vordringen des sowjetrussischen Kommunismus nach Westeuropa entgegenwirken als auch die begünstigten Länder wirtschaftlich und sozial so ertüchtigen, dass sie als zukünftige Bündnis- und Handelspartner infrage kamen.

Selbstlos war das Ganze also nicht. Trotzdem waren die von den USA bereitgestellten Finanzhilfen und Warenlieferungen entscheidende Stützen des europäischen Wiederaufbauprozesses nach dem Zweiten Weltkrieg. Zwar war damit das Kriegs-Trauma nicht vom Tisch, wohl aber entstand durch die von Amerika angestoßene wirtschaftliche und politische Erholung und Vernetzung der westeuropäischen Nationen eine neue Perspektive für ein gedeihliches Miteinander in Europa wie im Verhältnis zu den USA. »Wandel durch Handel« – das war die neue Maxime, die seinerzeit als friedensstiftend erkannt und verfolgt wurde. Flankiert wurde diese Neuorientierung von der Schaffung kooperationsfördernder Organisationen wie der am 16. April 1948 gegründeten Organisation für europäische wirtschaftliche Zusammenarbeit (OEEC), dem Vorläufer der heutigen Organisation für wirtschaftliche Zusammenarbeit und Entwicklung (OECD). Deren Arbeitsschwerpunkte »Kooperationsstärkung« und »Entwicklungsförderung« sind bis heute wegweisend und vielversprechend.

## 1.3 Entspannungspolitik als neue Perspektive

Die gezielte ökonomische Vernetzung europäischer Kernländer nach 1945 war der bewusste Versuch, die Wiederkehr innereuropäischer Kriegsexzesse wie zu Zeiten der beiden Weltkriege endgültig zu verhindern. Dieser neuen friedenspolitischen Weichenstellung lag die Hoffnung und Annahme zugrunde, dass sich ökonomisch aufeinander angewiesene und voneinander profitierende Länder mit hoher Wahrscheinlichkeit nicht bekriegen werden, weil sie de facto viel zu verlieren haben. Diese später auch in die noch zu skizzierende Ost-West-Entspannungspolitik eingeflossene Annahme führte im Jahr 1951 zunächst zur Gründung der europäischen Gemeinschaft für Kohle und Stahl (EGKS) und sechs Jahre später schließlich zur Errichtung der deutlich breiter aufgestellten Europäischen Wirtschaftsgemeinschaft (EWG). Gründungsstaaten waren seinerzeit die sechs europäischen Kernländer Frankreich, Bundesrepublik Deutschland, Italien, Belgien, Niederlande und Luxemburg.

Die friedenspolitische Weichenstellung trug in den 1950er- und 1960er-Jahren ganz maßgeblich dazu bei, dass die anvisierte Völkerverständigung zwischen den besagten Ländern eindrucksvolle Fortschritte machte und deren wirtschaftliche Aufwärtsentwicklung relativ zügig vorankam. Grundlage und Auslöser dieser intensivierten Zusammenarbeit des Sechser-Bündnisses waren die sogenannten Römischen Verträge aus dem Jahr 1957, die am 1. Januar 1958 in Kraft traten und sowohl die wirtschaftliche als auch die atomare Kooperation der sechs Gründungsstaaten regelten. Auf ihrer Basis wurden EWG, Europäische Gemeinschaft für Kohle und Stahl (EGKS) und EURATOM (EAG) gegründet, die als zentrale Eckpfeiler der neu entstandenen Friedensunion gelten können und nach dem Fusionsvertrag von 1967 zur Europäischen Gemeinschaft (EG) wurden. Diese Gemeinschaft brachte deutliche Pluspunkte in Sachen Wirtschaftsentwicklung, Arbeitsplatzschaffung, soziale Sicherung und Volkswohlstand und sorgte dadurch dafür, dass sich immer mehr europäische Länder in Nord und Süd für einen EG-Beitritt zu interessieren begannen.

Aus diesem vorsichtigen Interesse wurden schon bald konkrete Beitrittsverhandlungen, die am 1. Januar 1973 dazu führten, dass Großbritannien, Irland und Dänemark beitraten, sodass die EG damit auf neun Mitgliedstaaten anwuchs (vgl. Abb. 1). In den

Jahren 1981 und 1986 kam es dann zur neuerlichen Erweiterung des EG-Raums durch die Aufnahme der südeuropäischen Länder Griechenland (1981) sowie Spanien und Portugal (1986). Diese primär wirtschaftlich motivierte Zusammenarbeit in Europa wurde mit dem 1993 in Kraft gesetzten Vertrag von Maastricht insofern auf ein neues Fundament gestellt, als die Institutionen EWG, EAG und EG nunmehr offiziell zur übergreifenden Europäischen Union (EU) verschmolzen wurden. Damit sollte der Wechsel von der ursprünglichen Wirtschaftsgemeinschaft zu einer umfassenderen politischen Gemeinschaft signalisiert werden, die sich verstärkt auch umwelt-, verkehrs-, kultur- und sozialpolitischen Fragen und Handlungsfeldern zuwandte. Dieser erweiterte Kooperations- und Integrationsanspruch fand unter anderem darin seinen Ausdruck, dass im politischen Diskurs ganz bewusst von der Europäischen Union gesprochen wurde.

Wie Abbildung eins zeigt, ist das skizzierte europäische Miteinander mittlerweile ein richtiges Erfolgsmodell geworden, dem sich seit den 1960er-Jahren immer mehr europäische Länder anschlossen. Derzeit sind es – nach dem Austritt Großbritanniens – 27 Staaten, die sich dem Gedanken einer europäischen Friedensunion verpflichtet fühlen und Jahr für Jahr in einem mehr oder weniger konfliktreichen politischen Zusammenspiel einen friedlichen Interessenausgleich zu bewerkstelligen versuchen. Weitere Beitrittskandidaten stehen vor der Tür. Das ist Völkerverständigung pur. Zwar lässt sich seit geraumer Zeit beobachten, dass die Zentrifugalkräfte innerhalb der EU kräftig zunehmen und vor allem Länder wie Ungarn, Polen und die Slowakei immer neue Sonderwege beziehungsweise -regelungen für sich beanspruchen. Dennoch sind diese Reibereien bis dato weit davon entfernt, das friedliche Miteinander innerhalb der EU ernsthaft zu gefährden. Daran ändert auch der aktuelle Russland-Ukraine Krieg nur wenig. Im Gegenteil: Der Zusammenhalt der EU-Staaten ist durch die russische Aggression sogar deutlich gewachsen.

Abbildung 1

| Die Entwicklung der EU von 1958 bis heute | | |
|---|---|---|
| **Jahr** | **Größenordnung** | **Jeweilige Beitrittsländer** |
| 1958 | Europa der 6 | Belgien, Deutschland, Frankreich, Italien, Luxemburg, Niederlande |
| 1973 | Europa der 9 | Dänemark, Großbritannien, Irland |
| 1981 | Europa der 10 | Griechenland |
| 1986 | Europa der 12 | Portugal, Spanien |
| 1995 | Europa der 15 | Finnland, Österreich, Schweden |
| 2004 | Europa der 25 | Estland, Lettland, Litauen, Malta, Polen, Slowakei, Slowenien, Tschechien, Ungarn, Zypern |
| 2007 | Europa der 27 | Bulgarien, Rumänien |
| 2013 | Europa der 28 | Kroatien |
| 2020 | Europa der 27 | Austritt Großbritanniens |

Quelle: EU

Gleichwohl dürfen die EU-internen Dissonanzen deshalb nicht gering geschätzt werden. Das gilt sowohl in Sachen Migration, Umweltschutz, Geldpolitik, Rüstung und Klimakrise als auch in puncto Grundrechte, Gewaltenteilung und Verteilung der EU-Finanzmittel. Trotzdem bleibt die wichtige und wegweisende Erkenntnis der letzten 65 Jahre, dass die politisch-ökonomische Klammer zwischen den kooperierenden EU-Ländern außerordentlich hilfreich war und ist, um die alten innereuropäischen Friktionen einzudämmen und eine relativ stabile »friedliche Koexistenz« zu sichern. Diese Positivbilanz wird auch dadurch nicht geschmälert, dass England inzwischen ausgetreten und Russland erneut zum Feindesland geworden ist. So gesehen brachte das Inferno des Zweiten Weltkriegs etwas durchaus Positives, nämlich die nachdrückliche Forcierung der innereuropäischen Zusammenarbeit sowie die relativ wirksame Überwindung jahrhundertealter Erbfeindschaften zwischen einzelnen EU-Ländern.

Diese innereuropäische Entspannungspolitik ist indes nur die eine Seite der supranationalen Friedenssicherung nach 1945. Die zweite nicht minder wichtige Seite betrifft die Gründung der UNO. Angedacht wurde dieser Schritt zur weltweiten Friedenssicherung bereits im Jahr 1942, als sich auf Initiative Amerikas insgesamt 26 Länder darauf verständigten, zur Abwehr konzertierter Angriffe nach Art der »Achsenmächte« Deutschland, Italien und Japan wechselseitige Unterstützung zu gewähren. Ziel dieser Initiative war es also, durch frühzeitige militärische und politische Kooperation zukünftigen Kriegsgefahren vorzubeugen und eine konzertierte Feindabwehr sicherzustellen. Friedenssicherung und Entspannungspolitik wurden also ernsthaft verknüpft und als strategische Einheit betrachtet. Dementsprechend verabschiedeten die erwähnten 26 »Pionierländer« 1942 die sogenannte Atlantik-Charta, die als Vorläufer der 1945 in Kraft gesetzten UN-Charta gelten kann.

Diese letztgenannte UN-Charta war schließlich das Kernstück des offiziellen UN-Gründungsaktes am 24. Oktober 1945 in San Francisco. Gründungsmitglieder waren seinerzeit 51 Nationen – darunter als treibende Kräfte die USA, Großbritannien, die Sowjetunion, Frankreich und die Volksrepublik China. Für alle diese Länder war der Schock des Zweiten Weltkrieges der entscheidende Anlass, um eine völkerverbindende Großorganisation aufzubauen und zur Grundlage einer weltumspannenden Friedenspolitik und Friedenssicherung zu machen. Die »Feindmächte« Deutschland, Italien, Österreich und Japan waren an diesem Gründungsakt selbstverständlich nicht beteiligt, bekamen zeitversetzt aber Zugang zum besagten UN-Bündnis (Deutschland: 1973). Als Hauptaufgabe dieses neuen UN-Bündnisses wurde festgelegt, drohenden internationalen Konflikten beziehungsweise Kriegshandlungen durch das frühzeitige Intervenieren autorisierter UN-Organisationen entgegenzuwirken.

Dazu heißt es in Artikel 1 der besagten UN-Charta: Ziel der Vereinten Nationen ist es, »… den Weltfrieden und die internationale Sicherheit zu wahren und zu diesem Zweck wirksame Kollektivmaßnahmen zu treffen, um Bedrohungen des Friedens zu verhüten und zu beseitigen, Angriffshandlungen und andere Friedensbrüche zu unterdrücken und internationale Streitigkeiten … durch friedliche Mittel nach den Grundsätzen der Gerechtigkeit und des Völkerrechts zu bereinigen oder beizulegen« (Artikel 1, Ziffer 1). Diese Art der Friedens- und Entspannungspolitik war nicht nur neu. Sie war wegen der breiten Unterstützung durch wichtige Staaten auch ausgesprochen vielversprechend. Vielversprechend deshalb, weil zur Bereinigung von Konflikten ein spezieller Sicherheitsrat eingerichtet wurde, der erhebliche Kompetenzen bekam. Dieser fungiert seither als eine Art »Weltpolizei«, die bei internationalen Konflikten diplomatisch zu intervenieren und nötigenfalls auch Zwangsmaßnahmen gegenüber Aggressoren anzudrohen beziehungsweise einzuleiten hat (vgl. Artikel 33 ff. UN-Charta).

Ein direktes militärisches Eingreifen ist der UN insofern verbaut, als es keine eigene UN-Armee gibt, sondern nur die Möglichkeit besteht, in besonderen Konfliktfällen bei den Mitgliedstaaten »Blauhelm-Soldaten« anzufordern, die friedensichernde Aufgaben übernehmen. Allerdings erschöpft sich dieses Wirken der UN längst nicht mehr im (diplomatischen) Intervenieren bei drohenden oder faktischen Kriegshandlungen, sondern umfasst mittlerweile zusätzlich eine ganze Reihe weiterer Verpflichtungen und Einflussmöglichkeiten in den Bereichen Ernährungssicherung, Gesundheit, Bildung, Kultur, Menschenrechte, soziale Sicherheit und wirtschaftlicher Fortschritt (vgl. die UN-Sonderorganisationen in Abb. 2). Hinter dieser Aufgabenerweiterung steht die Erkenntnis, dass zur Förderung des Weltfriedens nicht nur das Verhindern von Kriegen gehört, sondern auch das Sichern von Lebensumständen, die ein friedliches Miteinander der Völker begünstigen (vgl. Artikel 55 der UN-Charta).

Dieser umfassende friedenspolitische Anspruch hat sich nach Gründung der UNO sukzessive entwickelt, nachdem zahlreiche Krisenereignisse auf dieser Welt deutlich werden ließen, dass der Weltfrieden nicht allein durch Kriege, sondern auch durch Hungersnöte, Klimaveränderungen, Epidemien und viele andere existenzielle Bedrohungen gefährdet ist.

Abbildung 2

| Sonderorganisationen der UN (Auswahl) | | | |
|---|---|---|---|
| **Abkürzung** | **Name** | **Sitz** | **Gründungsjahr** |
| FAO | Ernährungs- und Landwirtschaftsorganisation | Rom | 1945 |
| ILO | Internationale Arbeitsorganisation | Genf | 1946 |
| IWF | Internationaler Währungsfonds | Washington | 1945 |
| UNESCO | Organisation für Erziehung, Wissenschaft und Kultur | Paris | 1946 |
| UNIDO | Organisation für industrielle Entwicklung | Wien | 1967 |
| IBRD | Internationale Bank für Wiederaufbau und Entwicklung | Washington | 19145 |
| IDA | Internationale Entwicklungsorganisation | Washington | 1960 |
| WHO | Weltgesundheitsorganisation | Genf | 1948 |
| WMO | Weltorganisation für Meteorologie | Genf | 1950 |
| UNWTO | Welttourismusorganisation | Madrid | 1974 |

Einen Eindruck von dieser Problemfeld- und Anspruchserweiterung vermitteln die in Abbildung zwei angeführten Sonderorganisationen der UN, die deutlich über die Arbeit des legendären Sicherheitsrates hinausweisen und die weltweite Friedenssicherung in einen sehr viel größeren Kontext stellen. Allerdings hat diese Anspruchserweiterung auch eine Kehrseite, nämlich die wachsende Überkomplexität der UN, die mittlerweile Ausmaße erreicht hat, dass nachhaltiges Krisenmanagement immer schwieriger wird. Das gilt umso mehr, als die Zahl der Mitgliedstaaten inzwischen auf 193 angestiegen ist – mit der Folge, dass die Heterogenität der erklärten Interessen, Probleme und Interventionswünsche kaum noch zu managen ist.

Dadurch verlieren die Vereinten Nationen zunehmend an politischer Durchschlagskraft. Das zeigt sich aktuell zum Beispiel darin, dass die amtierende UN-Führung als Schlichter aktueller Kriegsereignisse wie in der Ukraine, in Syrien oder im Jemen kaum noch gefragt ist, obwohl sie dort dringend für ein Mehr an Deeskalation, Entspannung und Frieden sorgen müsste. Dieser frappierende Bedeutungsverlust der UN hat maßgeblich damit zu tun, dass in die betreffenden Kriegsereignisse »Platzhirsche« wie die USA, Russland oder China verwickelt sind, die im Bedarfsfall einfach ihr Veto einlegen. Daher tun sich die UN-Oberen zunehmend schwer, bei kriegerischen Auseinandersetzungen ein entschiedenes Machtwort zu sprechen und die besagten Großmächte zu ernsthaften Verhandlungen an einen Tisch zu zwingen. Hier zeigt sich das Grunddilemma der UN: Sofern nämlich einflussreiche und finanzstarke Großmächte mit ihren spezifischen geostrategischen Interessen im Spiel sind, ist es um das Droh-, Schlichtungs- und Vermittlungspotenzial der UNO eher schlecht bestellt.

Trotzdem bleibt festzuhalten, dass die Gründung der Vereinten Nationen ganz fraglos ein richtiger und wichtiger Schritt war, um die internationale Friedenssicherung auf neue Füße zu stellen und nach dem Trauma des Zweiten Weltkriegs zu einer möglichst wirksamen Kriegsprävention zu gelangen. Das bestätigt unter anderem die Millenniumserklärung der UN vom 9. September 2000, in der die 189 Mitgliedsstaaten die angesprochene Ausdifferenzierung der Friedenssicherung herausstellen und eine breite Palette an Kardinalzielen und Aufgabenbereichen nennen – angefangen bei Abrüstungs- und Entspannungsmaßnahmen im militärischen Bereich über die Zielfelder Bildung für alle, Armutsbekämpfung, Umweltschutz, Menschenrechte und Demokratie bis hin zur Sicherstellung einer guten Regierungsführung. Alle diese Handlungsfelder stehen völlig zu Recht auf der UN-Agenda und sollten unbedingt Teil einer zukunftsweisenden Friedenspolitik sein (vgl. Millenniumserklärung).

Dieses klare Bekenntnis darf freilich nicht darüber hinwegtäuschen, dass die Vereinten Nationen Anspruch und Wirklichkeit nur selten überzeugend zusammenbringen. Das liegt unter anderem daran, dass die bestehenden Problemlagen und Interessenunterschiede der rund 190 Mitgliedsstaaten in den letzten Jahrzehnten gravierend zugenommen haben und immer neue militärische, ökologische, soziale und politische Dissonanzen erzeugen. Das betrifft den Umgang mit Hungersnöten, Flüchtlingsströmen, Bürgerkriegen und sonstigen internationalen Kriegsereignissen genauso wie die zunehmenden Schwierigkeiten der besagten UN-Organisationen, diesen Konfliktfeldern wirkungsvoll zu begegnen. Trotzdem ist es unstrittig, dass die auf Diplomatie, Streitschlichtung, Konfliktprävention und Interessenausgleich setzende UN-Arbeit unabdingbar gebraucht wird (vgl. Brock 2016, S. 3 ff.; Wolf 2016).

## 1.4 Ausbreitung des pazifistischen Denkens

Ermutigt durch die skizzierten Entspannungserfolge auf EU- und UN-Ebene sowie die ersten zaghaften Abrüstungsschritte der USA und der UdSSR in den 1960er- und 1970er-Jahren, wuchs hierzulande vor allem bei der jüngeren Generation die Vorstellung und Überzeugung, dass der Frieden in Europa und in der Welt am besten durch massive Abrüstung, internationale Begegnungen und vertrauensbildende Diplomatie zu sichern sei. »Frieden schaffen ohne Waffen« war das legendäre Credo, das die aufkeimende Friedensbewegung in den 1970er-Jahren kreierte und bei Demonstrationen und anderen Gelegenheiten ins Feld führte. Auch wenn manchen dieser »Waffengegner« berechtigterweise überzogene Naivität und realitätsfernes Vertrauen in die Friedfertigkeit von Menschen und Völkern vorgeworfen werden konnte, so war die Stoßrichtung der damaligen Friedensbewegung dennoch richtig und auch massentauglich. Das bestätigte unter anderem die Bonner Großdemonstration gegen die Nachrüstungspläne der Regierung Schmidt mit ihren mehr als 300 000 Protestierenden.

Genährt wurde dieser aufkeimende »Pazifismus« der 1960er- und 1970er-Jahre vornehmlich dadurch, dass sich der atomare Rüstungswettlauf zwischen den USA und der UdSSR rasant beschleunigte und zu immer raffinierten Trägerraketen und Nuklearsprengköpfen führte, die schon bald zum Auslöschen der Menschheit reichten (vgl. Barnet 1971; Conze 2012). Forciert wurde diese Atombewaffnung anfangs vornehmlich von den USA, die 1952 die erste Wasserstoffbombe mit einer Sprengkraft von gewaltigen 20 Megatonnen zündeten. Eine Sprengkraft, der gegenüber die 20 Kilotonnen der legendären Hiroshima-Bombe von 1945 nachgerade harmlos waren. Diese neue Wasserstoffbombe der USA war geeignet, nicht nur einige Hunderttausende Menschen zu töten, sondern mit einem Schlag ganze Millionenstädte auszulöschen. Das löste nicht nur in Deutschland, sondern besonders in der UdSSR Panik aus. Die Folge waren heftige Nachrüstungsanstrengungen der Sowjetunion.

Am 12. August 1953 war es dann so weit. Auch die UdSSR zündete ihre erste H-Bombe und stellte damit das nukleare Patt wieder her. Der nukleare Rüstungswettlauf erhielt dadurch neuen Schub. Sichtbares Zeichen dieses Rüstungswettlaufs war, dass beide Seiten in den Folgejahren größte Anstrengungen unternahmen, die Zahl, Sprengkraft und geografische Reichweite der entwickelten Wasserstoffbomben immer weiter zu steigern. Dabei kam der UdSSR der legendäre Sputnik-Start im Jahre 1957 zugute, der die Möglichkeit eröffnete, die erfolgreiche Sputnik-Trägerrakete zu einer imposanten Interkontinentalrakete zwecks Transport von Atomsprengköpfen weiterzuentwickeln. Die USA zogen nicht nur immer wieder nach, sondern erreichten in den 1960er- und 1970er-Jahren sogar ein deutliches nukleares Übergewicht (vgl. Abb. 3). Erst die Kuba-Krise im Oktober 1962 sorgte dafür, dass ein gewisses Umdenken einsetzte, da der nukleare Schlagabtausch greifbar nahe erschien.

Abbildung 3

| Geschätzte Anzahl globaler nuklearer Sprengköpfe | | | | | | |
|---|---|---|---|---|---|---|
| Jahr | USA | Russland | Großbritannien | Frankreich | China | Total |
| 1945 | 6 | | | | | 6 |
| 1949 | 235 | 1 | | | | 236 |
| 1960 | 20434 | 1605 | 30 | | | 22069 |
| 1970 | 26119 | 11643 | 280 | 36 | 75 | 38153 |
| 1980 | 23764 | 30062 | 350 | 250 | 280 | 54706 |
| 1986 | 23254 | 40723 | 300 | 355 | 425 | 65056 |
| 1990 | 21211 | 33417 | 300 | 505 | 430 | 55863 |
| 1995 | 10953 | 14978 | 300 | 500 | 400 | 27131 |
| 2000 | 10615 | 10201 | 185 | 450 | 400 | 21851 |
| 2002 | 10640 | 8600 | 200 | 350 | 400 | 20190 |

Quelle: Neuneck 2018, 23

Dieses Umdenken war auch deshalb angezeigt, weil die vorhandenen Atomwaffen-Arsenale beider Seiten längst groß genug waren, um einen Erstschlag des Gegners unsinnig erscheinen zu lassen. Daher setzte eine gewisse politisch-militärische Gelassenheit ein. Die Folge dieses Innehaltens war, dass die nukleare Über-Rüstung erstmals hinterfragt und das politische Hauptaugenmerk auf die

Chancen eines flexiblen Reagierens mittels konventioneller Waffen und taktischer Nuklearwaffen gerichtet wurde. Diese Flexible-Response-Strategie war ab 1967 nicht nur offizielle NATO-Doktrin, sondern führte auch dazu, dass sowohl die nukleare Abrüstung als auch die Bedeutung konventioneller Kriegsgeräte in den Fokus gerieten. Dementsprechend kam es schon bald zu ersten ernsthaften Verhandlungen über eine Begrenzung der atomaren Bewaffnung in Ost und West. SALT I im Jahr 1972 und SALT II im Jahre 1979 waren Ausdruck dieser Abrüstungsbemühungen (SALT = Strategic Arms Limitation Talks).

Das alles nährte die Hoffnung vieler Friedensaktivistinnen und -aktivisten auf eine nachdrückliche Ausweitung des pazifistischen Denkens, Urteilens und Handeln anstelle des langjährigen »Kalten Kriegs«. Politisch aufgegriffen wurde dieser neue Friedensoptimismus von der 1969 an die Macht gekommenen Brandt-Regierung. Zu den besonderen Verdiensten des damaligen Bundeskanzlers Willi Brandt gehörte es, die Logik des Kalten Krieges zwischen Ost und West ganz offen infrage zu stellen und mutig für eine gezielte Entspannungspolitik im Verhältnis zur Deutschen Demokratischen Republik (DDR) sowie zur Sowjetunion einzutreten. Wandel durch Annäherung – das war die neue ostpolitische Devise. Pazifistisch war dieses neue Denken insofern, als es ganz bewusst mit dem alten Konfrontationsdogma der Nachkriegszeit brach und bereit war, die alten ideologischen Vorurteile beiseite zu räumen. Sowohl Willi Brandt selbst als auch sein ostpolitischer Berater Egon Bahr plädierten seinerzeit aus guten Gründen für eine vorbehaltlose diplomatische Offensive gegenüber der DDR im Speziellen und der UdSSR im Allgemeinen.

Der erwähnte Slogan »Frieden schaffen ohne Waffen« war auch für Willi Brandt und Egon Bahr ein wichtiger Leitgedanke. Dahinter stand die erfahrungsgetränkte Erkenntnis, dass weder mit Waffen noch mit Drohungen, sondern nur mit konstruktiver Diplomatie und vertrauensbildender Annäherung ein Mehr an Frieden und Völkerverständigung zu sichern ist. Wer nämlich Feindbilder schürt und fortwährend ideologische Klischees und Vorurteile aufwärmt, der muss sich nicht wundern, wenn am Ende die friedliche Koexistenz ausbleibt und kostspielige Aufrüstungsmaßnahmen und Kriegshandlungen Platz greifen. Dieser neue ostpolitische Realismus war zwar alles andere als naiver Pazifismus, implizierte aber den wichtigen Vorsatz, den angestammten »Feinden« mit Respekt, Toleranz und kompromissfähigen Verhandlungs- und Entspannungsangeboten gegenüberzutreten und alles daranzusetzen, völkerverbindende Annäherungsprozesse und einladende »Win-win-Effekte« zu erreichen.

Dass dieser auf Säbelrasseln verzichtende Annäherungs- und Entspannungskurs der 1970er- und 1980er-Jahre durchaus erfolgreich war, zeigen nicht nur die erwähnten SALT-Verhandlungen und diversen Konferenzen über Sicherheit und Zusammenarbeit in Europa (KSZE), die schließlich in der 1979er-Schlussakte von Helsinki gipfelten. Das zeigen auch und vor allem die von Gorbatschow und Reagan mit dem INF- oder Mittelstrecken-Nuklearstreitkräfte-Vertrag vom Dezember 1987 eingeleiteten mutigen Schritte zur Begrenzung der Raketenabwehrsysteme, der Interkontinental- und Mittelstreckenraketen und der atomgetriebenen U-Boote, die in gewisser Weise Vorboten der friedlichen Wiedervereinigung der beiden deutschen Staaten in den Jahren 1989/1990 waren. Diese Entwicklungen und Ereignisse gaben der pazifistischen Bewegung in Deutschland kräftigen Auftrieb, die sich insbesondere in kirchlichen Kreisen, bei SPD und Grünen, in den Universitäten sowie in zahlreichen lokalen und regionalen Friedensinitiativen formierte.

Ein Höhepunkt dieses pazifistischen Aufbruchs war die legendäre Friedensdemo im Bonner Hofgarten im Jahre 1981, zu der mehr als 300 000 Menschen aus dem gesamten Bundesgebiet zusammenströmten, um gegen den von der Regierung Schmidt geplanten NATO-Doppelbeschluss zu protestieren. Dieser Beschluss sah vor, dass zwar weiterhin Abrüstung erwünscht sei und vom Westen auch angestrebt werde, stellte gleichzeitig aber in Aussicht, dass im Falle einer Stationierung sowjetischer SS-20-Raketen in Osteuropa die NATO umgehend mit der Aufstellung hochmoderner Pershing-II-Raketen und Marschflugkörper (Cruise Missiles) antworten werde. Diese angedrohte Aufrüstungsoffensive in Abrüstungszeiten brachte viele pazifistisch orientierte Friedensaktivisten ziemlich auf die Palme – unter anderen so renommierte Personen wie die Grünen-Politikerin Petra Kelly, den Ex-Bundeswehrgeneral Gert Bastian, den Fernsehjournalisten Franz Alt oder die SPD-Ikone Erhard Eppler.

Ausdruck und Folge dieser angespannten Stimmungslage war unter anderem der am 25. Januar 1982 publizierte *Berliner Appell – Frieden schaffen ohne Waffen*. Interessant dabei: Verfasst wurde dieser Appell nicht von West-Pazifisten, sondern vom DDR-Dissidenten Robert Havemann und dem oppositionellen Pfarrer der Berliner Samaritergemeinde Rainer Eppelmann. So gesehen fand das pazifistische Gedankengut nicht nur in der Bundesrepublik Deutschland (BRD), sondern auch in kritischen Zirkeln der DDR Anklang. Im Zentrum dieses neuen Denkens stand einerseits die längst überfällige Forderung nach konsequenter Abrüstung, anderseits aber auch die wachsende Überzeugung, dass durch eine behutsame politische, ökonomische, technische, kulturelle und touristische Vernetzung west- und osteuropäischer Länder sehr viel mehr für die friedliche Koexistenz in Europa getan werden kann als mit dem herkömmlichen politischen und militärischen Säbelrasseln. Diese Sichtweise und das damit verbundene Vertrauen in die Machbarkeit einer wirksamen Entspannungspolitik sprachen nicht nur für mehr Diplomatie, sondern auch dafür, den traditionell geforderten Kriegsdienst zu verweigern.

Eingeläutet wurde diese Anti-Kriegsdienst-Bewegung bereits in den frühen 1970er-Jahren, als zahlreiche Jugendliche ihren Dienst mit der Waffe zu hinterfragen begannen und sich die ersten Beratungsstellen für Kriegsdienstverweigerer bildeten. Legitimiert wurde diese Verweigerungshaltung unter anderem durch ein Grundsatzurteil des Bundesverfassungsgerichts aus dem Jahre 1960, in dem in Anknüpfung an Artikel 4 Absatz 3 des Grundgesetzes grundsätzlich grünes Licht dafür erteilt wurde, aus Gewissensgründen den Dienst an der Waffe zu verweigern (vgl. https://de.wikipedia.org/wiki/Kriegsdienstverweigerung_in_Deutschland). Zwar blieb es lange Zeit äußerst schwierig, diesem Anspruch Geltung zu verschaffen, da die zuständigen Prüfungskommissionen bei den Kreiswehrersatzämtern in der Regel alles daransetzten, die Verweigerer in puncto »Gewissensnot« so in Widersprüche zu verwickeln, dass deren Anträge zurückgewiesen werden konnten. Trotzdem blieben viele Jugendliche standhaft. Die Zahl der Anträge zur Kriegsdienstverweigerung (KDV-Anträge) stieg in den 1970er-Jahren kräftig an – und mit ihr die juristische Beratung der Verweigerungswilligen durch strategisch geschulte/erfahrene Unterstützer aus der friedenspolitischen Szene. Dadurch konnte den juristischen Winkelzügen der Gewissenprüfungs-Kommissionen bei den Kreiswehrersatzämtern mehr und mehr Paroli geboten werden, sodass die Zahl der anerkannten Pazifisten deutlich wuchs. Dies auch deshalb, weil seinerzeit der Verweis auf die ethischen Abgründe der Atombewaffnung, des Zweiten Weltkriegs oder des Vietnamkriegs als Begründung für die eigene Verweigerung zunehmend Anerkennung fand. Der besagte Anstieg der KDV-Zahlen hatte allerdings noch einen weiteren recht simplen Grund: nämlich den, dass die Regierung 1977 das Antragsverfahren so vereinfachte, dass sich junge Leute per Postkarte vom Wehrdienst abmelden konnten.

Als Vorbild diente vielen Kriegsdienstverweigerern seinerzeit der Doyen der pazifistischen Bewegung Mahatma Gandhi, der einst in Indien mit bewundernswerter Beharrlichkeit für gewaltlosen Widerstand gegenüber der britischen Kolonialmacht eintrat, um auf diese Weise die Unabhängigkeit Indiens zu erstreiten. Dabei scheute der als Rechtsanwalt, Publizist und Morallehrer wirkende Gandhi weder politische Verfolgung noch drohende Gefängnisstrafen, sondern riskierte unbeirrt sein Leben, indem er zum Beispiel in Hungerstreik trat oder andere gewaltfreie Aktionen gegen die britische Besatzungsmacht startete. Dass seine Strategie am Ende Erfolg hatte, ist allseits bekannt. Die Briten wussten einfach keine Antwort mehr auf die von Gandhi entzündeten Massenproteste und zogen sich schließlich demoralisiert aus Indien zurück. Auslöser dieses Rückzugs waren also nicht tödliche Waffen, Krieg und Zerstörung, sondern die zähe Beharrlichkeit, mit der Gandhi und seine Mitstreiter:innen gewaltfreien Widerstand praktizierten und so die britischen Besatzer schließlich zum Rückzug nötigten.

Diese Erfolgsgeschichte motivierte viele deutsche Kriegsdienstverweigerer und Friedensaktivistinnen und -aktivisten, sich an Gandhis Strategie zu orientieren. Den meisten von ihnen ging es dabei allerdings weniger um einen naiven Pazifismus nach dem Motto: »Wenn dir jemand auf die rechte Wange schlägt, dann halte ihm auch noch die linke hin.« Vielmehr schwebte dem Gros der seinerzeitigen Kriegsdienstverweigerer eine Haltung nach dem Muster des hier intendierten »reflektierten Pazifismus« vor. Will sagen: Die meisten von ihnen waren für Selbstverteidigung und in Grenzfällen auch für Waffeneinsätze, lehnten aber das Eskalieren von Kriegshandlungen und das ungehemmte Töten vermeintlicher Feinde ab. Mit dieser Haltung versuchten sie bewusst ein Zeichen gegen den Irrsinn von Kriegen und für die Notwendigkeit verstärkter Abrüstung und internationaler Vertrauensbildung zu setzen, um die Politik auf diese Weise zu veranlassen, nach Alternativen zur leichtfertigen Kriegstreiberei zu suchen.

Verhandlungen statt Waffengänge, Abrüstung statt Aufrüstung, Vertrauensbildung statt Sanktionen, Interessenausgleich statt Hybris, Kriegsvermeidung statt Kriegstreiberei – das waren und sind einige der zentralen Maximen, die diesem reflektierten Pazifismus sein besonderes Gesicht geben. Franz Alt brachte diese Option seinerzeit auf die simple, aber wichtige Formel: »Wer Frieden will, muss den Frieden vorbereiten« und sich von der verbreiteten Mär freimachen, dass Frieden in erster Linie durch entschlossene Kriegsvorbereitung zu sichern sei (vgl. Alt 2022, S. 3). Mit diesem friedenspolitischen Credo spielt Franz Alt auf die ersten Atombombenabwürfe der USA in Hiroshima und Nagasaki im Jahre 1945 an, die angeblich im Namen der Friedenssicherung erfolgten, de facto aber nur den Tod von inzwischen mehr als 600 000 Japanerinnen und Japanern brachten – 213 000 dieser Opfer starben direkt, weitere 400 000 infolge der erlittenen nuklearen Verstrahlung (vgl. ebenda, S. 2).

Diese und andere Szenarien brachten der pazifistischen Bewegung in den 1970er- und 1980er-Jahren beträchtlichen Zulauf. Je mehr protestierten, desto größer wurde die Möglichkeit, den politisch Verantwortlichen Druck zu machen und ein Mehr an Abrüstung, Diplomatie und Völkerverständigung einzufordern. Ihren Ausdruck fand diese erweiterte Aktionsmacht der Friedensbewegung unter anderem in Großdemonstrationen, Kriegsdienstverweigerung, Friedensmärschen, Petitionen und sonstigen gewaltfreien Aktionen – und zwar mit dem Ziel, dem Primat der Kriegsvermeidung zum Durchbruch zu verhelfen. Die erwähnte Entspannungspolitik Willi Brandts war ein Reflex dieses Zeitgeistes und trug maßgeblich dazu bei, dass zeitversetzt nicht nur die deutsche Wiedervereinigung gelang, sondern danach auch noch eine bemerkenswerte (abrüstungsbedingte) Friedensdividende eingefahren werden konnte.

## 1.5 Mauerfall und das Ende der Geschichte?

Die skizzierte Entspannungspolitik der 1970er- und 1980er-Jahre sorgte Ende 1989 für die erhoffte und bereits angedeutete Belohnung, nämlich die friedliche Wiedervereinigung der beiden deutschen Staaten. Und zwar mit ausdrücklicher Zustimmung der UdSSR-Führung unter dem damaligen Präsidenten Michael Gorbatschow. Auch wenn die UdSSR wenige Jahre später zerfallen und der für Osteuropa geltende »Warschauer-Militärpakt« sang- und klanglos untergehen sollte, so war die friedliche Wiedervereinigung von DDR und BRD doch ein höchst ermutigendes und faszinierendes Ereignis. Ein Ereignis, das keinesfalls nur dem militärisch-ökonomischen Druck des Westens geschuldet war, wie das westliche Analysten gerne behaupten. Das politische Entgegenkommen der UdSSR hatte fraglos auch damit zu tun, dass Deutschlands Regierungschefs in den 1970er- und 1980er-Jahre eine höchst glaubwürdige Vertrauensbildung gegenüber der DDR und der Sowjetunion betrieben. Diese kluge Annäherungspolitik war eine entscheidende Voraussetzung dafür, dass es 1990 zu einer relativ geräuschlosen Zusammenführung der beiden deutschen Staaten kommen konnte.

Angefangen hatte diese behutsame Entkrampfung der innerdeutschen Beziehungen mit der bahnbrechenden Reise von Willi Brandt nach Erfurt am 19. März 1970, wo es erstmals zu direkten Kontakten und Sondierungen zwischen den Spitzenpolitikern von BRD und DDR kam. Zwar schürte der triumphale Empfang für Brandt bei der politischen Führung der DDR erhebliches Misstrauen. Doch Willi Brandt ließ sich durch diese atmosphärischen Störungen nicht beirren, sondern setzte seine diplomatische Offensive ebenso sensibel wie beharrlich fort. Ergebnisse dieser Entspannungspolitik waren (a) der Moskauer-Vertrag vom 12. August 1970, (b) der Warschauer-Vertrag vom 7. Dezember 1970, (c) der zeitgleiche legendäre Kniefall am Mahnmal für den Aufstand im Warschauer Ghetto, (d) das Transitabkommen für Berlin im Jahr 1971 – einschließlich des Vertrags über den Reise- und Besucherverkehr, (e) der offizielle »Grundlagenvertrag« zwischen BRD und DDR sowie (f) der deutsch-tschechoslowakische Vertrag vom 11. Dezember 1973, mit dem das Münchner Abkommen über die Abtretung des Sudetenlands ans Deutsche Reich eliminiert wurde.

Auch wenn diese Verträge und Entspannungsschritte nicht gleich zum Fall der Berliner Mauer oder zur Aufhebung des menschenverachtenden Schießbefehls in der DDR führten, so spricht rückblickend doch vieles dafür, dass es ohne diese vertrauensbildenden Aktivitäten der Brandt-Regierung weder die Ära Gorbatschow noch die von Gorbatschow später ermöglichte deutsche Wiedervereinigung gegeben hätte. Obgleich Brandts Entspannungsoffensive von seinen Nachfolgern Helmut Schmidt und Helmut Kohl nur verhalten weitergeführt wurde, kam es in den 1980er-Jahren dennoch zu einer weiteren Entkrampfung im Ost-West-Verhältnis, die zunächst die deutsche Wiedervereinigung und später sogar die besagte Auflösung der UdSSR und des Warschauer Pakts begünstigte. Zwar glauben nicht wenige Polit-Größen im Westen bis heute, dass dieses Kollabieren des Ostblocks ganz vorrangig dem Aufrüstungsdruck der USA zu verdanken sei. Diese Interpretation greift insofern jedoch deutlich zu kurz, als das totalitäre System der UdSSR seinerzeit genügend Möglichkeiten gehabt hätte, finanzielle Engpässe zu kompensieren und einen Systemabsturz zu verhindern.

So gesehen spricht vieles dafür, dass es wohl doch vorrangig die skizzierte Entspannungspolitik war, die den atmosphärischen Boden dafür bereitete, dass Präsident Gorbatschow seinen tiefgreifenden Kurswechsel wagen konnte, der unter anderem die friedliche Wiedervereinigung der beiden deutschen Staaten ermöglichte (vgl. Rödder 2009; Münkler 2018). Zwar versuchte die neue (provisorische) DDR-Führung im März 1990 nochmals, via Volkskammerwahl eine neue demokratisch legitimierte DDR-Regierung zu etablieren und dadurch eine gewisse politische Autonomie gegenüber Westdeutschland zu sichern. Doch dieses Kalkül ging nicht auf, weil immer mehr Menschen gen Westen zogen und die finanziellen, sozialen und ökonomischen Gestaltungsspielräume des DDR-Systems immer enger wurden. So kam es schließlich dazu, dass mit Zustimmung der UdSSR und der drei anderen Besatzungsmächte USA, Frankreich und England am 3. Oktober 1990 der förmliche

Beitritt der DDR zur Bundesrepublik Deutschland erfolgte. Damit wurde die deutsche Einheit staatsrechtlich wiederhergestellt und ein wichtiger Schritt zur innerdeutschen Friedenssicherung getan.

Da zeitgleich die Fliehkräfte in der UdSSR gravierend zunahmen und das heterogene Staatskonstrukt schließlich ganz auseinanderbrach, schien der Kalte Krieg der Nachkriegszeit ein für alle Mal erledigt zu sein. Viele Menschen sahen die offenkundige Überlegenheit des liberalen westlichen Ordnungssystems als Beleg dafür, dass der Staatskommunismus der UdSSR grundlegend gescheitert sei. Dafür sprach nicht zuletzt, dass Russland als Überbleibsel der ehemaligen Sowjetunion ökonomisch und militärisch so stark geschwächt war, dass ein Staatsbankrott drohte. Da China als zweite kommunistische Großmacht eher gen Westen tendierte und ernsthafte Liberalisierungstendenzen zeigte, sprach vieles für den Sieg der USA im Systemwettbewerb. Das zumindest war die optimistische Prognose des US-amerikanischen Geschichtsforschers und Politikberaters Francis Fukuyama, der mit seinem 1992 erschienenen Buch *Das Ende der Geschichte* im wahrsten Sinne des Wortes für Furore sorgte (vgl. Fukuyama 1992).

Aufbauend auf Überlegungen von Hegel, Marx und einigen anderen Geschichtsphilosophen postulierte Fukuyama das Erreichen einer finalen, gerechten und zutiefst vernünftigen Gesellschafts- und Staatsform nach amerikanischem Vorbild, die mit ihrer besonderen Betonung von Freiheit, Privateigentum, Demokratie, Gewinnstreben, Menschenrechten und Volkswohlstand allen anderen Systemen überlegen sei und deshalb erwarten lasse, dass sich der chronische Systemwettstreit zwischen Ost und West alsbald auflösen werde. Kapitalismus statt Kommunismus, Konkurrenz statt Planwirtschaft, Demokratie statt Diktatur – das war für Fukuyama die hoffnungsvolle Zukunftsperspektive, die den kalten und heißen Kriegen der Vergangenheit ein für alle Mal ein Ende bereiten würde. Diese Entwicklung sah er gleichsam als naturgesetzlichen Prozess, der auf mittlere und längere Sicht zu einer umfassenden

Befriedung der Welt und ihrer Völker führen müsse und führen werde (vgl. ebenda).

Dazu schrieb er in einem korrespondierenden Essay voller Pathos und vermeintlicher Weitsicht: »Das 20. Jahrhundert sah die entwickelte Welt in einen Krampf ideologischer Gewalt verfallen, in welchem der Liberalismus erst mit den Resten des Absolutismus rang, dann mit dem Bolschewismus und Faschismus, schließlich mit einem erneuerten Marxismus, der die Welt in die ultimative Apokalypse des nuklearen Krieges zu führen drohte. Aber dieses Jahrhundert, das voller Selbstvertrauen in den endgültigen Sieg der westlichen liberalen Demokratie begann, scheint an seinem Ende wieder dort angekommen zu sein, wo es gestartet war: nicht an einem ›Ende der Ideologie‹ oder einer Konvergenz von Kapitalismus und Sozialismus, wie es früher vorausgesagt worden ist, sondern an einem unverfrorenen Sieg des wirtschaftlichen und politischen Liberalismus« (Fukuyama 2020, S. 1).

Damit meinte Fukuyama den »American Way of Life« sowie das US-spezifische Demokratiemodell, das er als »final form of human government« einstufte (vgl. Jordan 2011, S. 1), also als die finale Form menschlicher Regierungssysteme. Dieses Modell sah er deshalb als würdigen Endpunkt der Geschichte, weil es nach Beendigung des Kalten Krieges offenbar keine ersthafte Konkurrenz mehr für das liberale Ordnungssystem der USA beziehungsweise der westlichen Welt gab. Ein System, das nach seiner Ansicht aus sich heraus für Frieden, materielles Wohlergehen, Fortschritt und eine wachsende internationale Verständigung der Völker sorgen würde. Seine einzige Einschränkung: »Das soll nicht heißen, dass es nicht weiterhin Ereignisse geben wird, die die Seiten der jährlichen Zusammenfassung internationaler Beziehungen in den Foreign Affairs füllen (...) Doch es gibt gute Gründe anzunehmen, dass es dieses Ideal ist, das die materielle Welt über kurz oder lang beherrschen wird« (Fukuyama 2020, S. 2). Eine viel beachtete und vielzitierte Prognose.

Dass sie sich nicht erfüllt hat, ist inzwischen bekannt. Interessanterweise stieß sie in Wissenschaftlerkreisen schon früh auf erhebliche Vorbehalte, die bis hin zum durchaus berechtigten Vorwurf reichten, »konfus und ideologisch motiviert« zu sein (vgl. Jordan 2011, S. 2). Das beeindruckte die westliche Politik indes wenig, zumal sich Fukuyama in seiner Weltsicht zunächst bestätigt fühlen konnte, da die Auflösung der Sowjetunion und des Warschauer Pakts sowie die Großdemonstration auf dem Platz des Himmlischen Friedens in Peking für seine liberalstaatliche »Finalisierungsversion« sprachen. Doch die Realität entwickelte sich bekanntlich anders. Die Konflikte zwischen den USA auf der einen und Russland, China und anderen autoritär regierten Ländern auf der anderen Seite wurden nicht weniger, sondern eher mehr und heftiger. Das bestätigt nicht nur der Ukraine-Krieg, sondern auch der von Ost wie von West befeuerte Dauerkonflikt mit dem islamischen Fundamentalismus.

So gesehen haben sich Fukuyamas Thesen zum friedensstiftenden »Ende der Geschichte« inzwischen erledigt. Trotz Mauerfall, Zerfall der Sowjetunion, Auflösung des Warschauer Pakts und diverser »Freiheitsbewegungen« in Nordafrika, im Nahen Osten und in einigen ehemaligen Sowjetrepubliken ist der Frieden de facto keinesfalls stabiler, sondern eher labiler geworden. Die Kriege im Irak, in Afghanistan, Syrien, Libyen, auf dem Balkan und im Jemen signalisieren dieses beispielhaft und unterstreichen, dass die geostrategisch motivierten Machtkämpfe zwischen Ost und West nach wie vor höchst virulent sind (Stichwort Stellvertreterkriege). Offenbar ist eine dauerhafte Friedenssicherung auf der Welt doch deutlich komplizierter, als sich Fukuyama und seine Gesinnungsfreunde das vorgestellt haben. Zwar wäre es toll, wenn es eine derartige naturgesetzliche Entwicklung hin zu einer universell gültigen und allseits akzeptierten liberalen Gesellschaftsordnung gäbe. Doch das bleibt wohl ein Traum.

## 1.6 Die Renaissance der Kriegstreiberei

Erschreckend ist, dass die offene Kriegsbejahung inzwischen wieder Usus geworden ist – auch und nicht zuletzt in Europa. Vorbei ist das Bemühen um Abrüstung, Völkerverständigung und Entspannungspolitik, wie es insbesondere in den 1980er- und 1990er-Jahren dominierte und auch beachtliche Abrüstungserfolge sowohl bei den Nuklearwaffen (SALT-Verträge, INF-Vertrag) als auch bei den konventionellen Streitkräften (Vertrag über Konventionelle Streitkräfte in Europa, KSE-Vertrag) brachte. Sowohl die USA als auch die UdSSR – später Russland – zerstörten vertragsgemäß einen erheblichen Teil ihrer atomaren Kurz- und Mittelstreckenraketen, aber auch Kampfpanzer, Artilleriesysteme und Kampfflugzeuge. Das war ein Novum. Darüber hinaus kam es zu respektablen Abrüstungsbemühungen auf dem Gebiet der Deaktivierung landgestützter Interkontinentalraketen sowie der Begrenzung und Vernichtung von Atomsprengköpfen. Militärische Abrüstung war also deutlich mehr als eine nebulöse politische Absichtserklärung. Sie war ein wichtiger und chancenreicher Teil der seinerzeitigen Realpolitik – insbesondere in der Ära Gorbatschow. Das alles machte Hoffnung und signalisierte eine deutliche Bereitschaft und Fähigkeit der Großmächte zur Sicherung des Weltfriedens mit immer weniger Waffen.

Doch dieser neue Geist der Abrüstung und Völkerverständigung ist längst passé und hat sich seit der Jahrtausendwende sogar ins Gegenteil verkehrt und mit dem aktuellen Ukraine-Krieg einen erschreckenden Tiefpunkt erreicht. Inzwischen gelten die Entspannungs- und Abrüstungsbemühungen der 1980er- und 1990er-Jahre vieler Kritikern sogar als grober strategischer Fehler, der nur dazu geführt habe, dass Russland als Gegenspieler des Westens wiedererstarken und dank explodierender Rohstoffeinnahmen zu alter militärischer Stärke zurückfinden konnte. Zwecks Korrektur dieses Fehlers wird inzwischen nach alter Lesart für massive Aufrüstung, schwere Waffen, politische Konfrontation und eine entschiedene Abkehr von Russland, China und anderen »Schurkenstaaten« plädiert. Das entsprechende Zauberwort heißt »Zeitenwende« – sehr zum Gefallen der Rüstungsindustrie.

Kaum ein selbstkritisches Wort zur fragwürdigen NATO-Osterweiterung und zur Verlagerung modernster US-amerikanischer Waffensysteme an die Grenzen zu Russland. Auch keine ernsthafte Selbstkritik in Sachen »neue europäische Sicherheitsordnung«, wie sie von russischer Seite nach der Auflösung des Warschauer Pakts wiederholt gefordert, von westlicher Seite aber nie ernsthaft aufgegriffen und verhandelt wurde. Auch kein kritischer Blick auf die zurückliegenden Regimewechsel-Initiativen der USA im Nahen Osten, in Nordafrika und in Osteuropa, die in Russland verständlicherweise Misstrauen schürten. Stattdessen gab es seit Mitte der 1990er-Jahre eine Menge Arroganz gegenüber der russischen Führung, die alles andere als vertrauensbildend wirkte. Das alles rechtfertigt zwar noch keinen russischen Angriff auf die Ukraine; wohl aber macht es deutlich, dass internationale Friedenssicherung eine höchst sensible Angelegenheit ist, die ohne seriöse Diplomatie kaum zu managen ist.

Dass es an diesem ehrlichen Bemühen um eine neue europäische Sicherheitsordnung seit Langem fehlt, steht außer Frage. Ablesen lässt sich das nicht nur an den diplomatischen Verwerfungen, Misstrauensbekundungen und wechselseitigen Provokationen im Ost-West-Verhältnis, sondern auch daran, dass die USA Europa mit recht subtilen Mitteln daran zu hindern versuchte, seine Entspannungs- und Abrüstungsbemühungen gegenüber Russland weiter fortzusetzen. Ihren Anfang nahm diese neuerliche Konfrontationsstrategie bereits Ende 2001, als die USA unter Präsident George Bush einseitig den bestehenden Raketenabwehr-Vertrag (ABM-Vertrag) zur Begrenzung der Raketenabwehr-Systeme kündigten, um zeitgleich mit der Errichtung eines hochmodernen Raketenabwehrsystems in Osteuropa zu beginnen. Ob diese selbstherrliche Aktion gerechtfertigt war, sei einmal dahingestellt. Auf jeden Fall wurde sie von der russischen Führung als Affront gedeutet, der nicht nur das mühsam aufgebaute Vertrauen strapazierte, sondern auch entsprechende rüstungstechnische Modernisierungsmaßnahmen der eigenen Seite verlangte.

Mit der Kündigung des auf die Begrenzung der Nuklearwaffen gerichteten INF-Vertrags durch US-Präsident Donald Trump im Jahre 2019 und dem umgehenden Vertragsausstieg Russlands wurde dem neuerlichen Wettrüsten weiterer Schwung gegeben. Die alten Feindbilder und Kriegstreibereien waren zurück und sorgten in Ost wie in West dafür, dass der konventionellen wie nuklearen Aufrüstung erhöhte Aufmerksamkeit zuteilwurde. Diese Konfrontationspolitik wurde unter anderem durch die Krim-Annexion Russlands im Jahre 2014, die militärischen Scharmützel in der Ostukraine, den geplanten NATO-Beitritt der Ukraine sowie die russischen Waffengänge in Georgien und Tschetschenien zusätzlich verschärft. Diese psychologische und faktische Kriegstreiberei erreichte mit dem völkerrechtswidrigen Angriff Russlands auf die Ukraine schließlich ihren unrühmlichen Höhepunkt.

Osteuropa ist allerdings nicht der einzige Kriegsschauplatz, wo Russland und die USA aufeinanderprallen. Die unverändert schwelenden Kriege zum Beispiel in Syrien und im Irak, in Afghanistan, Palästina, Jemen und Libyen gehören ins gleiche Schema und machen unmissverständlich deutlich, dass die Kriegsgefahren weltweit keinesfalls geringer, sondern eher größer geworden sind. Ein Indiz dafür sind unter anderem die enormen Rüstungsausgaben der Neuzeit. Sie betreffen nicht nur den Kauf und/oder die Entwicklung hochmoderner Kampfdrohnen, Panzer und Raketen, sondern auch andere perfide militärtechnische Wunderwaffen im nuklearen und konventionellen Bereich. Führend bei dieser planvollen Perfektionierung der Waffenarsenale sind seit Jahr und Tag die USA, deren Militärausgaben laut SIPRI im Jahr 2022 gigantische 877 Milliarden US-Dollar betrugen. Das waren 39 Prozent der weltweiten Rüstungsausgaben. Mit weitem Abstand folgten China mit 292 Milliarden, Russland mit 86,4 Milliarden, Indien mit 81,4 Milliarden, Saudi-Arabien mit 75 Milliarden, Großbritannien mit 68,5 Milliarden und Deutschland mit 55,8 Milliarden US-Dollar (vgl. www.dw.com/de/sipri-ausgaben-fürs-militär-steigen-weltweit-rasant).

Wie das besagte Stockholmer Friedensforschungsinstitut SIPRI berichtet, entfallen diese Ausgaben zu wachsenden Teilen auf die Perfektionierung und Ausweitung der Atombewaffnung. Darin sehen die Stockholmer Friedensforscher zu Recht eine höchst fragwürdige »(...) Umkehrung der Entwicklung zu weniger Atomwaffen seit Ende des Kalten Krieges vor drei Jahrzehnten. Diese Wende verschärft den in den letzten Jahren schon konstatierten Prozess zur ›Modernisierung‹ vor allem mittels neuer taktischer Atomwaffen mit geringerer Sprengkraft und Reichweite sowie größerer Zielgenauigkeit« (*Frankfurter Rundschau* vom 13.6.2022, S. 3). Besonders eifrig sind bei alledem die USA. Verglichen mit Russland, gaben sie 2022 mehr als das Zehnfache des russischen Militäretats aus. Auch gegenüber dem neuen Weltmachtkonkurrenten China lagen sie weit vorne (siehe oben). Da diese Rüstungsausgaben angesichts des Ukraine-Kriegs und des schwelenden Taiwan-Konflikts weiter in die Höhe schießen dürften, ist unschwer zu erahnen, dass es um den Weltfrieden ziemlich schlecht bestellt ist.

Dieser aktuelle Aufrüstungstrend wirft einmal mehr die Frage nach dem Sinn und Zweck des Ganzen auf. Was kommt denn nach den Kriegen? Verleitet die manische Aufrüstung vieler (Welt-) Mächte nicht gerade zu immer neuen Kriegshandlungen? Wie steht es überhaupt um die Chancen eines dauerhaften Friedens mittels Militär? Fakt ist, dass stabiler Frieden am wenigsten mit Waffengewalt und skrupellosem Töten zu erreichen ist. Vielmehr zeigt die Geschichte, dass Frieden, Humanität, Gerechtigkeit, Völkerverständigung und Volkswohlstand am ehesten zu sichern sind, wenn bewusst auf Kriegsvermeidung und präventive Verhandlungen statt auf militärische Muskelspiele gesetzt wird. Denn Kriege provozieren in der Regel nur neue Feindseligkeiten und Kriegshandlungen. Das zeigt die Weltgeschichte überdeutlich. Daher bietet die skizzierte Aufrüstung gewiss keine gute Perspektive.

## 1.7 Zur Ambivalenz des Ukraine-Kriegs

Bundeskanzler Olaf Scholz gab zu Beginn des russischen Angriffskrieges die berechtigte Devise aus, dass die militärische Unterstützung der Ukraine durch den Westen nicht dazu führen dürfe, dass die Folgekosten für die westliche Allianz größer seien als für Russland. Nur wenn diese Unterstützung rasche Waffenstillstandsverhandlungen und eine schnelle Beendigung des Krieges begünstige, mache sie auch tatsächlich Sinn. Diese Haltung hatte zur Folge, dass der anfangs sehr skeptische Olaf Scholz der Lieferung schwerer Waffen an die Ukraine zunächst auch sehr reserviert gegenüberstand. Diese Position änderte er erst, als er deswegen in den (sozialen) Medien einen gewaltigen Shitstorm erntete und unter anderem im Magazin *Der Spiegel* als »Angsthase« verunglimpft wurde (vgl. *Der Spiegel* vom 23.4.2022). Das Resultat dieses Shitstorms war, dass Olaf Scholz innerhalb weniger Wochen eine kräftige Kehrtwende hinlegte und nicht nur ein allseits gefeiertes 100-Milliarden-Aufrüstungsprogramm initiierte, sondern schon bald auch dafür eintrat, Russland mit radikalen Wirtschaftssanktionen zu überziehen und die Ukraine großzügig mit schweren Waffen zu beliefern.

Diese erklärte »Zeitenwende« brachte dem Bundeskanzler und seiner Regierung jenseits des Atlantiks ausgeprägten Applaus, da sich die US-Führung genau diesen Schwenk erhofft hatte. Zuspruch kam sowohl von führenden Politikern und Militärs der USA und des westlichen NATO-Bündnisses als auch und nicht zuletzt vom Gros der wahlberechtigten Bundesbürger. Standing

Ovations im Bundestag und wohltuendes Schulterklopfen bei den nachfolgenden Konsultationen in den USA, in Brüssel und bei den NATO-Gremien vermittelten den deutschen Amtsträgern Scholz, Baerbock und Habeck den berauschenden Eindruck, dass sie mit der eingeleiteten »Zeitenwende« den Stein der Weisen gefunden hätten. Kein seriöses Nachdenken mehr über Entspannungspolitik und Waffenstillstandsverhandlungen. Stattdessen eine konzertierte Politik der Stärke mit dem Ziel, den Aggressor Russland militärisch wie ökonomisch entscheidend zu schwächen und der Ukraine mittelfristig zum Sieg zu verhelfen. Dabei taten sich im Regierungsbündnis besonders die Grünen hervor.

Diese Linie wird bis heute verfolgt, obgleich sie inzwischen Hundertausende Soldaten und Zivilisten das Leben gekostet, gigantische Zerstörungen in der Ukraine bewirkt und explosive Flüchtlingsströme gen Westen ausgelöst hat – von Energiekrise, Inflation und immensen Wohlstandsverlusten in Deutschland und Europa ganz zu schweigen. Ein Ende des Krieges ist auch nach 18 Monaten noch nicht in Sicht. Im Gegenteil. Beide Seiten haben sich mittlerweile derart verhakt und derart viele Opfer zu beklagen, dass nur eine weitere Eskalation angebracht erscheint. So gesehen entwickelte der Krieg seine eigene Dynamik und seinen eigenen Mythos und schürt damit letztlich ein Denken, das die sozialen, psychischen, materiellen, gesundheitlichen und mentalen Folgen für die Betroffenen zunehmend ausblendet und die vielfältigen Opfer und Zerstörungen als gleichsam alternativlos verklärt.

Wem nützt dieses verbissene »Weiter so«? Vieles spricht dafür, dass es auf absehbare Zeit keinen wirklichen »Sieger« geben wird, der seine erklärten Kriegsziele erreicht. Das gilt für die Ukraine wie für Russland. Wohl aber liegen die Risiken und Gefahren einer fortgesetzten Konfrontationsstrategie auf der Hand. Auch wenn durchaus nachvollziehbar ist, dass die Ukraine eingedenk des russischen Vernichtungsfeldzugs auf Rache sinnt, so spricht doch vieles dafür, dass es am Ende nur »Verlierer« geben wird. Denn die große

Gefahr ist die, dass der ruinöse Krieg mit all seinen Opfern, Zerstörungen und ethisch-moralischen Abgründen immer weiter in die Länge gezogen und möglicherweise sogar nuklear ausgeweitet wird. Hinzu kommen frappierende Fehleinschätzungen zur Wirksamkeit von Wirtschaftssanktionen, denen zahlreiche Politiker und Journalisten hierzulande aufsitzen. Dass Wirtschaftssanktionen ein höchst zweischneidiges Schwert sind, ist eigentlich bekannt. Bekannt ist zudem, dass sie von Russland recht problemlos unterlaufen und mittels höherer Energiepreise und neuer Handelspartner relativ gut abgefedert werden können (vgl. Scholl 2023, S. 15; Emendörfer 2022). Trotzdem wird verbissen an diesem ökonomischen Druckmittel festgehalten.

Zwar ist davon auszugehen, dass der technologische, finanzielle und ökonomische Cut des Westens Russland in große Bedrängnis bringen wird. Doch die Kehrseite ist die, dass der entfachte »Wirtschaftskrieg« auch Europas Bürger höchst nachteilig trifft. Aktuelle Zeichen dieser negativen Rückkoppelung sind gravierende Engpässe bei Gas, Öl und anderen Rohstoffen, hohe Inflationsraten, stark gestiegene Zinsen, gravierende Arbeitsplatzverluste, wegbrechende Geschäftsfelder großer Konzerne, gestörte Lieferketten, schädlicher Protektionismus, horrend wachsende Staatsausgaben und andere Krisensymptome mehr. So gesehen sind die massiven Pressionen des Westens höchst ambivalent. Sie zielen auf Putins Sturz, die Schwächung Russlands und/oder die Wiederherstellung der »alten Ukraine«, unterschätzen aber sträflich die legendäre Überlebensfähigkeit totalitärer Staaten. Derzeit spricht auf jeden Fall wenig dafür, dass Russland dem Druck des Westens nachgeben und die Rückeroberungspläne der Ukraine (Krim, Donbas) kampflos akzeptieren wird. Von daher ist das Drehen an der Eskalationsspirale ein gefährliches Spiel, bei dem auch Europa viel zu verlieren hat.

Besonders brisant ist derzeit, dass der westliche Druck eine neue Allianz zwischen Russland, China, Indien, Brasilien, dem Iran, der Türkei und einigen anderen Ländern hat entstehen lassen, die sich erkennbar anschickt, das Weltmachtgebaren der USA mit vereinten Kräften zu torpedieren und dabei auch vor der Schädigung Westeuropas nicht Halt zu machen. So gesehen ist es dringend an der Zeit, zu deeskalieren und verloren gegangenes Vertrauen wiederherzustellen. Andernfalls droht eine Konfrontation, die am Ende nicht nur Russland, sondern vor allem auch Europa schwächen wird. Die USA selbst sind trotz seiner geopolitischen Risiken schon jetzt »der große Gewinner des Ukraine-Kriegs« (Tooze 2022, S. 27). Die dortige Rüstungsindustrie boomt, das Fracking-Gas fließt endlich nach Europa, Europa rüstet endlich auf, Deutschlands ostpolitische Alleingänge sind gestoppt, europäische Konzerne sind geschwächt, die Konkurrenzfähigkeit US-amerikanischer Konzerne wächst, ein etwaiger Nuklearkrieg würde nicht die USA, sondern Europa treffen et cetera (vgl. Bader 2023, S. 4).

Angesichts dieser Gemengelage kann den Politik-Analysten Michael Lüders und Klaus von Dohnanyi nur zugestimmt werden, die beide angesichts der Interessenunterschiede zwischen Europa und den USA mit guten Argumenten dazu raten, dass Europa »aus dem Schatten der USA« heraustreten solle (vgl. Lüders 2021 und Dohnanyi 2022). Diese Emanzipation Europas ist derzeit allerdings ein ziemliches Tabuthema, da Russlands Angriff auf die Ukraine umgehend dazu geführt hat, dass die EU-Länder panikartig an die Seite der USA gerückt sind und sich deren Militärdoktrinen und geostrategischen Interessen ohne weitere (kritische) Prüfung unterordnen. Das gilt insbesondere für die neuen EU-Länder im Osten. Diese Vasallenhaltung ist deshalb so gefährlich, weil die Wertvorstellungen und friedenspolitischen Optionen der US-Führung nur sehr begrenzt mit den europäischen Interessen, Belangen und Traditionen in Einklang stehen (vgl. Dohnanyi 2022, S. 73 ff.).

Dauerhafte Sicherheit in Europa ist letztlich nur mit und nicht gegen Russland zu erreichen! Das gilt trotz oder gerade wegen des aktuellen Ukraine-Kriegs und der bestehenden Einkesselungsängste der russischen Führung infolge der unabgestimmten Osterweiterung der NATO (zur Fragwürdigkeit dieser Politik vgl. unter anderem *Der Spiegel* 48/2009 sowie 18/2022, S. 28 ff.). Auf jeden Fall sitzt das wechselseitige Misstrauen tief. Das gilt umso mehr, als das US-Verteidigungsministerium nach Kriegsbeginn unverblümt signalisierte, dass alles dafür getan werde, um Russland zu schwächen und Putin zu stürzen (vgl. Merkel 2022, S. 3). Dementsprechend wurden Verhandlungen auf höchster Ebene erst gar nicht vorbereitet, geschweige denn der ukrainischen Führung nahegelegt. Begründet wurde und wird dieser Verzicht auf Spitzendiplomatie und konkrete Deeskalationsbemühungen damit, dass mit dem hinterhältigen Despoten Putin schlichtweg nicht zu verhandeln sei, da er seine neoimperialistischen Bestrebungen ohnehin nicht aufgeben werde (vgl. Rosa 2022).

Zwar gibt es bis heute keine ernsthaften Indizien dafür, dass Putin einen Angriff Russlands auf wehrhafte NATO-Staaten plante. Trotzdem wird dieser angstmachende Verdacht hierzulande immer wieder aufgewärmt, um das bestehende Feindbild zu nähren und Russland als gefräßigen Dämonen zu stilisieren. Mag sein, dass die russische Führung tatsächlich gewisse imperialistische Träume hat. Aber die Weltmacht-Apologeten der USA haben sie auch, ohne dass ihnen deshalb eine ähnlich vernichtende Kritik entgegenschallt. Daher macht es Sinn, nicht von vorneherein mit zweierlei Maß zu messen und der Gegenseite immer nur das Schlechteste zu unterstellen. Das ist vorsätzliche Demagogie und steht unweigerlich in der Gefahr, die Chancen wirksamer Diplomatie und internationaler Vertrauensbildung zu verspielen. Beides ist aber unbedingt nötig, wenn der Ukraine-Krieg baldmöglichst beendet und eine neue Plattform für ein friedliches Miteinander gefunden werden soll. Ohne Vertrauen und Kompromissbereitschaft lassen sich Kriege nun einmal nicht beenden. Wenn also die Ukraine nur verhandeln will, wenn Russland alle besetzen Gebiete – einschließlich der Krim – zurückgibt, dann ist das kein ernsthafter Türöffner, der eine baldige Friedensregelung verspricht.

Verhandlungen? Waffenstillstand? Vertrauensbildung? Diese Perspektive spielt leider kaum eine Rolle. Dies, obwohl die skizzierte Ambivalenz des Krieges für die Ukraine wie für Europa offenkundig ist und die Schadensbilanz inzwischen atemberaubende Ausmaße angenommen hat. Besonders heftig bekommt Deutschland diese negative Rückkoppelung zu spüren. Von daher liegt es nahe, dass sich die »(...) westlichen Länder, die die Ukraine militärisch unterstützen (...), fragen, welches Ziel sie genau verfolgen und ob (und wie lange) Waffenlieferungen weiterhin der richtige Weg sind (...) Die aktuellen Entwicklungen (...) sowie Putins Ankündigung, atomwaffenfähige Raketensysteme an Belarus zu liefern, zeigen, dass die Eskalationsgefahr zunimmt« (Augstein/Zeh/Precht u. a. 2022). Diese Warnung liegt zwar schon einige Monate zurück, hat aber unverändert ihre Gültigkeit. Die entfachte Kriegsdynamik hat mittlerweile Formen angenommen, die kaum noch kontrollierbar sind.

Daher kann der genannten Forderung nur beigepflichtet werden, dass es dringend an der Zeit ist, den Krieg nicht immer weiter anzuheizen, sondern möglichst schnell mit klugen und ernsthaften Verhandlungsvorstößen zu beginnen – und zwar ohne unannehmbare Vorbedingungen für die Gegenseite. Derartige Verhandlungsvorstöße bedeuten ja nicht gleich, dass die Ukraine kapitulieren muss und Putin seine Gebiets- und Regimewechsel-Ansprüche durchsetzen kann. Im Gegenteil: Je früher seriöse Verhandlungen aufgenommen und vertrauensbildende Maßnahmen eingefädelt werden, desto größer ist die Chance, dass es keine ohnmächtigen Verlierer geben wird, die nach Kriegsende nur auf eines sinnen: auf Rache! Wie gesagt: Wer Frieden will, muss den Frieden vorbereiten und darf nicht länger der Illusion anhängen, dass sich mit Waffengewalt, Wirtschaftssanktionen und politischem Druck dauerhafter Frieden erreichen lässt. Die Geschichte liefert zahllose Gegenbeweise.

# 2. Wodurch Hass und Feindbilder entstehen

In diesem zweiten Kapitel wird der Frage nach den Quellen menschlicher Feindseligkeit nachgegangen, das heißt den Einflussfaktoren, die Menschen und Völker immer wieder dazu verleiten, Feindbilder zu kreieren und einander zu bekriegen. Das gilt im Großen wie im Kleinen. Fakt ist, dass die verbreitete Neigung zu Hass, Hetze, Demagogie, Gewalt, Missgunst, Intrigen, Diffamierung und anderen Formen menschlicher Destruktivität partiell sicherlich in der Natur des Menschen begründet liegt. Zum größeren Teil aber ist sie fraglos dem familiären, schulischen, gesellschaftlichen, politischen und medialen Umfeld geschuldet, in dem Menschen leben und aufwachsen und ihre moralischen und sozialen Grundhaltungen und Verhaltensmuster entwickeln. Diese prägenden Einflüsse angemessen zu verstehen, ist eine wichtige Voraussetzung dafür, dass zielführende Optionen und Handlungsempfehlungen in Sachen Friedenssicherung und Friedenspolitik formuliert werden können. Deshalb dieses Kapitel. Welche Einflussfaktoren und Erklärungsmuster dabei zu beachten sind und welche Relevanz sie haben, wird in den nachfolgenden Abschnitten überblickshaft skizziert

## 2.1 Das Phänomen der Kriegsbegeisterung

Irritierend ist die neue Offenheit vieler Menschen für massive Aufrüstungsmaßnahmen und entschiedene Sanktionsdrohungen der eigenen Regierung gegenüber vermeintlichen Feindstaaten. Das gilt auch und nicht zuletzt für erhebliche Teile der deutschen Bevölkerung. Egal, ob es nun um Waffenlieferungen an die Ukraine oder Saudi-Arabien, um die zurückliegenden Bundeswehreinsätze in Afghanistan, Bosnien oder Serbien, um die langjährige Befürwortung des Anti-Terrorkampfes der USA in der islamischen Welt oder um eine eventuelle militärische Intervention des Westens im Taiwan-Konflikt geht – die Zustimmungsraten zu diesen und ähnlichen militärischen Operationen sind inzwischen erstaunlich hoch. Das zeigen exemplarisch einige neuere Umfragen von Infratest, Forsa und der Mannheimer Forschungsgruppe Wahlen zur Haltung der wahlberechtigten Bundesbürger in Sachen Waffenlieferungen an die Ukraine beziehungsweise Wirtschaftssanktionen gegenüber Russland.

Nach dem von Infratest Dimap ermittelten Meinungsbild, befürworteten im August 2022 62 Prozent der Befragten das Liefern von Panzern und sonstigen (schweren) Waffen an die Ukraine – am besten in aufgestockter Form (vgl. Abb. 4). Bezüglich der von westlicher Seite ergriffenen Sanktionen gegenüber Russland lag die Zustimmungsrate sogar bei 71 Prozent. Eine neuere Umfrage vom März 2023 bestätigt dieses deutliche Votum für Waffenlieferungen und Sanktionen (vgl. https://de.statista.com/statistik/daten/studie/1312216/umfrage). Obwohl Russland im Jahre 2022 mit inflationstreibenden, energieverknappenden und wohlstandsschmälernden Gegensanktionen reagierte, bleibt die Entschlossenheit hierzulande hoch, Putin und seinen Militärs mit aller Macht die Stirn zu bieten und eine weitere Kriegseskalation in Kauf zu nehmen. Diese Befürwortung eines harten Kurses signalisierten Mitte Juli 2022 bemerkenswerte 70 Prozent der Deutschen. Der

Rest war unentschlossen (ZDF-Umfrage; vgl. www.derwesten.de/politik/ukraine-krieg-waffenlieferungen-russland-zdf).

35 Prozent der Befragten meinten sogar, dass der Westen die Ukraine militärisch stärker als bisher unterstützen und vermehrt schwere Waffen liefern sollte (vgl. ebenda). Dieses Meinungsbild ist bis heute ziemlich stabil. Mag sein, dass diese Entschlossenheit unter anderem der öffentlichkeitswirksamen Stimmungsmache von Politikern, Militärs, Talkshowgästen, Fernsehgrößen oder Leitartiklern von Zeitungen geschuldet ist, die aus durchaus guten Gründen die Brutalität der russischen Angriffshandlungen und Vernichtungsfeldzüge anprangern und daraus das Recht der Ukraine beziehungsweise des Westens auf ähnlich brutale Gegenwehr ableiten. Allerdings reicht diese Deutung nicht hin, um die erstaunliche »Kriegsbegeisterung« unserer Tage zu erklären. Dahinter steht offenbar noch etwas anderes, nämlich der jahrtausendealte archaische Reflex, dass Gewalt mit Gewalt beantwortet werden muss, und zwar ohne Rücksicht auf Verluste. Auge um Auge, Zahn um Zahn! Dieser Reflex funktioniert bis heute.

Abbildung 4

| Umfrage zur deutschen Ukraine-Politik im August 2022 | | |
|---|---|---|
| **Politische Maßnahmen** | **Einschätzungen der Befragten zur jeweiligen Maßnahme** | **Anteil der Befragten** |
| Unterstützung der Ukraine mit Waffen aus westlicher Produktion | Die Unterstützung geht nicht weit genug. | 23 % |
| | Die Unterstützung ist angemessen. | 39 % |
| | Die Unterstützung geht zu weit. | 32 % |
| Sanktionsmaßnahmen gegenüber Russland (Wirtschaftssanktionen etc.) | Die Unterstützung geht nicht weit genug. | 37 % |
| | Die Unterstützung ist angemessen. | 34 % |
| | Die Unterstützung geht zu weit. | 21 % |

Quelle: ARD-Deutschlandtrend, ermittelt von Infratest Dimap (vgl. https://de.statista.com/statistik/daten/studie/1312216/umfrage).

Erstaunlicherweise gilt das hierzulande parteiübergreifend. Laut einer Studie der Mannheimer Forschungsgruppe Wahlen votierten Mitte Juli 2022 95 Prozent der ehemals pazifistisch gepolten Grünen-Anhänger für eine entschiedene militärische und politische Unterstützung der Ukraine – trotz drohender Energiekrise und Wirtschaftsflaute. Bei den SPD-Anhängern waren es 83 Prozent, bei den CDU/CSU-Anhängern 76 Prozent und bei den FDP-Anhängern 69 Prozent (vgl. ebenda). Diese Zustimmungsquoten ändern sich bislang kaum. Zwar darf man eine derartige Momentaufnahme nicht überbewerten, da darin natürlich immer auch aktuelle medieninduzierte Emotionalisierungseffekte ihren Niederschlag finden, die eine distanzierte Einschätzung der propagierten Kriegslogik eher schwierig machen. Gleichwohl scheint die Hemmschwelle gegenüber Aufrüstung und Kriegsbeteiligung hierzulande deutlich gesunken zu sein. Das gilt besonders für die kriegsfern aufgewachsene jüngere Generation.

Mag sein, dass sich dieses kriegsbejahende Stimmungsbild unter dem Eindruck der um sich greifenden Energiekrise, Inflation, Arbeitsplatzverluste, Flüchtlingsströme, Radikalisierungstendenzen und staatlichen Schuldenexplosion schon bald wieder abschwächen wird. Doch verschwinden dürfte dieser latente »Bellizismus« in unseren aufgeheizten Zeiten wohl kaum. Zu groß sind mittlerweile die gegenüber Russland, China und anderen sogenannten »Schurkenstaaten« entwickelten Antipathien, die vonseiten westlicher Staatenlenker, Medienmacher und Talkshowgäste beständig geschürt werden. Dieses konfrontationsorientierte Meinungsmanagement ist sicherlich einer der Gründe dafür, warum das im März 2022 beschlossene 100-Milliarden-Aufrüstungsprogramm der Bundesregierung von weiten Teilen der Bevölkerung erstaunlich widerspruchslos hingenommen wurde (vgl. www.tagesschau.de/inland/deutschlandtrend/deutschlandtrend-2925.html).

Ein solches Aufrüstungsprogramm wäre in früheren Jahren sicherlich vom Gros der Bevölkerung mit großer Entschiedenheit zurückgewiesen und als grober Verstoß gegen das Gebot der Friedenssicherung und Entspannungspolitik eingestuft worden. Doch die Stimmung hat sich inzwischen kräftig verändert – und mit ihr die Bereitschaft zahlreicher Bundesbürger, einen politischen Kurs zu goutieren, der auf Stärke setzt und bewusst dazu tendiert, internationale Spannungen mit Aufrüstung und Militäreinsätzen zu beantworten – wohlwissend, dass ein militärischer Sieg noch längst keinen Frieden bedeutet. Zwar ist das gegenwärtige Russland-Bashing durchaus verständlich. Dennoch wäre es fatal, wenn es dabeibliebe und die hiesige Bevölkerung zeitgleich ihre verbreitete Grundhaltung konservieren würde, dass kritische Anfragen an die zurückliegende US- und NATO-Politik ungehörig seien. Fakt ist nämlich, dass der Ukraine-Krieg beim besten Willen kein unprovozierter Krieg ist – auch wenn das westliche Spitzenpolitiker wie US-Präsident Joe Biden oder der ehemalige britische Premierminister Boris Johnson gerne so darstellen.

Die Publizistin Daniele Dahn listet in ihrem Buch gleich mehrere Ereignisse auf, die provokativen Charakter haben: Völkerrechtswidriger Bombenkrieg gegen Serbien (2004), Unterstützung des Maidan-Putsches (2014), Aufnahme des Ziels eines NATO-Beitritts in der ukrainischen Verfassung (2019), Stationierung von NATO-Truppen im Baltikum, Verstöße gegen das Minsk-II-Abkommen, Nichtbeachtung russischer Verhandlungsangebote, Bekräftigung der NATO-Beitrittsforderung anlässlich der Münchner Sicherheitskonferenz durch Präsident Selenskyj Anfang 2022 (vgl. Dahn 2022, S. 14). Hinzu kommen diverse »Lockangebote« der NATO für die in den Jahren 2004 bis 2013 beigetretenen Staaten des ehemaligen Warschauer Pakts beziehungsweise des erweiterten »Ostblocks« – immerhin elf an der Zahl. Leider finden diese und andere Weichenstellungen des Westens in unseren Medien und Polit-Debatten kaum eine kritische Erwähnung.

Erschreckend dabei ist gleich zweierlei: einmal die moralische Überheblichkeit, mit der Länder wie Russland oder China abgeurteilt werden, und zum zweiten die verbreitete Kritiklosigkeit, mit der die politischen, ökonomischen und militärischen Machenschaften des Westens hingenommen beziehungsweise gutgeheißen werden (vgl. Krone-Schmalz 2017). Dass beides höchst problematisch ist, hat Andreas Reckwitz in einem Essay zur wachsenden Legitimationsproblematik des liberalen Wirtschafts- und Wachstumsmodells des Westens indirekt deutlich gemacht (vgl. Reckwitz 2022a, S. 47). Sein Credo: Die vielfältigen Krisenerscheinungen und Ungerechtigkeiten unserer Tage zeigten, dass sich eine ideologisch motivierte Polarisierung von selbst verbiete. Das gelte nicht nur in außenpolitischer, sondern auch in innenpolitischer Hinsicht (siehe die lähmende Spaltung in den USA). Stattdessen sollten die bedrohlichen Zentrifugalkräfte des Kapitalismus zum Anlass genommen werden, um die traditionelle Polarisierung von Liberalismus und Autoritarismus aufzugeben und ergebnisoffen nach neuen Steuerungs- beziehungsweise Modernisierungsmodellen zu suchen (vgl. Reckwitz 2022b, S. 78 ff.).

Ungeachtet dieser Warnung halten die meisten »Meinungsmacher« hierzulande weiterhin daran fest, andere Weltanschauungen, Kulturen, Traditionen, Wertvorstellungen und politischen Steuerungskonzepte in recht scheinheiliger Weise zu diskreditieren. Das ist nicht nur selbstgerecht, sondern auch höchst gefährlich. Gefährlich deshalb, weil dadurch beinahe zwangsläufig Demütigungen und Konflikte produziert werden, die in völligem Widerspruch zu dem stehen, was wir angesichts der vielen weltweiten Krisenherde eigentlich bräuchten: Nämlich gemeinsame Problemlösungen. Diese Suche nach Gemeinsamkeiten spielt im Kalkül vieler Politiker:innen leider kaum noch eine Rolle. Stattdessen dominieren Selbstgerechtigkeit, Ignoranz, Vorurteile, Neid, Arroganz und andere Trennfaktoren, die einer friedlichen Koexistenz und Völkerverständigung deutlich entgegenstehen. Aktuell zeigt sich diese selbstgefällige Grundhaltung beispielsweise im Verhältnis zu China, dem der Westen vorwirft, seine internationalen Einflusssphären auszubauen, obwohl die USA genau dieses seit Langem tun.

Mag sein, dass Chinas Geopolitik tatsächlich Gefahren für die westlichen Länder und Ökonomien mit sich bringt. Allerdings beseitigt man diese Gefahren nicht durch wechselseitige Anfeindungen, Drohungen, Demütigungen, Sanktionen oder gar Waffengänge, sondern nur durch frühzeitige und selbstbewusste Kooperation, Absprachen und Verträge. Von daher ist die gegenwärtige Stimmungsmache gegenüber China brandgefährlich. Was soll denn das Ziel dieser Konfrontationsstrategie sein? Vieles spricht dafür, dass insbesondere die USA im Falle Chinas ähnliche Fehler machen wie im jahrzehntelangen Konkurrenzkampf mit der UdSSR beziehungsweise Russland. Versucht doch die US-Führung erneut, China mit aller Macht die eigenen Standards aufzudrücken und alles zu torpedieren, was Chinas weltweites Ansehen steigern könnte. Die aktuellen Scharmützel um Taiwan und den pazifischen Raum signalisieren, dass dieses Gegeneinander schnell in einen Dritten Weltkrieg einmünden kann. Von daher ist es wichtig, konkurrierende Mächte wie China und Russland nicht gleich zu dämonisieren, sondern bestehende Spannungen möglichst frühzeitig, flexibel und intelligent abzubauen.

Nach wie vor nämlich gibt es bei vielen Menschen hierzulande eine signifikante Friedenssehnsucht. Das gilt trotz der skizzierten Stimmungsbilder und Kriegstreibereien. Bleibt es daher beim skizzierten kriegsbejahenden Meinungsmanagement, so bringt das gleich zwei Gefahren mit sich. Erstens, dass viele Menschen unter diesen Vorzeichen dazu bewogen werden, sich vom politisch und medial geschürten Klima der Entrüstung, Verteufelung und Kriegsbejahung anstecken und gegenüber den ausgemachten »Feinden« emotional aufwiegeln zu lassen. Das hat 2022 (leider) bestens funktioniert. Und zum Zweiten impliziert diese Stimmungsmache, dass das rationale Nachdenken der Bundesbürger über Deeskalationsmöglichkeiten und Verhandlungslösungen über Gebühr erschwert wird, was der wirksamen Friedenssicherung ebenfalls entgegensteht. Dagegen kann unsere um Aufklärung und Rationalität bemühte Wissens- und Informationsgesellschaft nur wenig ausrichten.

Von daher ist der skizzierte Stimmungswandel mit ziemlicher Sorge zu betrachten. Zwar kann sich die gegenwärtige Aufgeregtheit schnell wieder in eine andere Richtung bewegen, sofern die kriegsbedingten Belastungen und Bedrohungen für die Bevölkerung überhandnehmen, die Berichterstattung der Medien dreht oder vielleicht auch ein einschneidender Rechtsruck zulasten unserer Demokratie droht. Trotzdem bleibt die Frage, wie denn die offenkundige Empfänglichkeit vieler Menschen für gewaltsame Konfliktlösungen, Rachegelüste und sonstige Aggressionsäußerungen zu erklären ist? Die oben skizzierten Umfrageergebnisse geben auf jeden Fall Rätsel auf. Gleiches gilt für viele aktuelle aggressionsgetränkte Social-Media-Beiträge, Polit-Debatten oder Interaktionspraktiken in unserer Gesellschaft. Gibt es vielleicht doch ein »Aggressions-Gen« der Menschen und – wenn ja – was steckt wohl dahinter? Die nachfolgenden Abschnitte beleuchten mögliche Wurzeln menschlicher Destruktivität.

## 2.2 Verhaltensbiologische Erklärungen

Eine zentrale Quelle menschlicher Feindseligkeit und kriegsaffiner Denk- und Verhaltensweisen ist die endogene Triebwelt des Menschen, das heißt das von innen kommende instinktive, triebgesteuerte Agieren und Reagieren, welches immer wieder Aggressionen und Destruktivität hervorruft. Das zumindest ist die Kernthese von Verhaltensforschern wie Charles Darwin, Konrad Lorenz, Irenäus Eibl-Eibesfeldt, Sigmund Freud und vielen anderen, die den inneren Instinkten und Antrieben des Menschen nachgegangen sind (vgl. Freud 2000; Darwin 2000; Lorenz 1998, Eibl-Eibesfeldt

2004). Als besonders bedeutsam sehen die besagten Forscher den menschlichen Aggressionstrieb an, der – positiv gesehen – im Laufe der Menschheitsgeschichte immer wieder dafür gesorgt hat, dass sich Menschen im Kampf mit der Natur, der Tierwelt und untereinander überlebenswirksam behaupten und entsprechende Anlagen und Fähigkeiten weiterentwickeln konnten.

So gesehen ist die in Kriegen sich entladende menschliche Destruktionsneigung dem Überlebenstrieb des Menschen geschuldet und als genetisches Mitbringsel nur schwer zu verändern. Sie bewirkt einerseits positive Ausleseprozesse (Darwin), führt anderseits aber auch häufig zu schlimmen kriegerischen Exzessen, zu Mord und Totschlag sowie zur ruinösen Zerstörung von Feinden und Feindesland. Diese evolutionsgeschichtliche Eigenart des Menschen wird von Humanethologen auch als »Instinktverhalten« bezeichnet, das den Menschen von innen heraus dazu antreibt, gefährlich erscheinende Konkurrenten zu »zerstören«. Zu den Protagonisten dieser »Instinkttheorie« gehört unter anderem Konrad Lorenz, der auf der Basis seiner Forschungen zum tierischen und menschlichen Verhalten zu dem Schluss gelangt, dass aggressiv-destruktives Verhalten von Menschen weniger eine Reaktion auf äußere Reize ist, sondern ganz primär einer inneren Erregung entspringt, die ungeachtet der drohenden Folgen nach Entladung verlangt. »Die Spontaneität des Instinktes ist es, die ihn (den Menschen) so gefährlich macht« (Lorenz 1998, zitiert nach Fromm 2022, S. 34.)

Konrad Lorenz ist der Ansicht, dass dieser destruktiv wirkende Aggressionstrieb den Menschen von heute noch immer in den Knochen sitzt, und macht für dessen Entwicklung und Konsolidierung unter anderem die ausgeprägten Selektionsmechanismen der Frühsteinzeit verantwortlich, in der die ums Überleben kämpfenden »Menschenhorden« permanent Kriege gegeneinander führten und dadurch »extreme kriegerische Tugenden« entwickeln konnten beziehungsweise mussten (vgl. Lorenz 1998). In diesem frühgeschichtlichen Aggressionstraining sieht Lorenz einen wichtigen

Grund, warum viele Menschen instinktiv zu kriegerischen Mitteln neigen, wenn sie sich von außen bedroht fühlen. So gesehen sind Aggression und Destruktivität weder zufällig noch steuerbar, sondern Ausdruck eines instinktiven Abwehrverhaltens des Menschen, das sich über Jahrtausende hinweg aufgebaut und als überlebenswichtig herauskristallisiert hat. Diese Betonung des »Instinkts« bezieht Konrad Lorenz nicht nur auf die für ihr Instinktverhalten bekannte Tierwelt, sondern auch auf die Gattung Mensch.

Diese instinkttheoretische Begründung der menschlichen Aggressivität beziehungsweise Destruktivität blieb unter Humanethologen allerdings ziemlich umstritten und wurde später dahingehend modifiziert, dass zwischen Instinkt und Trieb unterschieden wurde. Zu diesen »Neuinterpreten« gehörte unter anderem Siegmund Freud, der sich aufgrund eigener Studien von der Vorstellung eines instinktgeleiteten Triebes löste und das Triebverhalten des Menschen sehr viel weiter deutete. Seine Argumentation: Während Tiere rein instinktiv handeln, macht es Sinn, beim Menschen von einem relativ differenzierten Triebverhalten auszugehen. Dieser Begriffswechsel ist deshalb wichtig, weil dadurch unterschiedliche Triebe in den Blick geraten, die destruktives Verhalten erklären können. Da ist zum einen der erwähnte Aggressionstrieb, den auch Siegmund Freud weiter gelten lässt. Als aggressionsfördernd identifiziert er allerdings noch andere Triebe wie den Selbsterhaltungs-, den Todes- oder den Sexualtrieb. Daher sind Aggressionen für ihn nicht monokausal zu erklären, sondern müssen auf unterschiedliche Urtriebe zurückgeführt werden.

Mit diesen triebtheoretischen Überlegungen und Forschungen eröffnet Siegmund Freud einen erweiterten Blick auf die Quellen menschlicher Destruktivität und Grausamkeit, wie sie sich in Kriegen jedweder Art entladen. Interessant dabei ist, dass Freund nicht nur den evolutionsgeschichtlich zentralen Selbsterhaltungstrieb betont, der dem Menschen zum Überleben dient und von ihm deshalb als »Lebenstrieb« bezeichnet wird, sondern auch ein gegenläufiges Triebphänomen, nämlich den sogenannten »Todestrieb«. Dieser Todestrieb ist insofern zerstörerisch, als er dezidiert auf Selbstzerstörung im weitesten Sinne zielt – einschließlich der Ermordung anderer Menschen. Darin spiegelt sich in gewisser Weise die »Lust am Untergang«. Dazu schreibt Erich Fromm: »Obwohl Freud wiederholt darauf hinwies, dass die Macht des Todestriebs reduziert werden kann (...), blieb seine grundsätzliche Auffassung doch: Der Mensch wird beherrscht von einem Impuls, entweder sich selbst oder andere zu zerstören, und er kann dieser tragischen Alternative kaum entrinnen« (Fromm 2022, S. 31).

So gesehen besteht eine zentrale Gemeinsamkeit von Lorenz, Freud und Darwin darin, dass sie die beobachtbare Affinität von Menschen zu Aggressivität und Destruktivität maßgeblich auf deren Organismus zurückführen, das heißt auf ihre angeborenen Anlagen und Gene, Bedürfnisse und Triebe. Die entsprechende Kernthese lautet also, dass Menschen von innen heraus gedrängt werden, gewalttätig zu werden und gleichsam als »Triebtäter« Aggressionen freizusetzen und Kriege zu führen. Diese Vorstellung vom reflexhaften Aggressionsverhalten bleibt in der Folgezeit allerdings nicht unwidersprochen. Erich Fromm beispielsweise kritisiert am vorgelegten »hydraulisches Modell«, dass dessen Analogie zu dem unter Druck stehenden geschlossenen Wasserbehälter wenig stimmig sei (vgl. ebenda, S. 34). Spätere Forschungen gehen denn auch deutlich andere Wege und distanzieren sich zunehmend von der mechanistischen Engführung der skizzierten Erklärung menschlicher Destruktivität.

Zur Begründung dieses Kurswechsels werden unter anderem anthropologische Befunde angeführt, die zeigen, »(...) dass die instinktivistische Interpretation des menschlichen Zerstörungstriebs nicht haltbar ist. Während wir in allen Kulturen die Feststellung machen, dass die Menschen sich gegen eine Bedrohung ihres Lebens verteidigen, indem sie kämpfen (oder fliehen), sind Zerstörungswut und Grausamkeit in so vielen Gesellschaften so minimal, dass diese großen Unterschiede nicht zu erklären wären, wenn wir es mit einer ›angeborenen‹ Leidenschaft zu tun hätten. Überdies spricht die Tatsache, dass die am wenigsten zivilisierten Gesellschaften wie die Jäger und Sammler und die frühen Ackerbauern weniger Destruktivität bekunden als die »weiterentwickelten« Gesellschaften, gegen die Auffassung, dass die Destruktivität zur menschlichen ›Natur‹ gehört. Schließlich spricht auch die Tatsache, dass es sich bei der Destruktivität nicht um einen isolierten Faktor handelt, sondern (...) um den Bestandteil eines Charaktersyndroms, gegen die instinktivistische These« (Fromm 2022, S. 202).

Diese Einwände bedeuten im Umkehrschluss freilich nicht, dass die menschliche Destruktivität mit angeborenen Instinkten und Trieben so gar nichts zu tun hat. Das wäre genauso falsch wie die einseitige Betonung der umrissenen mechanistischen Erklärungsversuche. Instinkte und Triebe nehmen zweifellos Einfluss auf das menschliche Verhalten und sind ganz sicher wichtige Verstärker aggressiven Verhaltens in Gefahren- beziehungsweise Konfliktsituationen, die sich im politischen Bedarfsfall zudem leicht aktivieren lassen. Gleichwohl sind sie nicht die alleinigen Treiber, die den Menschen hirn- und seelenlos ins militärische Getümmel ziehen und andere Menschen umbringen lassen. Diese Vorstellung vom hirn- und seelenlosen Krieger greift deshalb zu kurz, weil sie die exogenen Einflussfaktoren ausblendet oder gering schätzt, ohne die weder Kriegspropaganda noch Kriegsgelüste entscheidend greifen können. Diese psychologischen Verstärker werden im nächsten Abschnitt beleuchtet.

## 2.3 Individualpsychologische Erklärungen

Im Unterschied zur skizzierten instinkt- beziehungsweise triebinduzierten Aggression setzt die individualpsychologische Erklärung menschlicher Destruktivität deutlich differenzierter an. Zwar wird die Vorstellung von den endogenen Quellen destruktiven Handelns nicht einfach aufgegeben. Allerdings erfährt die korrespondierende These von der angeborenen, reflexhaft sich entfaltenden Gewalttätigkeit von Menschen doch eine kräftige Modifizierung, indem sehr viel stärker als bei der klassischen Instinktforschung auf die psychischen und mentalen Voraussetzungen geschaut wird, die Menschen dazu veranlassen, aggressiv zu werden oder eigene Aggressionen womöglich gezielt abzuschwächen, umzuleiten oder in anderer Weise zu kontrollieren. Will sagen: Ob ein Mensch tatsächlich aggressiv und gewalttätig wird, das hat auch und nicht zuletzt damit zu tun, welche psychischen Stimulantien die angeborenen Triebe (Aggressionstrieb, Selbsterhaltungstrieb, Fluchttrieb, Todestrieb) mobilisieren.

Wann beispielsweise reagieren Menschen mit Wut, Angriff, Zerstörung und/oder Brutalität? Und wann dagegen sorgt ihr »Inneres« dafür, dass sich nicht Aggressionen, sondern Fluchtreflexe, Deeskalationsbestrebungen oder Friedenssehnsüchte einstellen? Beide Fragen signalisieren, dass sich der Aggressionstrieb des Menschen im Regelfall nicht naturwüchsig entlädt, sondern im Alltagsleben vielfältig beeinflusst wird. Und zwar von psychischen und mentalen Dispositionen und Einflussfaktoren wie Narzissmus, Frustration, Unsicherheit, Bindungsbedürfnis, Depression, Geltungsdrang, Ekstase, Rachsucht, Sadismus, Freiheitswillen, Widerstandsgeist oder auch dadurch, dass die Realisierung eigener Interessen ohne aggressive Gegenwehr womöglich blockiert wird. Diesen psychischen und mentalen Voraussetzungen und Auslösern menschlicher Destruktivität geht Erich Fromm in seinem erwähnten Buch in verdienstvoller Weise nach (vgl. Fromm 2022, S. 207 ff.).

Fromm unterscheidet zwischen gutartiger und bösartiger Aggression. Die gutartige Aggression nennt er »biologisch adaptiv«, das heißt dem Leben dienend. Sie entspringt dem menschlichen Bedürfnis nach Selbsterhalt, Selbstbestimmung und Selbstbestätigung (vgl. Abbildung 5) und hat insofern defensiven Charakter, als sie nicht auf das vorsätzliche Quälen, Erniedrigen, Massakrieren und/oder Töten anderer Menschen aus ist, sondern primär darauf, möglichst rasch wieder zu einem friedlichen Miteinander zurückzukehren (vgl. ebenda). Die bösartige Aggression dagegen ist laut Fromm »biologisch nichtadaptiv« und macht beim Hauen, Stechen und Töten von Gegnern auch dann nicht halt, wenn diese kapitulieren oder in anderer Weise Entgegenkommen zeigen. Diese bösartige Aggression zielt also auf die Zerstörung um der Zerstörung willen. Sie »(...) stellt keine Verteidigung gegen eine Bedrohung dar; sie ist nicht phylogenetisch programmiert; sie kennzeichnet allein den Menschen; sie ist biologisch schädlich, weil sie sozial zerstörerisch wirkt; ihre Hauptmanifestationen – Mord und Grausamkeit – sind lustvoll, ohne dass sie einem anderen Zweck zu dienen brauchen; sie ist nicht nur schädlich für denjenigen, der angegriffen wird, sondern auch für den Angreifer« (ebenda, S. 209 f.).

Erich Fromm sieht diese »bösartige Aggression« als ein makabres Alleinstellungsmerkmal des Menschen. Während Tiere bei Demutsgesten des Gegners in aller Regel Schluss machen und grundsätzlich keine Lust dabei empfinden, anderen Tieren unnötig Schmerz und Leid zuzufügen oder sie gar wahnhaft zu töten, ist das beim Menschen anders. »Destruktivität und Grausamkeit können bei ihm ein intensives Gefühl der Befriedigung hervorrufen; Menschenmassen können plötzlich von Blutdurst erfasst werden. Individuen und Gruppen können eine Charakterstruktur besitzen, aus der heraus sie begierig auf Situationen warten – oder sie auch künstlich herbeiführen –, die es ihnen erlauben, ihrer Destruktivität Ausdruck zu geben« (ebenda, S. 208). Die brutalen Massaker und Zerstörungsorgien im Ersten und Zweiten Weltkrieg, in Vietnam, der Ukraine und anderswo sind traurige Belege dafür, dass die von Fromm skizzierte »bösartige Aggression« offenbar lebt und nach wie vor ihre Kreise zieht.

Bedingt ist diese ausgeprägte Tötungsbereitschaft von Menschen in Teilen sicherlich durch die im letzten Abschnitt angesprochenen Instinkte und Triebe. Die entscheidenden Wirkfaktoren sind Fromm zufolge aber eher indirekter Art und betreffen unter anderem die erwähnten psychischen und mentalen Dispositionen des Menschen, die als Potenzial im Hintergrund schlummern und unter bestimmten Umständen den Aggressionstrieb aktivieren können. Solche Wirkfaktoren sind – wie erwähnt – Narzissmus, Sadismus, Frustration, Geltungsbedürfnis und vieles andere mehr. Je nachdem, wie ausgeprägt diese individualpsychologischen Dispositionen verankert sind, desto größer ist die Gefahr, dass es selbst bei nichtigen Anlässen zu überbordender Kriegsbegeisterung, Dämonisierung und Brutalität im Umgang mit tatsächlichen oder vermeintlichen Feinden kommt. Militärische Destruktivität ist also kein naturwüchsiger Ausfluss angeborener Triebe beziehungsweise Instinkte, sondern psychologisch und mental mitvermittelt.

Das zeigt sich unter anderem darin, dass immer dann, wenn Menschen das Gefühl haben, dass zum Beispiel ihre Freiheit bedroht, ihr Überleben gefährdet, ihr Geltungsbedürfnis missachtet, ihre persönliche Autorität untergraben oder das Realisieren eigener Interessen und Bedürfnisse behindert wird, sehr schnell Stimmungen, Ängste und Frustrationen entstehen können, die die latent vorhandenen Aggressions- und Destruktionsneigungen zur Entfaltung kommen lassen. Dabei spielt der seit Urzeiten existierende menschliche Narzissmus eine ganz zentrale Rolle, der besonders unter politischen Führungskräften verbreitet ist und diese immer wieder dazu verleitet, sich mit allen Mitteln Denkmäler setzen zu wollen – auch kriegerischer Art. Erich Fromm spricht diesbezüglich von einer »Berufskrankheit« oder einem massenpsychologisch wichtigen »Berufskapital«, mit der Tendenz zum »narzisstischen Größenwahn« (vgl. ebenda, S. 227 f.).

»Ungewöhnliche narzisstische Personen« sehen sich laut Fromm »(...) oft fast gezwungen, berühmt zu werden, da sie sonst unter Depressionen leiden oder sogar dem Wahnsinn anheimfallen würden« (ebenda, S. 228). Aktuelle Bezüge zu Wladimir Putin, Donald Trump, Kim Jong-un, Jair Bolsonaro, Baschar al-Assad oder anderen autoritären Regenten unserer Tage sind sicherlich nicht von der Hand zu weisen. Neigen diese »Führer« doch oft zu einer gefährlichen Selbsterhöhung und Aggressivität, die viele autoritätsfixierte Menschen nicht nur beeindruckt, sondern sogar begeistert. Von daher ist es wenig überraschend, dass Kriegsrhetorik, Feindbildbeschwörungen, Aufrüstungsprogramme, Nuklearwaffentests, Wirtschaftssanktionen und andere Drohkulissen mehr immer wieder dazu eingesetzt werden, um die latente Aggressivität und Destruktivität in der Bevölkerung wachzurütteln. Ein wahrer »Meister« dieser wahngeleiteten Massenmobilisierung war Adolf Hitler, dessen narzisstisch-sadistische Persönlichkeitsstruktur hinreichend belegt ist und ganz offenkundig dazu beitrug, dass er ein ganzes Volk in seinen Bann ziehen konnte (vgl. ebenda, S. 322 ff.).

Abbildung 5

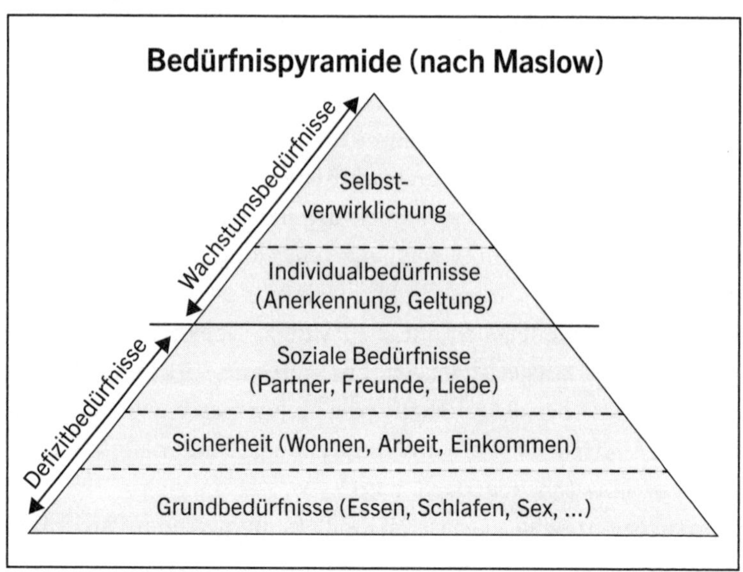


Quelle: Freie Internet-Grafik (vgl. Maslow 1943)

Dieser aggressionsfördernde Einfluss von Psychopathen wie Hitler oder Stalin bildet allerdings nur die Spitze des Eisbergs und ist deshalb für die individualpsychologische Erklärung menschlicher Destruktivität nur begrenzt aussagekräftig. Viel interessanter sind dagegen jene eher alltäglichen Aggressionsimpulse, die sich vorrangig aus dem Dilemma speisen, dass Menschen durch Dritte an der Realisierung eigener Bedürfnisse, Ziele und/oder Interessen gehindert werden. Das können Politiker:innen sein oder auch andere interessengeleitete Akteure. Die betreffenden Widerstände lösen bei ihnen häufig Frustrationen, Unsicherheiten, Verbitterung, Hass und unter Umständen auch offene Kriegsgelüste aus. Von daher lohnt ein Blick auf die abgebildete Bedürfnispyramide des US-amerikanischen Verhaltensforschers Abraham Maslow (vgl. Abb. 5), die zeigt, dass Menschen nicht nur vielschichtige Bedürfnisse haben, sondern diese auch progressiv realisiert sehen möchten. Für die Moderne heißt dieses, dass höchster Wert auf Freiheit, Selbstverwirklichung und individuelle Geltung gelegt wird.

Werden diese Bedürfnisse missachtet oder gering geschätzt, so entstehen schnell Demotivation, Frustration und auch offene Aggressionen. Zwar hat Maslow bei seinen Forschungen ganz vorrangig die Leistungsmotivation von Betriebsangehörigen im Blick und weniger die Frustrationen und Aggressionen von Menschen im gesellschaftspolitischen Kontext. Gleichwohl lässt sich aus seinen Forschungsbefunden einiges ableiten, was das Entstehen von Aggressionen und Kriegsbegeisterung erklärt. Wichtig dabei ist die von Maslow getroffene Unterscheidung zwischen existenziellen Grundbedürfnissen (Defizitbedürfnissen) und zivilisatorischen Luxusbedürfnissen (Wachstumsbedürfnissen). Bedrohen nun irgendwelche Feindinnen oder Feinde das eigene Überleben, indem sie zum Beispiel Nahrungsquellen erobern, Gebäude zerstören oder Sippenmitglieder töten, werden existenzielle Grundbedürfnisse torpediert, deren Schutz zwingend kriegerische Abwehrhandlungen verlangt. Der »Lebenstrieb« greift.

Anders verhält es sich dagegen bei den sogenannten »Wachstumsbedürfnissen«, wie sie in der Spitze der Pyramide stehen. Da geht es nicht mehr ums Überleben, sondern vorrangig darum, die eigenen Selbstentfaltungs- und Wertvorstellungen als »Fortschritts-Dogma« festzuschreiben und allen, die dieses »liberale Weltbild« infrage stellen, schon mal mit Aggressionen, Polemik und anderen Provokationen und Sanktionen zu begegnen. Diese Intoleranz gegenüber Andersdenkenden und Anderslebenden finden sich in kommunistischen wie kapitalistischen Systemen, bei Liberalen wie Konservativen, bei Fleischessern wie in veganen Kreisen, aber auch bei christlichen Fundamentalisten und sonstigen Religionsangehörigen der verschiedensten Couleur. Das Fatale an deren Missionsgeist ist, dass das Negieren des eigenen Werte- und Moralkanons durch Dritte ganz schnell als Affront gewertet wird, dem mit aller Macht zu begegnen ist.

Der psychologische Hintergrund dieses Reiz-Reaktions-Verhaltens erklärt sich aus den vorstehenden Darlegungen zur Verhaltenskonditionierung und zur Wirkung persönlicher Verletzungen von Menschen, deren Interessen oder Bedürfnisse übergangen werden. Fakt ist: Wer sich missachtet, gedemütigt, ungerecht behandelt oder in anderer Form provoziert fühlt, der neigt schnell dazu, aggressiv zu reagieren und/oder rigide Bekehrungsaktionen zu starten, um die jeweilige Gegenseite gebührend zu bestrafen oder zumindest zur Änderung des gezeigten provokanten Verhaltens zu bewegen. Erich Fromm nennt das die instrumentale Aggression und meint damit das unbändige Bestreben von Menschen und Völkern, sich das zu verschaffen, was den eigenen Interessen und Wertvorstellungen entspricht (vgl. Fromm 2022, S. 233 ff.). Ziel dieser Aggression ist also nicht die Zerstörung als solche, sondern das möglichst nachhaltige Durchsetzen eigener Interessen. Das gilt für Privatleute wie für Politiker:innen.

Fromm zufolge sind die meisten Kriege Ausdruck und Folge genau dieser »instrumentalen Aggression« (vgl. ebenda, S. 236). Damit distanziert er sich ganz offen von der im letzten Abschnitt skizzierten Instinkt- beziehungsweise Triebtheorie, der zufolge Kriege primär dem Destruktionstrieb des Menschen entspringen, das heißt seiner angeborenen Neigung zu destruktivem/kriegerischem Handeln. Diese »psychoanalytische Orthodoxie« – so Fromm – verkenne die Bedeutung externer Einflüsse, zu denen ganz zentral die stimulierende Wirkung psychischer Reize, aber auch und besonders der Einfluss sozialer Gruppen gehöre (vgl. ebenda, S. 236). Dieser Gruppenbezug findet sich interessanterweise auch im Spätwerk Siegmund Freuds, der in seinem berühmten Brief an Albert Einstein »Warum Krieg?« aus dem Jahre 1933 weitsichtig feststellt, dass Kriege nicht allein durch eine angeborene menschliche Destruktivität erklärt werden könnten, sondern ihren Ursprung häufig in ganz realen Konflikten zwischen Gruppen hätten, die von jeher auf gewaltsame Weise gelöst wurden (vgl. ebenda).

Diese sozialpsychologische Erweiterung des Blickfelds ist deshalb wichtig, weil sich das Entstehen von Hass, Hetze und menschlicher Destruktivität in der Tat sehr stark gruppen- beziehungsweise massenpsychologisch deuten lässt (vgl. Freud 1972; Canetti 1980; Le Bon 2017). Massen können nämlich hochgradig stimulierend auf jeden Einzelnen wirken. Sie sichern einerseits Bindung und Geborgenheit (Bindungstrieb), sorgen andererseits aber auch dafür, dass sich Stimmungen hochschaukeln und der Einzelne mit kollektivem Rückenwind Triebe mobilisiert und auslebt, die er für sich alleine unterdrücken würde (zum Beispiel den Aggressionstrieb). Da Massenbewegungen häufig eine Tendenz zur Impulsivität und Aggressivität innewohnt, sind destruktive kriegerische Handlungsweisen im Schutz der Masse sehr viel eher möglich als ohne diesen stimulierenden Rahmen. Hinzu kommt, dass derartige Massenbewegungen von kriegslüsternen Machthabern leicht dazu genutzt werden können, die latente Kriegsbereitschaft der eigenen Bevölkerung wachzurütteln und zu entfesseln (vgl. Canetti 1980).

Fazit: Der Mensch ist kein willfähriges Opfer seiner angeborenen Triebe und Instinkte. Sein latenter Aggressions- beziehungsweise Destruktionstrieb entlädt sich in der Regel nur dann, wenn stimulierende psychische, mentale und/oder soziale Impulse dafür sorgen, dass das vorhandene Potenzial aktiviert wird. Das gilt im Großen wie im Kleinen. Die entscheidende Frage ist also, ob und inwieweit es derartige Impulse gibt, die aus Unsicherheit, Angst, Narzissmus, Gruppenhörigkeit et cetera aggressiv-destruktives Verhalten erwachsen lassen. Vieles spricht leider dafür, dass es solche Impulse tatsächlich gibt. In dem Maße nämlich, wie im Alltag zum Beispiel interkulturelle Ängste geschürt, Feindbilder erzeugt, Schuldige gesucht und gefunden, Massen aufgepeitscht, Intrigen erfolgreich gesponnen, Vorurteile mobilisiert oder Fremde in anderer Weise an den Pranger gestellt werden – in dem Maße wächst in aller Regel auch die Neigung zu Hass, Hetze, Aggressivität und destruktiver Gegenwehr. Diese Reflexe funktionieren nach wie vor bestens und werden politisch leider oft auch skrupellos genutzt.

## 2.4 Behavioristische Erklärungsversuche

Der Behaviorismus setzt bei der Erforschung menschlichen Verhaltens deutlich andere Akzente als die zitierten Ethologen und Psychologen. Nach behavioristischer Lesart sind menschliche Verhaltensweisen weniger durch endogene Triebe oder indirekt wirkende psychosoziale Impulse bedingt, sondern ganz vorrangig dadurch, dass reale Lern- und Konditionierungsprozesse im Schul- und Lebensalltag stattfinden, die prägend wirken. Dementsprechend blenden viele Behavioristen das psychische Innenleben der Menschen aus – einschließlich der endogenen Quellen menschlicher Destruktivität. Das heißt zwar nicht, dass sie die intrapersonalen psychischen Vorgänge als unwichtig erachten, um beobachtbares Verhalten von Menschen verstehen zu können. Wohl aber wählen sie ganz bewusst einen anderen Fokus, nämlich den, das menschliche Verhalten vorrangig auf erlebte Lernprozesse in Schule, Familie und Gesellschaft zurückzuführen und entsprechende Erklärungen zu suchen.

Wer demnach Aggression und Destruktivität in seinem sozialen Umfeld erlebt oder auch selbst praktiziert, der prägt sich nach behavioristischer Lesart ganz zwangsläufig korrespondierende destruktive Verhaltensmuster ein, die im späteren Leben immer wieder hochkommen. Wer dagegen positive Lerngelegenheiten geboten bekommt oder einnehmende Bezugspersonen mit vorbildlichem Sozialverhalten um sich hat, der gelangt nach Ansicht der Behavioristen mit hoher Wahrscheinlichkeit zu eher sozialverträglichen Einstellungen und Verhaltensweisen. So gesehen werden Aggressivität und Destruktivität entweder gelernt oder eben nicht gelernt. Ja sie können unter Umständen sogar verlernt werden, sofern intensive Gegenerfahrungen gesammelt werden. So gesehen hängt die Aggressivität eines Menschen maßgeblich von seinen persönlichen Lernprozessen ab. Strittig ist unter Behavioristen lediglich, ob Friedfertigkeit im Wege des Drills oder des reflektierten Lernens aufzubauen ist.

Behavioristen wie Frederic Skinner und Iwan Pawlow gehören zu der erstgenannten »Drill-Fraktion« und setzen ganz bewusst auf das Instrument der klassischen Konditionierung mittels gezielter Belohnung und Bestrafung (vgl. Skinner 1974; Pawlow 1927; Watson 1913). Eigenständiges Denken und innerpsychische Vorgänge interessieren sie kaum. Umso mehr konzentrieren sie sich auf die beobachtbaren und beinflussbaren Reiz-Reaktions-Ketten sowie die diesbezüglich einsetzbaren Stellschrauben. Das wohl berühmteste Beispiel ist der Pawlow'sche Hund, der sich durch gezielte Futtergaben oder Klingeltöne zu bestimmten (gewünschten) Reaktionen verleiten lässt und damit für Pawlow und seine Anhänger den Beleg dafür liefert, dass auch das menschliche Verhalten über äußere Reize wie Belohnung oder Bestrafung beeinflusst und gesteuert werden kann. Dementsprechend wird fleißig experimentiert und sondiert, wie sich das Verhalten von Menschen durch spezifische Reize verändern lässt.

Was der klassische Behaviorismus à la Pawlow, Skinner oder Watson indes nicht erklärt, ist das genuine Entstehen spezifischer Verhaltensweisen wie Hass, Hetze, Aggression oder Destruktivität. Stattdessen wird ziemlich einäugig darauf geschaut, wie sich Menschen zu bestimmten Zwecken und in bestimmter Weise manipulieren beziehungsweise konditionieren lassen. Diese Manipulationsabsicht bringt der besagten Reiz-Reaktions-Forschung schon bald heftige Kritik ein. Viele Verhaltensforscher:innen monieren völlig zu Recht, dass es sich um eine fragwürdige Sozialtechnologie handelt, deren Hauptaufgabe darin besteht, Mittel und Wege zu eruieren, wie Menschen in relativ hirnloser Weise zu angepasstem und politisch gewolltem Verhalten zu verleiten sind. Mit reflektiertem Lernen hat das alles auf jeden Fall wenig zu tun, wohl aber mit zielgerichteter Dressur beziehungsweise Manipulation. Dazu Erich Fromm: »Skinners Psychologie ist die Wissenschaft der Manipulation des Verhaltens; ihr Ziel ist, die richtigen ›reinforcements‹ herauszufinden, um ein erwünschtes Verhalten hervorzurufen« (Fromm 2022, S. 32). Diese Zielrichtung ist aber eine deutlich andere als die hier interessierende Ergründung des Zusammenspiels von Lernen und menschlicher Aggressivität.

Diesbezüglich leistet der klassische Behaviorismus reichlich wenig. Der Mensch wird im Kern als »Black Box« betrachtet, an der man verschiedene Stellschrauben anbringt, die in manipulativer Absicht betätigt werden. Das erlaubt natürlich keine ernsthaften Aussagen darüber, wie das menschliche Lernen in Schulen, Familien und Peergroups abläuft und welche mentalen, methodischen und sozialen Einflüsse möglicherweise dafür sorgen, dass Heranwachsende aggressiv-destruktives Verhalten ausbilden. Dafür nämlich wäre es notwendig, die Lernumstände und Lernauslöser in Schulen und Privatleben genauer unter die Lupe zu nehmen und herauszufinden, ob es beim intuitiven/selbstständigen Lernen der Menschen gewisse naturwüchsige Gesetzmäßigkeiten gibt, die deren Verhaltensentwicklung in die eine oder andere Richtung lenken. Wie wird gelernt? Welche Rolle spielen neuronale, soziale und methodische Faktoren? Welche Erkenntnisse liefern Lerntheorien und Lernpsychologie, Hirnforschung und Sozialisationsforschung, Interaktionsforschung und Erziehungswissenschaften?

Dieser Blick auf die Eigenheiten schulischer und außerschulischer Lernprozesse findet sich unter anderem beim Lernforscher Albert Bandura, der mit seiner sozial-kognitiven Lerntheorie zwar an den klassischen Behaviorismus anknüpft, dessen manipulationsorientierte Forschungsausrichtung aber deutlich korrigiert und in Richtung empirische Lernforschung erweitert (vgl. Bandura 1976). Das heißt: Banduras Aufmerksamkeit richtet sich aus guten Gründen auf das reale Lerngeschehen in den Schulen und Klassenzimmern. Dabei setzt er mit seinem Konzept des »operanten Konditionierens« zwei wichtige neue Akzente: Erstens wird der Mensch als aktiv lernend gesehen, der sich bewusst mit seiner Umwelt und seinen Mitmenschen auseinandersetzt und daraus persönliche Handlungsmuster und -maximen ableitet. Und zweitens wird unterstellt, dass Menschen nicht nur planvoll handeln können, sondern auch in der Lage sind, diese Handlungen zu reflektieren und sich selbst zu motivieren.

Besonderes Augenmerk richtet Bandura auf das »Modelllernen« als dem eigentlichen Kern seiner sozial-kognitiven Lerntheorie. Dieses Lernen am Modell impliziert für ihn, dass die Kinder und Jugendlichen das von ihren Lehrkräften, Eltern und sonstigen Bezugspersonen vorgelebte Verhalten nicht nur beobachten, sondern mit hoher Wahrscheinlich auch imitieren und zunehmend verinnerlichen. Daher beleuchtet Bandura ausführlich dieses Nachahmungs-, Rollen- oder Imitationslernen. Interessant ist dieser Ansatz im Kontext der Aggressionsforschung deshalb, weil er unterstreicht, wie sehr das Entstehen von Aggressivität und Destruktivität womöglich darauf zurückzuführen ist, dass Menschen in Schule, Arbeitswelt und Privatleben entsprechende »Modelle« (Vorbilder) erleben, denen solche friedenstiftenden Tugenden wie Empathie, Toleranz, Respekt und Kompromissbereitschaft abgehen.

Die heutige Ellbogengesellschaft liefert unzählige Beispiele dafür, dass derartige Sozialkompetenzen im Schwinden begriffen sind und von Normalbürgern, Politiker:innen, Internetstars und anderen fragwürdigen »Modellen« immer seltener vorgelebt werden (vgl. die nachfolgenden Abschnitte in diesem Kapitel). Wer aber bei seinen stilbildenden Bezugspersonen Hass, Hetze, Zynismus, Heuchelei, Hybris, Egozentrik, Arroganz und andere Formen destruktiven Sozialverhaltens erlebt und zudem womöglich noch mitbekommt, dass diese damit sogar noch Beachtung und finanzielle Vorteile generieren, der dürfte verständlicherweise Appetit bekommen, dieses Verhalten nachzuahmen. Dieses interpersonelle Multiplizieren destruktiven Sozialverhaltens ist gerade in modernen liberalen Demokratien eine akute Gefahr und Bedrohung, die nicht gering geschätzt werden darf. Nachahmer für destruktives Verhalten finden sich nämlich tagtäglich zuhauf und lassen erahnen, warum unter anderem die sozialen Medien so erfolgreiche Stimmungsmacher und Aggressionsbeschleuniger sind.

So gesehen dürfte der Grund für die skizzierten bellizistischen Tendenzen in unserer Gesellschaft nicht nur in der aufwühlenden Stimmungsmache von Politiker:innen und Medienmachern liegen, sondern auch und nicht zuletzt darin, dass die im Internet herumgeisternden »Vorbilder« mit ihrer geballten Aggressivität, Demagogie und Rücksichtslosigkeit nachhaltige Spuren in den Köpfen der User hinterlassen. Dieses »Imitationslernen« erklärt zwar noch nicht die naive Kriegsbefürwortung der Neuzeit, macht aber deutlich, dass destruktive Grundhaltungen und Verhaltensmuster sehr wohl erlernt werden können – vorausgesetzt, die entsprechenden »Modelle« sind aufwühlend genug, um den Funken des Hasses auf potenzielle Nachahmer überspringen zu lassen. Zwar finden solche Lernprozesse in den seltensten Fällen in den Schulen statt, da sich die wenigsten Lehrkräfte als »Aggressionsmotoren« anbieten. Ganz anders sieht es dagegen in den sozialen Medien, Talkshows oder in den um Populismus bemühten Parlamenten und Parteien aus (vgl. die Abschnitte 2.9 und 2.11).

Ob dieses aggressionsfördernde Imitationslernen allerdings tatsächlich Platz greift, steht auf einem ganz anderen Blatt. Zum Glück gibt es im sozialen Umfeld vieler Heranwachsender auch »Alternativ-Modelle«, die nicht nur Zweifel und Nachdenklichkeit nähren, sondern dem besagten »Modelllernen« auch eine andere Richtung geben. Will sagen: Die faktischen Lerneffekte können durchaus unterschiedlich ausfallen, je nachdem, welche »Modelle« den Ton angeben. Gleichwohl besteht die Gefahr, dass im jeweiligen sozialen Umfeld der Jugendlichen ein bestimmter emotionaler Mainstream dominiert und gruppendynamisch noch verstärkt wird. Das kann durchaus eine Lernchance sein, leider aber auch dazu führen, dass bestimmte Feindseligkeiten und Ausgrenzungstendenzen gruppenintern noch zusätzlich gepusht werden. »Wir gegen die anderen!« Diese Polarisierung besitzt derzeit Hochkonjunktur und hat oft genug ihre Wurzeln in fragwürdigen Meinungsblasen, die medial verstärkt werden.

Das damit verbundene »Reiz-Reaktions-Lernen« macht deutlich, dass auch die besten Lerngelegenheiten und Modell-Erfahrungen im eigenen sozialen Umfeld nicht zwingend verhindern, dass Menschen im Alltagsleben dahin gelangen, impulsiv, unreflektiert und in gewisser Weise auch triebgesteuert zu denken, zu handeln, zu urteilen, zu interagieren und dabei höchst fragwürdigen Vorurteilen, Interessen und Machtinstinkten zu folgen. Dieses archaische Bild vom Menschen haben Felix von Cube und Dietger Alshuth in ihrer 1986 erschienenen pädagogischen Streitschrift *Fordern statt Verwöhnen* ebenso provokant wie anregend aufleben lassen (vgl. v. Cube/Alshuth 1989). Beide Forscher machen in ihrem Buch deutlich, dass die stammesgeschichtliche Programmierung des Menschen trotz aller Vernunft, Informiertheit und Lernfähigkeit letztlich doch immer wieder dazu führt, dass dieser zu Konkurrenz, Aggressivität und Egozentrik neigt und einem gewissen Herdentrieb folgt, den imposante »Führerfiguren« nur zu leicht für ihre Kriegstreibereien nutzen können.

Fazit also: Endogene Triebe/Instinkte und sozial-kognitives Lernen sind im Kern komplementäre Determinanten menschlichen Verhaltens. Beide haben Einfluss auf das faktische Tun und Denken der Menschen. Es gibt also kein Entweder-oder! Trotzdem ist unstrittig, dass die zuletzt skizzierten Lernansätze und Lernprozesse gute Chancen eröffnen, dass Menschen ihr naturwüchsiges Aggressionspotenzial zu kontrollieren und einzuhegen vermögen. Wichtig ist nur, dass die betreffende Friedfertigkeit hinreichend geübt, reflektiert und gefestigt wird. Trotzdem ist davon auszugehen, dass es deshalb noch lange nicht gelingen wird, Hass, Hetze, Missgunst, Gewalt, Provokationen und andere Formen destruktiven Sozialverhaltens verlässlich zu unterbinden. Das liegt unter anderem daran, dass die familiären, schulischen, gesellschaftlichen und politischen Lernumstände unserer Tage eher das soziale Gegeneinander begünstigen (vgl. die nachfolgenden Abschnitte).

## 2.5 Sozialisationswandel in den Familien

Das Einüben konstruktiven Sozialverhaltens (Empathie, Rücksichtnahme, friedliche Konfliktaustragung, Kompromissorientierung et cetera) ist eigentlich Aufgabe der Familien, wird von diesen allerdings immer unzureichender angebahnt und wahrgenommen. Sei es nun, dass die einzelnen Familienmitglieder faktisch mehr neben- als miteinander leben und sich infolge unterschiedlicher Interessen, Vorlieben, Prioritätensetzungen, Zeitpläne und Arbeitsrhythmen gewollt oder ungewollt aus dem Weg gehen. Oder sei es auch deshalb, weil sich innerfamiliär eine gewisse Kultur der

Gleichgültigkeit, Abkapselung, Vernachlässigung und/oder Beziehungslosigkeit ausbreitet, die den Aufbau sozialer Kompetenzen und Einstellungen erschwert. Das Gefährliche an beiden Trends ist, dass den betreffenden Jugendlichen daraus nicht nur psychische Belastungen und soziale Entwicklungs- und Integrationsprobleme, sondern auch ganz handfeste Frustrationen und Kränkungen erwachsen können, die schnell in Aggressivität, Mobbing und andere Formen destruktiven Sozialverhaltens umschlagen.

Wohlgemerkt: Diese Problemanzeigen sind weder als pauschales Familien-Bashing noch als sozialethischer Alarmismus gemeint, sondern bieten lediglich gewisse Hinweise darauf, warum in unserer modernen Wohlstands-, Medien- und Konsumgesellschaft der soziale Klebstoff so gefährlich im Schwinden begriffen ist. Gefährlich deshalb, weil dadurch das Erlernen friedlichen Miteinanders beinahe zwangsläufig erschwert wird. Das zeigt sich unter anderem darin, dass das »Verlernen« von Empathie, Respekt, Toleranz, Fairness und anderen Formen sozial-integrativen Verhaltens für viele junge Leute inzwischen zu einer alltäglichen aggressionsfördernden Übung geworden ist. Verantwortlich dafür ist unter anderem eine ausgeprägte Ich-Bezogenheit in unserer modernen Lebenswelt – gepaart mit Narzissmus, Arroganz und Egozentrik, die zur Profilierung des eigenen Selbst genutzt werden. Wer dementsprechend auftritt und sich als etwas »Einzigartiges« zu inszenieren versteht, der gilt häufig als autonomer Freigeist, dem das friedliche Zusammenleben in der Gemeinschaft eher schnuppe sein kann.

Dieser neuzeitliche Singularisierungs-Trend (vgl. Reckwitz 2020) beginnt in vielen Familien damit, dass bereits Kleinkinder dazu ermutigt und angeleitet werden, die eigenen Bedürfnisse und Interessen mit aller Macht und Raffinesse durchzusetzen. Eigensinn statt Gemeinsinn – das ist der Heilige Gral eines zugespitzten Individualismus, wie er sich seit Beginn der 2000er-Jahre zunehmend breitmacht. Soziale Rücksichtnahme, Empathie, Vertrauensbildung, Respekt und Kompromisssuche sind diesem neuen Zeitgeist eher fremd. Kein Wunder also, dass so sozialisierte Kinder und Jugendliche später eine gewisse Affinität zu rambohaftem Sozialverhalten entwickeln und einem entsprechenden Freund-Feind-Denken nahestehen, das geschickte Demagogen und Kriegstreiber bestens für ihre sozialen Hetzkampagnen nutzen können. Zwar ist die Ich-Zentriertheit nicht per se problematisch, sondern kann durchaus auch mit dem Aufbau friedensfördernder Sozialkompetenzen einhergehen. Die Gefahr einer gegenläufigen sozialen Destruktivität ist indes nicht von der Hand zu weisen.

Schaut man sich die Sozialisationsbedingungen in Deutschlands Familien etwas genauer an, so stellt man fest, dass viele Eltern im Alltag große Mühe haben, ihre Kinder zu rücksichtsvollem, reflektiertem und konstruktivem Sozialverhalten zu erziehen. Die meisten von ihnen versuchen es zwar, sind aber aufgrund eigener und innerfamiliärer Restriktionen nur begrenzt dazu in der Lage, die nötige Nachhaltigkeit zu erzielen. Viele Kinder werden bereits im Vorschulalter zu kleinen König:innen und Kaiser:innen erzogen und sowohl durch ihre Eltern als auch durch die sie umgebende Konsumwelt in einem Ausmaß verwöhnt, dass sich die besagte Egozentrik beinahe zwangsläufig einstellt (vgl. Klippert 2021, S. 36 ff.). Wer nur genug quengelt und seinem Egoismus und Hedonismus freien Lauf lässt, der lernt nicht nur Durchsetzungsvermögen, Aggressivität und soziale Rücksichtslosigkeit. Er hat in aller Regel auch gute Chancen, seinen Willen erfüllt zu bekommen – und zwar ohne ernsthafte Kompromisssuche und soziale Zugeständnisse. Der Übergang zur sozialen Destruktivität ist nicht weit.

Die modernen Familienstrukturen begünstigen dieses »Ego-Shooting« insofern, als hierzulande gut die Hälfte aller Kinder als Einzelkinder aufwachsen und daher mit Unterstützung ihrer Eltern (Stichwort »Helikopter-Eltern«; vgl. Kraus 2015) und ohne Rücksichtnahme auf die Belange von Geschwistern ihr Ego entwickeln können. 59 Prozent dieser Kinder leben in »Normalfamilien« (Mutter und Vater), 30 Prozent wachsen mit Alleinerziehenden auf und elf Prozent sind in sogenannten »Lebensgemeinschaften« zu Hause (vgl. Destatis 2021). Zwar können Einzelkinder sehr wohl sozial-integrative Denk- und Verhaltensmuster entwickeln und eine tragfähige Friedfertigkeit kultivieren. Gleichwohl fehlt vielen von ihnen die innerfamiliäre Bühne, auf der sie in effektiver Weise Gemeinsinn, Toleranz, Empathie und andere Formen des friedfertigen Miteinanders trainieren können und müssen. Diesbezüglich bieten Großfamilien ein breiteres Übungsfeld.

Das innerfamiliäre »Ego-Shooting« liegt allerdings nicht nur im Fehlen geschwisterlicher Kontakte und überfürsorglicher Eltern begründet, sondern hat auch und nicht zuletzt damit zu tun, dass viele Heranwachsende in ausgeprägter Weise durch allseits verfügbare audiovisuelle Medien vereinnahmt und geprägt werden – einschließlich Internet und Social Media. Diese Medien haben für die meisten Jugendlichen einen extrem hohen Stellenwert, was sich unter anderem an der täglichen Nutzungsdauer ablesen lässt. Wie die jüngsten Befunde des Münchner Medienforschungsinstituts IZI zeigen, verbringen die 13- bis 18-Jährigen hierzulande tagesdurchschnittlich rund 2,5 Stunden im Internet; bei den Zehn- bis Zwölfjährigen sind es immer noch rund 1,5 Stunden (Orde/Durner 2022, S. 48). Eindeutig favorisiert werden von der Gruppe der Zehn- bis Zwölfjährigen die Websites oder Apps von YouTube, WhatsApp, TikTok und Instagram. Bei den Sechs- bis Neunjährigen dominieren dagegen KIKA, YouTube und toggo (vgl. ebenda, S. 51). Da die Internet-Angebote immer faszinierender werden, wachsen die Verweilzeiten.

Noch viel dramatischer wird es, wenn man die AV-Verweildauer deutscher Jugendlicher insgesamt betrachtet, das heißt deren tagesdurchschnittliche Nutzung von Internet, Fernsehen, Radio, Video und sonstigen Tonträgern. Hier bringt es die Gruppe der 14- bis 19-Jährigen auf tagesdurchschnittlich sage und schreibe 376 Minuten; das sind mehr als sieben Stunden pro Tag (vgl. ebenda, S. 11). Daraus lässt sich ersehen, dass die bekanntermaßen rückläufige

Fernseh-Verweildauer durch die internetbasierten Medien offenbar längst überkompensiert wird. Das gilt grundsätzlich auch für die Gruppe der Grundschulkinder (vgl. ebenda, S. 20). Interessant dabei ist auch, dass die Gruppe der 8- bis 13-Jährigen nach Aussage des Münchner Medienforschungsinstituts IZI vor allem auf soziale Netzwerke, Computerspiele und Videos zurückgreift. Dagegen spielt die Nutzung von Smartphones, Tablets und/oder Computern für das schulische Lernen eine äußerst bescheidene Rolle (vgl. ebenda, S. 67).

Die Kehrseite dieser ausgeprägten Mediennutzungsdauer ist der Verlust sozialer Kontakte und Interaktionsmöglichkeiten – und damit natürlich auch die Beeinträchtigung des sozialen Lernens schlechthin. Zwar wird den sozialen Medien gelegentlich eine beziehungsstiftende Funktion zugeschrieben, da sie den Kindern den Austausch mit anderen Jugendlichen erleichtern. Das hat mit lebendigem Miteinander jedoch wenig zu tun. Friedenserziehung braucht aber genau diese realen Begegnungen, Dialoge, Streitgespräche, Perspektivenwechsel, Verhandlungsprozesse und Kompromissfindungs-Aktivitäten, wenn sich Empathie, Toleranz, Fairness und andere Facetten friedfertigen Verhaltens entwickeln sollen. Stattdessen bewirkt der skizzierte Medienkonsum nur zu oft das Gegenteil, nämlich die Gewöhnung an eine hippe Selbstgefälligkeit und Egozentrik, wie sie zahlreiche Fernseh- oder Internetstars zwecks Eigenwerbung an den Tag legen. Hinzu kommt, dass die mit Mediennutzung verbrachte Zeit den Kindern schlichtweg fehlt, um grundständige Sozialkompetenzen einzuüben.

Unter Wissenschaftlern besteht daher weitgehende Einigkeit, dass die ausgeprägte Mediennutzung in den Familien nicht nur die Gehirne und Lernweisen der Kinder, sondern auch deren Psyche und Sozialkontakte beeinträchtigt und nicht selten auch schädigt. Die Folgen dieser medialen Vereinnahmung sind auf jeden Fall alarmierend: Genannt werden von Forschungsseite unter anderem Reizüberflutung, Konzentrationsstörungen, Motivationsverluste,

Verunsicherung, kognitive Oberflächlichkeit, soziale Bindungsstörungen, Sprachentwicklungsstörungen sowie der Verlust an Empathie und sozialer Sensibilität (vgl. Bleckmann 2019, S. 3). Besondere Brisanz besitzt dabei die letztgenannte Beeinträchtigung des sozialen Miteinanders der Kinder – ausgelöst durch den ausgeprägten Zeitbedarf und die schier uferlosen Rückzugsmöglichkeiten, die die innerfamiliären Medienangebote mit sich bringen. Je mehr Zeit Schüler:innen nämlich mit ihren AV-Geräten verbringen, desto weniger Gelegenheiten haben sie selbstverständlich, konstruktives und sensibles Sozialverhalten einzuüben und zu lernen.

Dazu stellt die US-amerikanische Sozialisations- und Medienforscherin Jean Twenge fest: »Wenn Jugendliche digitale Medien nutzen, um mit ihren Freunden in Kontakt zu bleiben, mit ihnen Pläne zu schmieden und zu erfahren, was sie so machen, und der Zeitaufwand dafür relativ gering bleibt, dann scheinen sie davon zu profitieren. Aber wenn es über zwei Stunden hinausgeht ..., werden andere Aktivitäten gestört« (Twenge 2018b, S. 31). Zu diesen anderen Aktivitäten gehören an vorderster Stelle soziale Begegnungen und Gespräche im Elternhaus und im Freundeskreis. Diesbezüglich gibt es gravierende Verdrängungseffekte. Will sagen: Wenn die Kinder und Jugendlichen täglich mehrere Stunden vor dem Fernseher, dem Computer, dem Tablet oder dem Smartphone verbringen, dann geht das natürlich zulasten ihres sozialen und emotionalen Lernens. Vereinsamung, Frustration und Aggressivität sind mögliche Folgen davon (vgl. dazu auch Twenge 2018; Postman 1985; Spitzer 2012)

## 2.6 Ab- und Ausgrenzung im Schulalltag

Zu den Besonderheiten des deutschen Schulsystems gehört seit eh und je die frühzeitige Selektion der Schüler:innen am Ende der vierten Klasse. Während in der Grundschulphase – bis auf die

Förderschulkinder – noch alle Kinder zusammen unterrichtet und hinsichtlich ihres Umgangs mit Heterogenität und Interessenvielfalt alltäglich gefordert und gefördert werden, ändert sich dieses naturwüchsige soziale Lernen mit dem Eintritt in die weiterführenden Schulen gravierend. Und zwar deshalb, weil mit Beginn der fünften Jahrgangsstufe das gegliederte Schulwesen mit seinen inhärenten Selektions- und Stigmatisierungstendenzen einsetzt. Je nachdem, wie es um das Leistungsvermögen, die Grundmotivation, das Lern- und Sozialverhalten und den familiären Background der Heranwachsenden bestellt ist, werden sie auf Haupt-, Real-, Gymnasial-, Förder- oder Privatschulen aufgeteilt und erfahren damit nicht selten eine diskriminierende soziale Einordnung und Etikettierung.

Wer schwierig ist, Motivationsprobleme hat und/oder zu aggressiv-destruktivem Verhalten neigt, hat in der Regel beste Chancen, auf einer Hauptschule, Förderschule oder sonstigen »Brennpunktschule« zu landen und dort Mitstreiter:innen und Vorbilder anzutreffen, die dem eigenen Frustrations- und Aggressionspotenzial weiteren Auftrieb geben. Mobbing, Enttäuschungen, Provokationen und andere Formen der Diffamierung und Kränkung sind unter diesen Vorzeichen durchaus an der Tagesordnung und tragen unter Umständen dazu bei, dass Kinder die erwähnte Rambo-Mentalität ausbilden. Das betrifft nicht nur ihren Umgang innerhalb der jeweiligen »Brennpunktschule«, sondern auch und nicht zuletzt ihr Verhältnis zu den privilegierteren Schüler:innen aus anderen Milieus und Schulformen. Derartige Aversionen und Animositäten werden durch das gegliederte Schulwesen befeuert.

Zwar zielen die Schulstrukturreformen der letzten Jahrzehnte auf eine stärkere Verschlankung und Vereinheitlichung des Schulbetriebs durch integrativ beziehungsweise inklusiv arbeitende Bildungseinrichtungen. Die traditionelle Selektions- und Diskriminierungsfunktion des gegliederten Schulwesens ist damit jedoch keineswegs vom Tisch. Obwohl die neueren Schulstatistiken zeigen, dass sich die Zugänge zu den Gymnasien, Realschulen, Hauptschulen, Gesamtschulen und Förderschulen deutlich verschieben, bleibt die besagte Selektivität. In Zahlen heißt das: Im Schuljahr 2020/2021 besuchten 40,2 Prozent der deutschen Sekundarschüler:innen ein Gymnasium, 19,4 Prozent eine integrierte Gesamtschule, 14 Prozent eine Realschule, 6 Prozent eine Hauptschule, 5,9 Prozent eine Förderschule und 4,9 Prozent sonstige Angebotsschulen – unter anderem Privatschulen (vgl. https://de.statista.com/statistik/daten/studie/3377/umfrage/anzahl-der-schueler). Ab- und Ausgrenzung sind also weiterhin an der Tagesordnung. Daran ändert auch das allmähliche Verschwinden der Hauptschulen nur wenig (vgl. Abb. 6).

Abbildung 6

| Verteilung der Sek-I-Schüler:innen auf die verschiedenen Schularten | | | | | |
|---|---|---|---|---|---|
| **Jahr** | **Hauptschule** | **Realschule** | **IGS** | **Gymnasium** | **Fö-Schule** |
| **1960** | 68 % | 13 % | – | 16 % | 3 % |
| **1965** | 63 % | 15 % | – | 18 % | 4 % |
| **1970** | 54 % | 20 % | – | 21 % | 5 % |
| **1975** | 44 % | 23 % | – | 25 % | 5 % |
| **1980** | 38 % | 27 % | – | 26 % | 5 % |
| **1985** | 37 % | 28 % | – | 26 % | 4 % |
| **1990** | 32 % | 27 % | – | 29 % | 5 % |
| **1995** | 24 % | 26 % | 9 % | 30 % | 4 % |
| **2000** | 23 % | 25 % | 9 % | 30 % | 4 % |
| **2005** | 22 % | 26 % | 8 % | 31 % | 5 % |
| **2010** | 17 % | 25 % | 9 % | 36 % | 4 % |

Quelle: www.bpb.de/themen/bildung/dossier-bildung/187790/welche-schulen-besuchte

Trotz der aus Abbildung sechs ersichtlichen Verschiebungen beim Schulartzugang bleibt das grundsätzliche Problem der Zugangs-Ungerechtigkeit und der damit verbundenen sozialen Diskriminierung. Nach wie vor nämlich gibt es das altbekannte Schubladendenken, das bei vielen Kindern die Vorstellung von »gut« und »schlecht«, »integriert« und »aussätzig«, »benachteiligt« und »privilegiert« reifen lässt. Kein Wunder also, dass zahlreiche benachteiligte Schüler:innen phasenweise Neid, Missgunst, Aggressivität und andere soziale Antipathien entwickeln, die wechselseitige Anfeindungen und Kleinkriege zur Folge haben können. Das betrifft vor allem Migrantenkinder und Kinder aus prekären Milieus, die von den skizzierten Abgrenzungs- und Diskriminierungsprozessen besonders betroffen sind. Im Klartext: Wer aus der Mittel- oder Oberschicht kommt, gelangt in aller Regel zu relativ hohen Bildungsabschlüssen, ist sozial eingebettet und anerkannt. Wer dagegen einen Migrationshintergrund hat und/oder aus sozial schwachen Familien stammt, hat es erwiesenermaßen sehr viel schwerer (vgl. BMBF 2016).

Ursächlich für diese Schieflagen und Ungerechtigkeiten sind weniger die Kinder selbst, sondern in erster Linie die spezifischen Sozialisationsbedingungen und »Vorbilder«, die sie in Schule, Elternhaus und/oder Freundeskreis erleben. Viele familiäre »Vorbilder« sind in Sachen Bildung und soziale Integration eher abgehängt und/oder ambitionslos und tragen deshalb nicht unwesentlich dazu bei, dass sich bei ihren Sprösslingen latente Ohnmachtsgefühle, Minderwertigkeitskomplexe, Rachegelüste oder auch Gewaltfantasien aufbauen. Diese milieubedingten Verstärkereffekte und Aggressionsquellen sind freilich nur die eine Seite der Medaille. Die andere Seite betrifft die Lehrkräfte in den Schulen, die gegenüber »Problemkindern« oft eine Haltung einnehmen, die eher abweisend als stimulierend ist. Zwar geschieht diese emotionale Distanzierung in den seltensten Fällen bewusst. Gleichwohl gibt es im Schulalltag eine unverkennbare Tendenz, die anvertrauten Kinder vorschnell in die eine oder andere Schublade zu stecken und entsprechend vorurteilsgeleitet zu behandeln (vgl. ebenda, S. 5).

Verstärkt werden die so entstehenden Diskriminierungserfahrungen häufig noch dadurch, dass in den Schulen und Klassenzimmern neben der schulartspezifischen Selektion und Etikettierung zusätzliche Anstrengungen unternommen werden, die Schüler:innen mittels konsequenter Binnendifferenzierung zusätzlich »auseinanderzutreiben« und in gewisser Weise auch zu stigmatisieren. Konkret heißt das: Wer zum Beispiel im C-Kurs sitzt oder eine C-Aufgabe zugeteilt bekommt, der läuft nicht nur Gefahr, von Mitschüler:innen herablassend belächelt zu werden, sondern entwickelt unter Umständen auch einen entsprechenden Groll gegen alle, die an dieser Stigmatisierung direkt oder indirekt mitwirken. Gewiss: Unterrichtliche Differenzierungsmaßnahmen sind nicht per se problematisch, sondern können durchaus Positives bewirken. Allerdings sollte diese Erkenntnis nicht dazu verleiten, das soziale Lernen in der Schule schleifen zu lassen und dadurch ein Mehr an Ausgrenzung, Geringschätzung und sozialem Gegeneinander in den Klassen und Gruppen zu begünstigen.

Trotzdem geschieht Letzteres immer wieder. Das gilt nicht nur für den Schul- und Unterrichtsalltag, sondern auch für zahllose Peergroups, in denen Mobbing und andere Formen der sozialen Rücksichtslosigkeit und Destruktivität als cool gelten und gelegentlich sogar zum Markenkern der Jugendkultur erklärt werden. Schüler:innen, die in solchen Peergroups geprägt werden, neigen verständlicherweise dazu, die in Schule und Freizeit gesammelten Diskriminierungserfahrungen bei passenden Gelegenheiten zum Anlass zu nehmen, um ähnliche Verhaltensweisen gegenüber Dritten an den Tag zu legen, das heißt, andere zu provozieren, zu mobben, schwarz-weiß zu zeichnen oder den starken »Macker« zu spielen. Dabei gilt ganz grundsätzlich: Je ausgeprägter der aufgelaufene Frust ist und je verletzender die erlebten Ausgrenzungserfahrungen wahrgenommen werden, desto größer ist die Wahrscheinlichkeit, dass destruktives Verhalten Platz greift. Diese Erkenntnis hat sich in Lehrer:innen- und Schüler:innenkreisen leider noch viel zu wenig durchgesetzt, sodass das Kultivieren von Feindbildern, Vorurteilen, Häme, Hetze und Gewalttätigkeit weiterhin zum Alltag in Schulen und Peergroups gehört.

## 2.7 Der Verlust religiöser Werthaltungen

Egal, wie man zu den offiziellen oder inoffiziellen Religionsgemeinschaften steht: Ihr Anliegen ist es bis heute, den Menschen Halt und Orientierung zu geben sowie gewisse friedensstiftende Normen und Werte zu verbreiten, die das menschliche Zusammenleben in gedeihlichen Bahnen halten. Das gilt nicht zuletzt für die christlichen Kirchen – egal, ob evangelisch, katholisch oder orthodox. Auch anderen Weltreligionen (Islam, Judentum, Buddhismus, Hinduismus et cetera) ist es ein wichtiges Anliegen, der prähistorischen Feindseligkeit der Menschen ethisch-moralische Schranken entgegenzusetzen und einem möglichst friedlichen Zusammenleben der Völker den Weg zu ebnen. Zwar waren die Kirchen in der Historie oft genug selbst Kriegstreiber (Religionskriege, Kreuzzüge et cetera). Trotzdem gehört es bis heute zu ihrem sozialethischen Vermächtnis, dass es unbedingt friedensstiftende Normen und Wertsetzungen braucht, wenn die latente Destruktivität des Menschen eingehegt werden soll.

Das zeigt sich unter anderem in der christlichen Sozialethik, die Werten wie Frieden und Gerechtigkeit, Toleranz und Nächstenliebe, Sanftmut und Barmherzigkeit, Ehrlichkeit und Dankbarkeit, Rechtschaffenheit und Gottesliebe einen besonderen Stellenwert beimisst. Auch wenn diese christlichen Tugenden und Werthaltungen für viele Menschen heute ziemlich antiquiert klingen, so bleiben sie dennoch wichtig und wegweisend. Ist doch wirksame Friedenssicherung letztlich nur dann möglich, wenn die Bevölkerung derartige ethisch-moralische Ansprüche und Haltungen verinnerlicht hat und entsprechende Denk- und Verhaltensweisen vorzuleben versteht. Andernfalls sind Neid, Missgunst, Hinterlist, Intrigen, Hass, Hetze, Mord und Totschlag programmiert. Diese Einsicht in die Notwendigkeit eines sozial-integrativen Wertegerüsts dürfte die Religionsgründer seinerzeit bewogen haben, entsprechende Dogmen beziehungsweise Verhaltensmaximen aufzustellen und in wegweisenden Geboten, Liedern, Katechismen, Bibeltexten und sonstigen religiösen Schriften zum Ausdruck zu bringen.

Zwar lässt sich rückblickend nicht beweisen, dass diese religiösen Codizes die Menschen tatsächlich zu größerer Friedfertigkeit und Tugendhaftigkeit hingeführt haben. Fest steht jedoch, dass das soziale Zusammenleben der Sippen und Völker ohne dieses ethisch-moralische Geländer sicherlich (noch) explosiver als bekannt ausgefallen wäre. Das gilt für die Vergangenheit wie für die Gegenwart, für die Mikroebene wie für die Makroebene. Angefangen bei den zehn Geboten der christlichen Kirchen bis hin zur Bergpredigt oder anderen Verhaltensempfehlungen im alten und neuen Testament finden sich zahllose Wertsetzungen, die den Menschen zu tugendhaftem und friedlichem Zusammenleben verhelfen sollen. Das lässt sich beispielsweise aus dem fünften Gebot »Du sollst nicht töten« oder dem siebten Gebot »Du sollst nicht falsch Zeugnis reden wider deinen Nächsten« ersehen. Beide Gebote können als normative Appelle zur Förderung eines friedlichen Miteinanders angesehen werden.

Besondere Aufmerksamkeit gebührt bei alledem der Bergpredigt, die völlig zu Recht als Eckpfeiler der christlichen Friedensethik gilt. Im Matthäusevangelium, Kapitel fünf bis sieben, wird mit großem Ernst nicht nur die Friedenspflicht des Menschen betont, sondern auch ein christlich-solidarisches Menschenbild entfaltet, das Nächstenliebe, Solidarität mit den Armen, Dienst am Frieden und den Einsatz für mehr Gerechtigkeit ins Zentrum menschlicher Werte und Handlungsweisen rückt (vgl. www.herder.

de/religion-spiritualitaet/bibel/bergpredigt). Überlagert wird das Ganze von dem bis heute umstrittenen Doppelgebot der Gottes- und der Feindesliebe. Danach gilt, dass es die oberste Pflicht von gottergebenen Christinnen und Christen ist, Feinden grundsätzlich vertrauens- und respektvollvoll zu begegnen, um diese dadurch für ein friedliches Miteinander einzunehmen. Dieses Credo für eine entwaffnende Nächstenliebe wird heute zwar oft als naiv belächelt, ist aber alles andere als realitätsfern.

Steckt darin doch die richtige und wichtige Botschaft, dass Frieden letztlich nur dann zu sichern ist, wenn die Menschen ihre wechselseitigen Aversionen, Aggressionen und Gewaltfantasien in den Griff kriegen und sich in ebenso »sanftmütiger« wie »barmherziger« Weise bemühen, friedlich miteinander zu leben und ihre unterschiedlichen Sichtweisen und Interessen möglichst geduldig zum Ausgleich zu bringen (vgl. Bergpredigt, MT 5, 5-9). Die im Matthäusevangelium formulierte Goldene Regel »Alles, was ihr wollt, dass euch die Menschen tun, das tut auch ihnen!« unterstreicht diese friedensethische Maxime insofern, als sie für eine entwaffnende »Feindesliebe« plädiert, die am ehesten ein friedliches Miteinander ohne ruinöse Kriege und Rachefeldzüge verspricht. Dieses Credo hat in unterschiedlicher Weise Eingang in alle möglichen Religionen und Weltanschauungen gefunden.

Die Friedensbewegung der 1970er- und 1980er-Jahre bezog aus dieser christlichen Zuversicht eine Menge Kraft, um auf dieser Basis mit großer Entschiedenheit für Abrüstung, Entspannungspolitik und eine friedliche Koexistenz zwischen Ost und West einzutreten. Slogans wie »Frieden schaffen ohne Waffen« oder »Schwerter zu Pflugscharen« spiegeln diesen religiös genährten Optimismus und wirkten seinerzeit auf viele (junge) Menschen im besten Sinne des Wortes »ansteckend« und gesinnungsprägend. Das entsprechende Wertegerüst fand bei ihnen nicht nur Anklang, sondern führte im Ergebnis auch zu zahlreichen friedenspolitischen Initiativen und Protestaktionen der Kirchen, der Grünen und anderer außerparlamentarischer Organisationen. Friedensdemos, Ostermärsche, Kirchentage, Resolutionen, Offene Briefe, Aktionstage, spezielle Gottesdienste, Friedenstreffs und viele weitere gewaltfreie Aktionen gegen Raketenstationierung und für Abrüstung waren im besagten Zeitraum Ausdruck dieser friedensethischen Gesinnung und Tatkraft linksoppositioneller wie kirchlicher Gruppierungen. Die rasch zunehmende Zahl der Kriegsdienstverweigerer, Sozialdienstleister und Entwicklungshelfer erklärt sich aus diesem veränderten Wertebewusstsein.

Dieses sozialethisch motivierte Eintreten für Frieden, Gerechtigkeit und Abrüstung ist spätestens mit dem Zusammenbruch der Sowjetunion und der Auflösung des Warschauer Pakts einem wachsenden friedenspolitischen Phlegma gewichen, das sowohl als Zeichen der Entpolitisierung als auch als neuer Hedonismus gedeutet werden kann. Der Frieden in Europa schien gesichert; der drohende Atomkrieg weit weg und die Verlockungen der allseitigen Liberalisierung und Globalisierung durch das westliche Modernisierungsmodell so groß, dass sich die Werteprioritäten bei den meisten jungen Leuten kräftig verschoben. Einzig die heraufziehende Klima- und Umweltkrise sorgt in den letzten Jahren wieder für ernsthafte Demonstrationen und andere Formen des zivilen Ungehorsams. Eine neue Friedensbewegung ist daraus allerdings nicht erwachsen. Der christliche Wertekanon ist deutlich in den Hintergrund gerückt und einem eher vordergründigen politischen Aktionismus gewichen.

Diese Entwicklung drückt sich unter anderem darin aus, dass die Kirchen in rasantem Tempo Mitglieder verlieren – und damit natürlich auch das oben skizzierte religiöse Wertesystem an Resonanz einbüßt. Die Evangelische Kirche spricht deshalb mit Fug und Recht von einer »Entkirchlichung« in Deutschland und Europa und meint damit, dass die Weitergabe christlicher Werte und Normen von Generation zu Generation kaum noch funktioniert. »Die Verwurzelung in den eigenen religiösen und kulturellen Traditionen wird schwächer. Religion wird stattdessen als ein Angebot wahrgenommen und die Menschen bedienen sich bei ihrer Sinnsuche der Versatzstücke aus unterschiedlichen Religionen« (www.ekd.de/Christlicher-Glaube-und-nichtschristliche-Religionen-1329.htm). Häufig lässt sich sogar eine recht radikale Abkehr vom Wertesystem der christlichen Kirchen beobachten.

Die Kehrseite dieser Abkehr ist eine oft erschütternde Mischung aus politischem Fatalismus, naivem Narzissmus und individueller Hybris, die der menschlichen Destruktivität eher Auftrieb gibt, als dass sie dieser überzeugende Grenzen setzt. Andreas Reckwitz hat diesen neuen Zeitgeist in seinem viel beachteten Buch »Die Gesellschaft der Singularitäten« sehr anschaulich und aufrüttelnd beschrieben (vgl. Reckwitz 2020). Singularität tritt danach mehr und mehr an die Stelle von Gemeinschaftsorientierung und Solidarität, von Mitverantwortung und Miteinander. Dieser moderne Individualisierungs- und Diversifizierungstrend gibt alle jenen Auftrieb, die am liebsten um sich selbst kreisen, ihren Narzissmus zelebrieren und sich mit aller Macht als etwas Einzigartiges zu inszenieren versuchen. Damit aber gerät nicht nur der Gemeinschaftsgedanke und die auf Partizipationsbereitschaft angewiesene Demokratie ins Wanken. Auch die friedensfördernden Wertsetzungen und Orientierungshilfen der Kirchen und sonstigen Religionsgemeinschaften geraten dadurch aus dem Blick.

## 2.8 Vereinzelungstrends im Arbeitsleben

Eine weitere Quelle von Neid, Missgunst, Diffamierung, Intrigen und anderen aggressionstreibenden Konkurrenzbeziehungen ist die wettbewerbsgeprägte Arbeits- und Berufswelt, in der im Einklang mit den Grundsätzen des modernen Wirtschaftsliberalismus vor allem eines zählt: die Performance des Einzelnen. Werte wie Teamgeist, Solidarität, Empathie und wechselseitiger Respekt werden zunehmend zurückgedrängt und durch rüde Verdrängungspraktiken abgelöst (Stichwort: Ellbogenmentalität). Kein Wunder also, dass Abgrenzung und Ausgrenzung Furore machen. Die entsprechende Handlungsmaxime lautet: Wer im Beruf etwas werden will, muss sich möglichst erfolgreich gegenüber Konkurrenten behaupten und profilieren. So gesehen ist der sozialdarwinistische Kampf »Jeder gegen jeden« nach wie vor ein zentrales Markenzeichen des kapitalistischen Wirtschaftssystems. Daran ändern auch moderne Chiffren wie »Corporate Identity« oder »Corporate Design« nur wenig.

Echtes Teamdenken ist eher die Ausnahme und keinesfalls die Regel. Stattdessen gibt es in vielen Unternehmungen eine schleichende Entsolidarisierung der Menschen, die mit Humanisierungspostulaten nur schwer in Einklang zu bringen ist. Diese Entsolidarisierung zeigt sich auf gleich drei Ebenen: Auf der institutionellen, der mentalen und der arbeitsorganisatorischen Ebene. Für die institutionelle Ebene gilt, dass es zu den besonderen Auffälligkeiten der deutschen Wirtschaft gehört, dass sich immer weniger Arbeitnehmer:innen in Gewerkschaften/Betriebsräten engagieren, um sich auf diesem Weg für Solidarität und kollektiven Interessenausgleich stark zu machen. Dieser Verlust an kollektiver Einbindung findet seinen sichtbaren Ausdruck unter anderem im gewerkschaftlichen Organisationsgrad. Lag dieser im Jahr 1980 noch bei rund 34 Prozent, so betrug er im Jahr 2021 gerade noch 13 Prozent. (vgl. https://wikipedia.org/wiki/Tarifvertrag sowie https://de.statista.com/infografik/26890).

Dieser Aderlass tangiert alle Gewerkschaften: den Deutschen Gewerkschaftsbund (DGB), den Deutschen Beamtenbund (DBB) sowie den Christlichen Gewerkschaftsbund (CDB). Alle drei Organisationen mussten in den letzten vier Jahrzehnten kräftige Mitgliederverluste verkraften. Für den DGB zum Beispiel gilt, dass sich dessen Mitgliederzahl zwischen 1994 und 2021 von ehemals 9,8 Millionen auf nunmehr 5,7 Millionen verringerte – ein Mitgliederschwund von mehr als vier Millionen. Eine wichtige Folge dieser Umwälzung ist, dass immer weniger Arbeitnehmer:innen auf organisierte Solidarität bauen können. Sozialpartnerschaft, fairer Interessenausgleich und tarifvertragliche Absicherung sind in einer polarisierten Arbeitswelt nun einmal schwer sicherzustellen. Sichtbarer Ausdruck dieser Entsolidarisierung ist die wachsende Zahl der freiberuflich Tätigen mit unsicheren und schlecht bezahlten Jobs.

Die besagte Entsolidarisierung vieler Beschäftigter lässt sich ferner daran ablesen, dass vor allem Großbetriebe bei ihren Fachkräften immer stärker auf außertarifliche Bezahlung, Prämien und Boni setzen und damit Bedingungen schaffen, die die betreffenden Beschäftigten nötigen, in höchst egoistischer Manier für sich alleine zu kämpfen und etwaigen Konkurrentinnen und Konkurrenten möglichst wirkungsvoll den Rang abzulaufen. Statt kollektivem Denken und solidarischem Miteinander dominiert unter diesen Vorzeichen der besagte Einzelkämpfer, der mit mehr oder weniger ausgeprägtem Konkurrenzgeist, Egoismus und Dominanzgebaren seine Interessen verfolgt und auch durchsetzt. Konkurrenz also statt Solidarität, Egoismus statt Gemeinsinn, Gleichgültigkeit statt Empathie – das sind einige Merkmale der modernen Arbeits- und Berufswelt, die das Entwickeln asozialen Denkens und Verhaltens begünstigen.

Letzteres gilt vor allem für Klein- und Mittelbetriebe, in denen weder Gewerkschaften noch Betriebsräte zum Zug kommen. Wolfgang Schroeder und Samuel Greef nennen das »die dritte Welt der Arbeitsbeziehungen« (vgl. www.bpb.de/themen/deutsche-einheit). In der ersten Welt der Großbetriebe existieren Flächentarifverträge und differenzierte Mitbestimmungsmöglichkeiten zur Sicherung des Betriebsfriedens und zur Humanisierung der Arbeitswelt. In der zweiten Welt der profitablen Handels- und Dienstleistungsunternehmen gibt es immer noch Haustarifverträge und abgeschwächte Mitbestimmungsrechte. In der dritten Welt der Klein- und Mittelbetriebe des Handwerks, Handels und einfachen Dienstleistungssektors dagegen sind Betriebsräte, Tarifverträge und sonstige Formen der Sozialpartnerschaft inzwischen fast völlig eliminiert (vgl. ebenda).

Diese zunehmende Abkehr vom Streben nach Sozialpartnerschaft, Partizipation und Betriebsfrieden fördert nicht nur Misstrauen, Geheimniskrämerei und soziales Gegeneinander, sondern begünstigt auch ein entsprechendes Bewusstsein der einzelnen Beschäftigten. Gleichgültigkeit und Konkurrenzdenken sind Folgen davon. Das Problem ist nur: Wenn sich immer mehr Berufstätige nur noch um sich selbst kümmern und den eigenen Vorteil suchen, dann sind sozial-destruktive Denk- und Verhaltensweisen programmiert. Das ist zwar nur ein marginaler Erklärungsansatz für das Entstehen menschlicher Destruktivität. Gleichwohl ist nicht zu bestreiten, dass die skizzierten Entsolidarisierungsprozesse in der modernen Arbeits- und Berufswelt potenzielle Quellen einer wachsenden Feindseligkeit sind, wie sie in unserer Gesellschaft leider um sich greift. Wer nämlich tagein und tagaus genötigt ist, seine »Einzigartigkeit« betriebsintern unter Beweis zu stellen, der steht beinahe zwangsläufig in der Gefahr, selbstherrlich zu werden und eine gewisse Rücksichtslosigkeit zu entwickeln.

Andreas Reckwitz spricht diesbezüglich von der »Singularisierung der Arbeitswelt« (vgl. Reckwitz 2020, S. 181 ff.) und meint damit insbesondere die Entwicklungen in der modernen Wissens- und Kulturökonomie, für die er postuliert: »Das spätmoderne Arbeitssubjekt soll und will einzigartig sein – ein Bündel von Fähigkeiten und Talenten, dessen Performance nicht austauschbar, sondern möglichst außergewöhnlich ist« (ebenda, S. 182). Damit spielt er auf die rasch expandierende Akademikerklasse an, die mittlerweile ein Drittel der deutschen Arbeitnehmerschaft ausmacht – mit wachsender Tendenz. Viele dieser Hochqualifizierten leben im Bewusstsein, dass ihre Tätigkeiten, Talente und Produkte so einzigartig (singulär) sind, dass sie weder in der Arbeitswelt noch im privaten Bereich Konzessionen machen müssen. Hybris und Vereinzelung sind mögliche Folgen dieses Selbstverständnisses.

Werte wie Kooperation, Rücksichtnahme, Empathie, Kompromisssuche und andere Formen des sozialen Miteinanders spielen für diese selbstbewussten Einzelkämpfer eine eher nachgeordnete Rolle. Solidarität und Empathie waren gestern! Ihren sichtbaren Ausdruck findet diese Ich-Zentrierung zum Beispiel in der raschen Zunahme von Freelancern und Homeoffice-Akteuren. Dieser neue Trend weg von der Gemeinschaft und hin zu flexibler Alleinarbeit wird noch dadurch verschärft, dass immer mehr Beschäftigte in ihren Büros gar keinen festen Arbeitsplatz mehr haben, sondern sich an ihren Präsenztagen einfach irgendeinen freien Schreibtisch suchen, an dem sie sich mittels Laptop oder PC in die digitale Infrastruktur des Hauses einloggen können. Die Folge: Vertraute Kolleginnen und Kollegen fehlen oft.

Diese »Singularisierung« bildet den Nährboden für soziales Desinteresse, Eigenbrötlertum. Gleichgültigkeit und andere narzisstische Alleingänge. Das muss zwar nicht gleich zu Hass, Hetze und handfester Gewaltausübung führen, begünstigt aber fraglos das Entstehen von Spannungen, Rivalitäten, Provokationen und egozentrischen Verhaltensweisen, die destruktives Handeln nach sich ziehen können. Der erwähnte Kultursoziologe Andreas Reckwitz konstatiert in diesem Zusammenhang die chronische Spaltung der Arbeitnehmerschaft in »High-Performer« und »Low-Performer« und schreibt dazu: »Hier bilden sich mehr oder minder radikale Asymmetrien zwischen den wenigen äußerst erfolgreichen Individuen ... und den vielen weitgehend austauschbaren Anderen aus, die entweder in der Organisation eine mittlere Position erreichen oder gar prekär beschäftigt sind« (ebenda, S. 219).

Diese »Performanceökonomie« ist per se spannungsreich und erzeugt Reckwitz zufolge ein asymmetrisches Verteilungsmuster von Prestige und Einkommen, das spaltend wirkt. Will sagen: Performance- und Statusdifferenzen zwischen ähnlich qualifizierten Beschäftigten innerhalb einer Organisation sorgen organisationsintern schnell für eine Menge Neid, Rivalität, Missgunst und

Intrigen. Diese Tendenz zur asymmetrischen Chancenverteilung durchzieht die moderne Wirtschaftswelt in zunehmendem Maße und begünstigt damit auch das Entstehen von Spannungen und (latenten) Feindseligkeiten. Oder in den Worten von Andreas Reckwitz: Sie stärkt »... negative oder ambivalente Emotionen, die von der klassischen Leitungsökonomie weniger stark gefüttert werden: Eitelkeit angesichts des eigenen Erfolgs, Neid wegen des Erfolgs anderer, Minderwertigkeitsgefühle sowie das Gefühl, nicht genug Anerkennung zu erhalten oder vollständig versagt zu haben« (ebenda, S. 221).

Für die Sicherstellung eines vertrauensvollen und friedfertigen Miteinanders von Menschen sind diese Arbeitsumstände alles andere als günstig. Von daher liegt der Schluss nahe, dass der gesellschaftlich zu beobachtende Hang vieler Menschen zur Polarisierung durch die skizzierten Vereinzelungs- und Diskriminierungserfahrungen in der modernen Berufswelt nicht nur begünstigt, sondern in gewisser Weise auch belohnt wird. Zwar kann der Wettbewerb der Beschäftigten durchaus positive Effekte haben und deren Anstrengungsbereitschaft und Potenzialentfaltung stimulieren helfen. Die Kehrseite dieser Konkurrenz- und »Performanceökonomie« ist aber auch, dass sie bei den Erfolgreichen schnell zu Arroganz und Rücksichtslosigkeit und bei den »Low-Performern« zu korrespondierenden Frustrationen und Aggressionen führen kann. Für die Entwicklung sozial destruktiver Denk- und Verhaltensweisen ist das gewiss ein fruchtbarer Nährboden.

## 2.9 Häme und Hetze in (sozialen) Medien

Einen ausgesprochen starken Einfluss auf das Entstehen von Feindbildern, Hetzkampagnen und Schwarz-Weiß-Denken haben die modernen Massenmedien – insbesondere die sozialen Medien, die in vielerlei Hinsicht antisozial wirken. Obwohl Deutschland eine hochentwickelte Wissens- und Informationsgesellschaft ist und die Menschen einen fast unbegrenzten Zugang zu allen möglichen Informationsquellen haben, steht es um die politische Reflektiertheit und Urteilsfähigkeit der Bürger eher schlecht. Das zeigt sich unter anderem darin, dass fragwürdigen Stimmungsmachern in Presse, Funk, Fernsehen und sozialen Medien oft derart naiv gefolgt wird, dass es einem angst und bange werden kann. Fake News, einseitige Kommentare, sensationsheischende Talkshows und sonstige dubiose Formen eines aufwühlenden Meinungsmanagements werden nicht selten erschreckend gedankenlos konsumiert und zur Grundlage eigener Feindbeschwörungen gemacht. Das gilt keinesfalls nur für Beiträge von Boulevardjournalisten, Bloggern und privaten Fernsehanstalten, sondern in zunehmendem Maße auch für die »seriösen« Medien.

Zum Geschäftsmodell vieler Medienmacher gehört es seit Langem, durch Angriffe auf vermeintliche Schurken, Demokratiefeindinnen und sonstige Nonkonformisten populistische Stimmungen einzufangen, die eine möglichst große Aufmerksamkeit sichern. In diesem Sinne wird oft »... mit überschaubarem Erkenntnisgewinn, aber dafür mit noch etwas mehr Drama und Emotion immer wieder viel Gleiches erzählt« (Hölig 2022, S. 5). Diese Stimmungsmache, Polarisierung und Sensationsberichterstattung ist mittlerweile zum Markenzeichen unserer modernen Aufmerksamkeitsökonomie geworden (vgl. Precht/Welzer 2022). Je zugespitzter, schriller und provokanter Alarm geschlagen, Angst erzeugt, Abscheu geweckt, das vermeintlich Böse angeprangert oder in anderer Weise Feindbilder bedient werden, desto besser. Von daher warnte Bundespräsident Walter Steinmeier unlängst völlig zu Recht davor, dass der moderne Journalismus im »Kampf um das rare Gut Aufmerksamkeit« Gefahr laufe, auf jede Empörungswelle in den sozialen Medien aufzuspringen, um »schneller, schriller und greller« zu sein als die Konkurrenz (vgl. *Die Rheinpfalz* vom 25.11.2022, S. 1).

Das Gefährliche an diesem medialen »Kesseltreiben« ist, dass sowohl die Objektivität und Seriosität der Berichterstattung als auch die Würde und Unversehrtheit der unter Beschuss geratenen Personen/Völker sehr schnell unter die Räder geraten. Die Hauptsache die Käuferzahlen, Einschaltquoten oder Klicks beziehungsweise Likes stimmen. Ob das tatsächlich der Wahrheitsfindung dient, ist eine ganz andere Frage. Erinnert sei zum Beispiel an die in Dauerschleife gebrachten Talkshows, Brennpunktsendungen, Zeitungsberichte und sonstigen Horrormeldungen zur Corona-Pandemie, zum Ukraine-Krieg, zu Diesel-Gate, zur Flüchtlingskrise, zum Islamischen Terror, zur Klimakatastrophe, zur Hungersnot in Afrika oder zur Reaktorkatastrophe in Fukushima. Diese Sensationsberichterstattung wird oft so überdreht, dass Ängste, Entrüstung und sonstige kurzlebige Erregungswellen geschürt werden, die mit kritischer, aufklärerischer und lösungsorientierter Berichterstattung kaum etwas zu tun haben.

Diese Art von Journalismus steht unübersehbar in der Gefahr, unreflektierte Klischees, Ängste, Feindbilder und Schuldzuweisungen in der Bevölkerung massiv zu verstärken – bei zeitgleicher Vernachlässigung konstruktiver, lösungsorientierter Kritik und Perspektivklärung. Gewiss, Kritik ist häufig vonnöten, aber eben nicht nur gegenüber den vermeintlichen Bösewichten im gegnerischen Lager, sondern auch gegenüber den Sympathieträgern und Weichenstellern im eigenen Lager. Wie wichtig diese Offenheit und Meinungsvielfalt ist, zeigt der aktuelle Umstand, dass für viele Journalist:innen und Internetakteure ein ernsthaftes Hinterfragen der Ukraine-Politik der USA und der NATO offenbar tabu ist. Die jüngsten Shitstorms gegenüber so renommierten US-Kritikern wie Daniele Ganser oder Gabriele Krone-Schmalz anlässlich ihrer gehaltenen beziehungsweise geplanten Vorträge in Reutlingen beziehungsweise Dortmund signalisieren diese »geistige Zeitenwende« in unserer Republik (vgl. www1.wdr.de/.../aerger-auftritt-daniele-ganser-dortmund-100.htm sowie t-online.de: »Entsetzen über Vortrag von Krone-Schmalz in Reutlingen«, aktualisiert am 9.1.2023).

Da wird die Sachebene erst gar nicht richtig betreten, sondern gleich mit persönlichen Diffamierungen und abstrusen Verdächtigungen operiert – nur um das Feindbild Russland nicht hinterfragen zu müssen. Michael Lüders spricht diesbezüglich vom »Meinungsmanagement« der Medien und meint damit das mehr oder weniger planvolle Beeinflussen der öffentlichen Meinung durch einseitige Informationskampagnen, moralische Wertungen, imposante Kriegsberichte, suggestive Bilder, bewusste Ausblendungen, einseitige Parteinahmen oder demagogische Schlagworte wie »Schurkenstaat«, »Querdenker« oder »Verschwörungstheoretiker« (vgl. Lüders 2021, S. 46 ff., S. 72 ff. und S. 136 ff.; vgl. ferner Precht/Welzer 2022). »Wer der ›seriösen Berichterstattung‹ der Leitmedien nicht folgt oder ihr mit Skepsis begegnet, ist im Zweifel ein Phantast und Verschwörungstheoretiker« (Lüders 2021, S. 96). Mit pluraler Meinungsbildung in Demokratien hat das reichlich wenig zu tun.

Wer bewusst schwarz-weiß zeichnet, gegen Andersdenkende polemisiert oder in anderer Weise abweichende Meinungen und kritische Diskurse beschneidet, der darf sich nicht wundern, wenn er mit dieser Art des Meinungsmanagements gefährliche Stimmungen und Zerrbilder in der Bevölkerung erzeugt (vgl. dazu auch Müller 2022, S. 24 ff.). Genau dieses aber geschieht in den letzten Jahren. Albrecht Müller – Publizist und ehemaliger Planungschef im Bundeskanzleramt unter Willy Brandt und Helmut Schmidt – kann deshalb zu Recht feststellen: »Die Manipulationsversuche nehmen leider nicht ab, sie nehmen zu« (ebenda, S. 9). Allerdings sind damit nicht nur unseriöse Hetzkampagnen und einseitige Darstellungen in einzelnen Medien gemeint, sondern auch das Ausblenden kritischer Stimmen jenseits des medialen Mainstreams. Dieser Trend zur offenen oder subtilen Cancel-Culture findet sich insbesondere in den sozialen Medien mit ihren spezifischen Meinungsblasen.

Interessant dabei ist, dass der Begriff des Querdenkers, der bis vor wenigen Jahren in politischen und journalistischen Kreisen noch äußerst positiv konnotiert war, inzwischen völlig in Verruf geraten ist und zur Stigmatisierung abweichender Meinungen herhalten muss. Will sagen: Wer heute die offiziösen Deutungsmuster, Wertungen und Feindbeschwörungen führender Meinungsbildner in Politik und Medien infrage stellt und zum Beispiel die Geopolitik der USA, die NATO-Osterweiterung, die westliche Entwicklungshilfe oder die China-Politik des Westens in Zweifel zieht, der läuft in der gegenwärtigen Cancel-Culture ganz schnell Gefahr, als Amerikafeind, Nestbeschmutzer, Demokratieverächter, Verschwörungstheoretiker oder politischer Naivling gebrandmarkt und medial ins Abseits gerückt zu werden. Shitstorm ist das neue Zauberwort, das die mediale Hinrichtung von nonkonformistischen Menschen meint, die es ablehnen, vorgefertigte Denkschablonen und Vorurteile vorschnell zu übernehmen.

Der Kabarettist Dieter Nuhr spricht diesbezüglich vom »religiösen Umgang mit Problemen« und meint damit die alarmierende Unfähigkeit vieler Menschen, »vom Standard abweichende Meinungen« zu tolerieren und mit der nötigen Offenheit darüber nachzudenken und zu diskutieren (vgl. *Die Rheinpfalz* vom 8.9.2022). Galt früher der Akt des Verstehens noch als eine Tugend, um dem Denken, Planen, Urteilen und Agieren anderer Menschen angemessen auf die Spur zu kommen, so haftet diesem hermeneutischen Ansinnen mittlerweile ein eher negatives Image an. Das gilt insbesondere gegenüber »Schurkenstaaten« wie Russland, China oder diversen muslimischen Ländern, deren Politik in vielen unserer Medien ohne jede Nachdenklichkeit abgeurteilt wird. Ist das seriöser Journalismus? Wohl kaum! Eine derart vorurteilsgeleitete mediale Berichterstattung, Kommentierung und Debattenführung ist bestenfalls geeignet, die in der Bevölkerung latent vorhandenen Aversionen verstärkt zu aktivieren.

Wohlgemerkt: Verstehen heißt ja nicht gleich, dass man die Politik und Weltsicht »verfeindeter« Staatenlenker teilt oder gar bejaht, sondern nur, dass man die Voraussetzungen für einen konstruktiven Dialog mit diesen schafft, ohne den eine friedenssichernde Diplomatie nun einmal nicht greifen kann. Mit anderen Worten: Perspektivenwechsel, Differenzierung und ernsthafte Verstehens-Bemühungen sind unabdingbar vonnöten, wenn der vielfältig bedrohte Weltfrieden gesichert werden soll. Das gilt auch und nicht zuletzt im Blick auf die besagten »Schurkenstaaten«, die oft vorschnell mit Verdächtigungen, Anklagen, Klischees und arroganter Besserwisserei überzogen werden. Das betrifft vornehmlich die sozialen Medien, die Boulevardpresse und die privaten Fernsehanstalten, inzwischen zunehmend aber auch die sogenannten »seriösen« Medien mit ihrer subtilen Tendenzberichterstattung.

Dieses moderne Meinungsmanagement äußert sich unter anderem darin, dass kritische Leserbriefe nicht abgedruckt, eigenwillige Friedensforscher:innen ignoriert, die immer gleichen Bilder und Verdächtigungen gebracht, Kriegsfürsprecher bei Kommentaren, Interviews und Talkshows klar bevorzugt, kritische Kolumnistinnen und Kolumnisten aus dem Verkehr gezogen oder andere Formen des gezielten Meinungsmanagements gewählt werden. Zwar sind dieser tendenziösen Berichterstattung in den etablierten Presse-, Funk- und Fernsehanstalten gewisse Grenzen gesetzt. Für die sozialen Medien gilt das dagegen nicht. Hier sind rüden Hetzkampagnen im Grunde Tür und Tor geöffnet. Ein falsches Wort, und schon greift die moderne Empörungsmaschinerie der selbst ernannten »Experten« im Internet. Die Folge davon ist, dass unreflektierte Vorteile und krude »Weisheiten« ungehindert unters Volk gestreut werden können.

Das alles zeigt, dass es um seriöse, friedenstiftende Beiträge des Mediensektors nicht gerade zum Besten bestellt ist. Das liegt nicht zuletzt am kommerziellen Druck, dem die Medienanstalten und journalistischen Berichterstatter:innen ausgesetzt sind. Zahlreichen Medienschaffenden geht es deshalb weniger um Aufklärung, differenzierte Recherchen und vorurteilsfreie Berichterstattung, sondern eher um Einschaltquoten, Klickzahlen, Verkaufsziffern und renditeträchtige Follower. Diese aber sind durch Panikmache, Sensationsberichterstattung und vorurteilskompatible Messages am ehesten zu erreichen. Kein Wunder also, dass Hass und Hetze längst zu Resonanzbeschleunigern in unserer modernen Medienwelt geworden sind. Das betrifft das Internet genauso wie den Sensationsjournalismus in Presse, Funk und Fernsehen. Zwar könnten die öffentlich-rechtlichen Medienanstalten dem Druck des Internets grundsätzlich standhalten, verfallen de facto aber ebenfalls zunehmend den Mechanismen des hektischen Kampagnen-Journalismus mit seiner vordergründigen Schwarz-Weiß-Malerei.

Wer reißerisch berichtet, das Gut-Böse-Schema bedient, Querdenker an den Pranger stellt oder in anderer Weise populäre Feindbilder schürt, der hat in unserer modernen Ächtungs- und Empörungskultur gute Chancen, große Aufmerksamkeit zu finden. Kein Wunder also, dass das Moment der Empörung von vielen Medienschaffenden gezielt übersteuert wird, um dadurch die öffentliche Wahrnehmung zu steigern. Diese Strategie des öffentlichkeitswirksamen Skandalisierens praktizieren nicht nur die besagten »Internet-Stars« und kommerziell gepolte Journalisten, sondern immer häufiger auch politische Parteien – insbesondere am rechten Rand (vgl. Abschnitt 2.11). Sie übersteuern ihre Polemik meist ganz bewusst und rufen damit absehbar »routinemäßig überzogene Reaktionen hervor. So steigt die Heftigkeit der Auseinandersetzung und damit die Sichtbarkeit« (Schaible 2022, S. 52).

Das alles begünstigt ein Klima der Abkanzelung, Einschüchterung, Demütigung und Verunsicherung – insbesondere für Menschen, die sich hartnäckig gegen fragwürdige Denkschablonen der sogenannten Mainstream-Medien stellen (vgl. ebenda, S. 50). Dass daraus neben der gängigen Polemik oft auch tiefergehende Akte der Diffamierung und Diskreditierung von Mitmenschen resultieren, ist ein offenes Geheimnis. Die sozialen Medien sind in dieser Hinsicht geradezu »spitze« und leisten dem sozialen Mobbing dadurch Vorschub, dass sie Skandale und Diffamierungskampagnen höchst wirksam »entfesseln« – sei es nun durch die Crowd oder durch einzelne Influencer. Symptomatisch dafür sind die zahllosen Hasskommentare, die tagtäglich durchs Internet geistern. Sie fördern sowohl die schleichende Gewöhnung an Hass, Hetze und Skrupellosigkeit als auch das Schüren immer neuer Feindbilder.

Harry Nutt spricht diesbezüglich von der »Lust an der Empörung« beziehungsweise vom »Karneval der Affekte« (vgl. Nutt 2022, S. 22) und stellt folgerichtig die Frage, warum wir uns denn in der modernen Wissensgesellschaft so schwer damit tun, Erkenntnisgewinn und Aufklärung zur Richtschnur politischen und medialen Handelns zu machen. Seine Antwort ist relativ simpel: Soziale Medien brauchen Empörung und Hass als Treiber. »In beiden Fällen werden entfesselte Ausdrucksformen beschrieben, die weitgehend ohne Etikette auskommen. Deren kraftvolle Durchdringung scheint alle Formen des Anstands aufgehoben zu haben« (ebenda). Und weiter schreibt er in Anlehnung an den jüdischen Philosophen Aurel Kolnai: »Die Grundtönung des Hasses ist Feindschaft, Widerstreben, Ablehnung (…) Darin ist Hass mit Antipathie, Zorn, Ekel, Verachtung, Bekämpfung verwandt« (ebenda).

Die angesprochenen Shitstorm-Risiken bringen es mit sich, dass viele Deutsche im Zweifel lieber den Mund halten, als sich öffentlich zu äußern. Das bestätigt unter anderem eine aktuelle Umfrage des Meinungsforschungsinstituts Civey im Auftrag des *Spiegel*. Danach glauben »52 Prozent der Deutschen (…), dass sie im Alltag Probleme bekommen, wenn sie ihre Meinung zu kontroversen Themen äußern würden; 39 Prozent sind nicht dieser Auffassung. Es liegt auf der Hand, dass eine Demokratie ein ernstes Problem hat, wenn eine klare Mehrheit der Bürger nicht mehr offen sagt, was sie denkt« (Pfister 2022, S. 80). Schuld an diesem verbreiteten Kleinmut sind unter anderem die besagten Shitstorms, mit denen

Menschen rechnen müssen, wenn sie sich dem Mainstream beziehungsweise der Deutungshoheit bestimmter Meinungsmacher in den (sozialen) Medien entziehen und kritische Gegenpositionen einnehmen.

Mit dem Titel »Rüpel, Rowdies, Radikale« markiert die Medienforscherin Konstanze Marx dieses besonders im Internet anzutreffende Abgleiten ins Vulgäre und Hasserfüllte. Typisch für diese Pseudokommunikation ist die Verrohung der Sprache – gepaart mit Aggressivität, Hass, Geringschätzung, Diskriminierung, Beleidigungen, bewussten Kränkungen sowie skrupellosen Ausgrenzungsversuchen in Wort und Tonfall (vgl. Marx 2019, S. 4). Diesem aggressionsfördernden »Enthemmungseffekt« stehe zwar eine zweite positive Art der Enthemmung gegenüber, nämlich die mit der Anonymität des Internets einhergehende Befreiung vieler Menschen von lähmenden Schreib- und Kommunikationsblockaden. Doch die erstgenannte toxische Seite des internetbedingten Enthemmungseffekts bleibe die eigentlich dominante und bedrohliche Seite der Internet-Kommunikation im Allgemeinen und der sozialen Medien im Besonderen. Was sich dort alltäglich an Häme, Hass und Anfeindungen ergießt, sei nicht nur alarmierend, sondern auch hochgradig provokativ und verletzend (vgl. ebenda).

Fazit also: Die hiesige Medienlandschaft ist alles andere als friedensstiftend. Sie begünstigt das Mobilisieren hässlicher Emotionen und trägt damit dazu bei, dass die latent vorhandene Feindseligkeit von Menschen immer wieder neu gepusht und zur Konservierung bestehender Freund-Feind-Bilder genutzt wird. Aversionen und Vorurteile brauchen nun einmal Bestätigung und Verstärkung. So gesehen gibt es in unserer Gesellschaft nicht nur physische Gewalt und Unterwerfung, die friedensgefährdend wirken, sondern auch höchst wirksame mentale/mediale »Vergewaltigungsprozesse«, die in recht subtiler Weise dafür sorgen, dass Menschen ihr Schwarz-Weiß-Denken und ihre Neigung zu Hass, Häme und Hetze kultivieren. Von daher lässt sich abschließend festhalten, dass unsere

Medienwelt ganz gewiss nicht unschuldig daran ist, wenn den latent vorhandenen destruktiven Instinkten, Trieben und Verhaltensdispositionen der Menschen immer wieder neues Leben eingehaucht wird.

## 2.10 Zum Einfluss moderner Bilderwelten

Zu den wirksamsten »Stimmungsmachern« in sozialen Gemeinschaften gehören aufrüttelnde Fotos und Filme, die die menschliche Skrupellosigkeit und Brutalität in besonders drastischer Weise vor Augen führen und genau dadurch die Seelen der Betrachter erreichen. Entsprechende Bildberichte liefern unsere Medien tagtäglich. Manche sind durchaus informativ. Viele andere aber lösen zumindest zwiespältige Einschätzungen aus. Dienen sie doch viel zu oft dazu, erregungsstarke »Bilderwelten« zu erzeugen (vgl. Lüders 2021, S. 48ff.) und diese so an die Leser- beziehungsweise Zuschauer:innen heranzutragen, dass diese tief beeindruckt und erregt bei der Stange bleiben und ihre kommerziell wichtige Verweildauer steigern. Dabei gilt ganz grundsätzlich: Je dramatischer und reißerischer die Bilder sind, desto besser erfüllen sie ihren Zweck. Da kann es bekanntlich schon mal passieren, dass dramatische Kriegsbilder von ganz anderen Kriegsschauplätzen stammen oder spezielle »Geschichten« schlichtweg erfunden werden (siehe zum Beispiel den Relotius-Skandal beim *Spiegel*).

Hauptsache, die Erregung stimmt. Das betrifft nicht nur Kriege, sondern auch andere dramatische Ereignisse wie die Corona-Pandemie, die Flüchtlingskrise, die Klimakrise oder den Hunger in Afrika. Selbstverständlich können solche Bilder auch aufklärerisch sein und die Meinungsbildung der Menschen befördern. Allerdings wird durch die Bildauswahl, die Aufnahmeperspektive, die Szenenerfassung und die heute übliche Bildbearbeitung nicht selten kräftig getrickst und manipuliert. Das zeigte sich beispielsweise im Irak-Krieg, als die Fotografen vom US-Militär so »eingebettet« (embedded) wurden, dass sie nur bestimmte erwünschte Aufnahmen machen konnten. Aber auch an anderen Krisen- und Kriegsschauplätzen wird foto- beziehungsweise filmtechnisch nachgeholfen, damit die intendierten Bild-Botschaften erreicht werden (siehe zum Beispiel die hochdramatischen Corona-Bilder aus Italien).

»Ein Bild sagt mehr als tausend Worte.« Diese Erkenntnis wussten bereits Göbbels, Hitler und andere Propagandisten des Dritten Reiches zu nutzen, um im Volk die nötige Kriegsstimmung und Durchhaltebereitschaft zu erzeugen. Was bei uns dagegen weniger bekannt ist, ist das Faktum, dass auch der US-amerikanische Präsident Woodrow Wilson bereits zu Beginn des Zweiten Weltkrieges zielstrebig daranging, im Verbund mit seinem Committee on Public Information (CIP) aufputschende Bilderwelten zu nutzen, um in der US-amerikanischen Bevölkerung die nötige Kriegsstimmung zu wecken. Auf diese Weise gelang es dem Wilson-Regime, »… innerhalb weniger Wochen und Monate eine gesamte Bevölkerung derart effizient und zielgerichtet zu beeinflussen, dass sie begeistert in diesen ›Krieg, der alle Kriege beenden soll‹, zog oder ihn doch überwiegend unterstützte, ›um die Welt sicher für die Demokratie zu machen‹ (…) Kriegsgegner galten nunmehr als Vaterlandsverräter« (Lüders 2021, S. 48).

Das Ganze war sehr psychologisch angelegt: »Plakate und Poster überzogen das Land, die meist dasselbe Motiv variierten: finstere Männer mit Pickelhaube, bajonettbewehrt und mit knochigen/blutigen Händen, die nach anderen Ländern oder unschuldigen, verängstigten Frauen und Kindern ausgreifen, zu Füßen einer zerstörten Landschaft. Hollywood produzierte Kurzfilme mit bekannten Schauspielern, darunter Charlie Chaplin. Sie halfen, das von der britischen Propaganda bereits erfolgreich eingeführte Feindbild der ›Hunnen‹, marodierender Horden deutscher Soldaten, nun auch der amerikanischen Öffentlichkeit zu vermitteln« (ebenda, S. 49). Gestützt war diese Kampagne auf einschlägige sozialpsychologische Forschungen des CIP-Mitbegründers Walter Lippmann, der den höchst ernüchternden Befund konstatierte, dass alles, was der Mensch denkt, fühlt und tut, nicht auf sicherem Wissen, sondern auf Bildern beruht, die der Mensch sich selbst kreiert oder die ihm von den Medien geliefert werden (vgl. Lippmann 2018, S. 72; vgl. ferner Lüders 2021, S. 53 ff.).

Diese Bildwirkung sah Lippmann einmal in der Natur des Menschen begründet, zum anderen aber auch darin, dass der Mensch infolge seiner spezifischen sozialen und emotionalen Prägungen besonders empfänglich für die Bildsprache moderner Medien sei. Speziell komponierte Bilderwelten schienen Lippmann daher ein ideales Rüstzeug zur Beeinflussung und Manipulation der breiten Masse, damit diese den politisch-ideologischen Vorgaben der herrschenden Eliten in Politik und Wirtschaft »wohlwollend und bereitwillig« folgt. Und zwar sowohl in Sachen Konsumverhalten und ideologischem Denken als auch in puncto Kriegsvorbereitung und Kriegsführung (vgl. Lüders 2021, S. 54 f.). Diese Erkenntnisse Lippmanns fanden Jahrzehnte später auch ihren Niederschlag bei der Legitimierung des von Präsident Bush gewollten Irak-Kriegs, in dessen Vorfeld in Dauerschleife die schrecklichen Bilder vom Zusammensturz des World-Trade-Centers in New York gesendet beziehungsweise gedruckt wurden, um darüber den völkerrechtswidrigen »Krieg gegen den islamischen Terror« vorzubereiten.

Wie gesagt: Bilder können hilfreich sein; sie können aber auch sehr gefährlich werden. Das gilt sowohl für die Bildberichterstattung der klassischen Medien als auch und besonders für die inflationär ins Netz eingestellten Horrorbilder der Internet-Gemeinde zu allen möglichen Katastrophen auf dieser Welt, deren Botschaften beinahe grenzenlos manipuliert werden können. Auf diese Weise lassen sich gefährliche Stimmungen, Aggressionen und Denkkorridore erzeugen – natürlich auch durch die etablierten Medienanstalten und Verlage. Beispielhaft lässt sich das an den *Spiegel*-Titeln im Zeitraum zwischen Februar und Augst 2022 ablesen, von denen zahlreiche ganz dezidiert der »Dämonisierung« Putins dienten. Titel wie »Der Kaltmacher« (Heft 26/2022), »Putins Krieg« (Heft 9/2022), »Putins blutige Spur« (Heft 15/2022), »Putins Desaster« (Heft 19/2022), »Er ist das Volk« (Heft 32/2022) oder »Putins Saboteure« (Heft 35/2002) standen für diese Dämonisierung und sorgten mit entsprechend reißerisch aufgemachten Titelbildern dafür, dass der raschen Deeskalation des Kriegs kaum noch Beachtung geschenkt wurde. Damit wurde der Diplomatie der Boden entzogen.

Eingedenk der zwischenzeitlichen Opfer und Zerstörungen in der Ukraine muss natürlich die Frage nach der politischen Vertretbarkeit und Sinnhaftigkeit dieser Kampagne erlaubt sein, die in abgeschwächter Form auch andere Medienhäuser starteten – unter anderem *Zeit, FAZ, Welt, Bild* und auch diverse Fernsehanstalten. Dass diese Art der Wut und Entrüstung schürenden Bildberichterstattung die Rezipienten aufwühlt und in ihrem Russland- beziehungsweise Putin-Hass bestärkt, wussten die betreffenden Verlagshäuser und Redaktionen ganz sicher. Auch war für sie fraglos absehbar, dass eine solche Kampagne weder friedens- noch verhandlungsfördernd wirkt, sondern eher dazu taugt, die bestehenden Fronten immer weiter zu verhärten und immense Eskalationsgefahren auszulösen. Aber vielleicht war ja genau dieses das Ziel der verantwortlichen Hardliner in den Redaktionen und Medienhäusern, denen es weniger um Frieden als vielmehr um das Schüren von Kriegsbereitschaft ging.

Die Fragwürdigkeit der politischen Bildsprache zeigt sich aber nicht nur in reißerischen Titelbildern und Fotos, sondern auch in der Art und Weise, wie die jeweilige politische beziehungsweise militärische Führung in Szene gesetzt wird. Das betrifft sowohl die russische als auch die westliche Bildberichterstattung. Wenn man sich zum Beispiel die Heroisierung des ukrainischen Präsidenten in unseren Medien anschaut, dann fällt es schwer, nicht an manipulative Absichten zu denken. Selenskyj hier, Selenskyj dort. Egal, ob

Tagesschau, Heute-Journal, Brennpunktsendungen oder politische Magazine – überall wurde Wolodymyr Selenskyj in imposanter Pose und saloppem Dress in Parlamente und sonstige Gremien zugeschaltet, um mit entschlossener Miene Russland zu geißeln und vom Westen immer mehr schwere Waffen zu fordern. Diese Inszenierung eines entschlossenen Freiheitskämpfers, der sein Volk hinter sich weiß und vor niemandem zurückschreckt, verdankt Selenskyj nicht nur seiner langjährigen Schauspieler-Tätigkeit, sondern gewiss auch den zahllosen Berater:innen aus den USA.

Der erwähnte Doyen des medialen Meinungsmanagements, Walter Lippmann, lässt grüßen! Zwar darf man die skizzierte Inszenierung mit ihren manipulativen Bildern und Filmstrecken sicherlich nicht vorschnell generalisieren. Gleichwohl zeigen die angedeuteten »Bilderwelten« und Inszenierungspraktiken doch sehr deutlich, dass auf diese Weise gefährliche Stimmungen, Ressentiments und bellizistische Haltungen geschürt werden (können), die einer wirksamen Friedenssicherung gravierend entgegenstehen. Dies umso mehr, als es für viele Mediennutzer schwer ist, den Wahrheitsgehalt der gesendeten Bildbotschaften überhaupt zu prüfen. Dazu sind die gängigen Bilderwelten meist viel zu raffiniert komponiert. Das geht unter Umständen sogar so weit, dass einzelne Magazine mit Fotos operieren, die aus ganz anderen Krisen- beziehungsweise Kriegskontexten stammen. Hauptsache, sie befeuern die intendierte politische Stimmungsmache und sorgen dafür, dass die erklärten Feindinnen und Feinde wirkungsvoll dämonisiert werden.

## 2.11 Fragwürdige Vorbilder in der Politik

Eine weitere wichtige Quelle von Hass, Hetze und Feindbildpflege sind die Parlamente, Parteien, Talkshows und sonstigen öffentlichkeitswirksamen Plattformen, auf denen sich Politiker:innen mit mehr oder weniger infamen demagogischen Mitteln bekriegen und bloßzustellen versuchen. Respekt, zuhören, Verständnis aufbauen, fair und sachlich bleiben – das alles spielt für viele dieser Selbstdarsteller und Alpha-Tiere eine bestenfalls nachgeordnete Rolle. Dominant sind dagegen ganz häufig polemische Zuspitzungen, Unterstellungen, Verdrehungen, Verleumdungen und sonstige Diffamierungs- und Diskreditierungsversuche, die vorrangig der Selbsterhöhung sowie der gezielten Abwertung politischer Kontrahenten dienen. Denn genau diese »Gladiatorenkämpfe« bringen im Regelfall vergleichsweise breite öffentliche Aufmerksamkeit. Daher sind politische Panikmache, Skandalisierungsversuche und ausgewachsene Polemiken längst zu einem festen Bestandteil unserer politischen Kultur geworden, in der kompromissorientierte Umgangsformen eher dazu führen, dass die betreffenden Personen als »politische Weicheier« wahrgenommen werden.

Zuhören, nachfragen, nachdenken, Verständnis zeigen, Kompromisse suchen, sachlich bleiben – das sind Verhaltens- und Interaktionsweisen, die nicht wenigen Politiker:innen eher fremd sind und wegen der mitschwingenden Zögerlichkeit als Zeichen der Schwäche und Unsicherheit gewertet werden. Fairness wird unter diesen Vorzeichen eher zum Anachronismus. Wird doch in unserer modernen Medienwelt von den Polit-Größen vor allem eines erwartet: eine gute Show mit demonstrativen Gesten der Überlegenheit, Ironie und/oder Provokation. Von daher sind viele von ihnen geneigt, entsprechende Auftritte in Parlamenten, Talkshows und auf sonstigen öffentlichen Bühnen hinzulegen, um dadurch als besonders schlagfertig, gescheit und durchsetzungsfähig aufzufallen. Dass dabei die Beziehungsebene gestört wird und sozial-emotionale Gräben aufgerissen werden, ist für viele dieser politischen Selbstdarsteller:innen eher sekundär. Die Hauptsache die persönlichen Profilierungseffekte und parteiinternen Karriereperspektiven stimmen.

Zwar sollte ein derartiges egozentrisches »Rambo-Verhalten« in einem auf Respekt, Toleranz und Menschenwürde gegründeten demokratischen Gemeinwesen eigentlich alle Alarmglocken läuten lassen. Doch von dieser »Kultur der Mäßigung« ist in der Realität nicht allzu viel zu sehen. Vielmehr scheint die Gruppe der selbstgefälligen Alphatiere mit besonderer Vorliebe für provokant-polemische Auftritte und arrogante Selbstinszenierungen eher größer als kleiner zu werden. Daran ändern auch die gelegentlichen Fairness-Appelle der Parlamentspräsidentinnen und -präsidenten nur wenig. Im Gegenteil: Die Provokationslust in den Parlamenten, Parteien, Talkshows und sonstigen politischen Gremien scheint gerade im modernen Krisen-Zeitalter erkennbar anzuwachsen. Offenbar folgen viele Politiker:innen dem Grundsatz: Wenn schon keine Lösungsideen da sind, dann muss wenigstens Alarm geschlagen, moralische Überlegenheit demonstriert und auf Selbstzweifel verzichtet werden.

Interessanterweise findet dieses von Rücksichtslosigkeit überlagerte Dominanzgebaren in der Bevölkerung durchaus Anklang und wird in kleineren Debattierzirkeln gelegentlich sogar nachgeahmt. Letzteres gilt vor allem für jene »narzisstischen« Akteure, denen heutzutage jede Provokation recht ist, wenn sie nur das eigene Ego befriedigt. Insbesondere die besagten Alphatiere in Politik und Medien sind bekannt dafür, dass sie diese öffentlichkeitswirksame Konfrontationsstrategie gerne als Mittel zur Selbsterhöhung nutzen. Das gilt sowohl für politische Debatten in Parlamenten und Talkshows als auch für die selbstgewisse Kommentierung internationaler Großkonflikte wie die Corona-Krise oder den Ukraine-Krieg. Kein Wunder also, dass in den politischen Arenen faire, respektvolle und lösungsorientierte Auseinandersetzungen eher gering geschätzt werden. Zwar muss die landläufige Provokationslust von Politiker:innen nicht gleich in Hetze und Gewalttätigkeit einmünden. Wohl aber sind die Übergänge zwischen beiden Polen fließend (vgl. Grünbein 2018).

Das zeigt unter anderem die Trump-Ära in den USA, die vor Lügen, Intrigen und sonstigen Fake News nur so trieft. Generell gilt:

»Der Umgangston (...) in der Politik ist rau geworden, bösartig und oft hasserfüllt (...) Und diese Radikalisierung (...) hat nichts zu tun mit dem, was wir sonst immer mal als Entgleisung kannten, sondern es sind bewusste, gesetzte Provokationen. Es wird auch immer schärfer von Mal zu Mal. Dann gibt es ein kleines Zurücktreten, da wird die Wirkung studiert, und so weiter. Das ist natürlich aktive Politik« (ebenda). Diese Provokationslust ist hierzulande keinesfalls nur krawallverliebten AfD-Politiker:innen eigen, sondern auch zahlreichen anderen Parteigrößen. Symptomatisch dafür sind unter anderem die parteiübergreifend zu beobachtenden Peinlichkeiten in Sachen Migrationspolitik, die in Parlamentsdebatten in solchen Begrifflichkeiten wie »Kopftuchmädchen«, »Burkaträgerinnen«, »Taugenichtsen« oder »Messermännern« gipfelten. Hass und Gewalt sind dabei eingepreist.

Derartige Entgleisungen sind in den Polit-Debatten unserer Tage leider schon fast zur Regel geworden. Das Schlimme daran ist, dass sich viele Menschen daran kaum noch stören, sondern die feindselige Sprache eher als »wohltuenden Klartext« feiern. »Irgendwie schon traurig«, meint deshalb zu Recht eine 19-jährige Bloggerin und fährt fort: »Wenn man in den Nachrichten oder Diskussionssendungen sieht, wie Politiker nicht mehr diskutieren, sondern einfach nur noch ihre Ideologie loswerden wollen. Da verliert man doch auch gewisses Vertrauen (...) Sie haben eine Vorbildfunktion, das muss jedem Politiker klar sein. Wenn die in der Politik das so machen, dann machen wir das auch so. Das denken sich dann viele. So kommt es, dass man auch als ›Normalo‹ die Motivation verliert, vernünftig zu diskutieren (...) Die Politik macht es doch vor« (vgl. Blog vom 15.5.2021, erschienen unter: www.langweiledich.net/gedanken-einer-19-jaehrigen-parlament-oder-kindergarten/).

Ähnlich die Mahnungen der ehemaligen Bundestagspräsidenten Wolfgang Schäuble und Norbert Lammert. Ersterer formulierte seine Kritik in den *Augsburger Nachrichten* vom 27.11.2020, Lammert im *Hamburger Abendblatt* vom 14.1.2017. Beide Präsidenten beklagen eine bedenkliche »Verrohung der Debattenkultur in Deutschland« (Schäuble) beziehungsweise eine »unglaubliche Verrohung von Umgangsformen« (Lammert), wobei Norbert Lammert dem fatalen Druck der sozialen Medien einen besonderen Stellenwert beimisst. Nach seiner Auffassung werden immer mehr Politiker gerade auf der kommunalen Ebene durch Social Media geradezu genötigt, populistische Töne anzustimmen, um nicht hernach auf Twitter, Facebook oder anderen sozialen Netzwerken verbal zum Abschuss freigegeben zu werden. Deshalb passten sie ihren eigenen Jargon oft an das an, was im Netz kursiere.

Bundeskanzler Olaf Scholz monierte diese Fehlentwicklung ebenfalls mit recht klaren Worten – und zwar in seiner Regierungserklärung vom 16. Dezember 2021. Darin ermahnte er alle Politiker- und Bundesbürger:innen, dass unsere Gesellschaft mehr Respekt brauche. »Respekt, Anerkennung, Achtung – das bedeutet, dass wir uns bei aller Verschiedenheit gegenseitig als Gleiche unter Gleichen wahrnehmen« (www.bundsregierung.de/breg-de/mediathek/regierungserklärung-respekt-199). Diese Forderung nach mehr Respekt, Toleranz und Zusammenhalt sieht der Kanzler als Leitfaden für alle Lebensbereiche – nicht zuletzt auch für die Umgangsformen in den Parlamenten und auf zwischenstaatlicher Ebene.

Die jüngsten Bundestagsdebatten scheinen allerdings eher zu signalisieren, dass dieser Appell des Kanzlers ziemlich ins Leere gegangen ist. Anders nämlich lassen sich die abgründigen Streitereien und Polemiken in Sachen Migration, Energiesicherung, Corona oder Waffenlieferungen an die Ukraine schwerlich erklären. Von den Tugenden »Zuhören« und »Respekt zeigen« war bei diesen Redeschlachten im Parlament auf jeden Fall wenig zu sehen. Eher schon von der unbändigen Lust am Gegeneinander.

## 2.12 Feinde und politischer Machterhalt

Der Slogan »Wer genügend Feinde hat, braucht sich um seinen politischen Rückhalt in der Bevölkerung kaum zu sorgen« verrät einiges über die Logik der Herrschaftssicherung. Das gilt für Demokratien wie für totalitäre Systeme. Wer nämlich die eigene Bevölkerung verlässlich hinter sich bringen will, der hat gute Erfolgschancen, wenn er äußere Feinde als Bedrohungskulisse aufzubauen versteht. Führen diese doch mit hoher Wahrscheinlichkeit zum Zusammenrücken im Inneren. Kein Wunder also, dass die politischen Eliten schon immer darauf bedacht waren, Armut, Arbeitslosigkeit und andere Krisen im eigenen Land irgendwelchen äußeren Feind-Mächten in die Schuhe zu schieben, um damit das eigene Versagen zu kaschieren. Schuld sind also stets die anderen, die das eigene Wohlergehen bedrohen. Die Folge derartiger Bedrohungsszenarien ist, dass sich die eigene Bevölkerung in der Regel bereitwillig und emotional aufgeputscht hinter ihre Regierung stellt und dieser den Rücken stärkt – egal wie schädlich der eingeschlagene Konfrontationskurs auch immer sein mag.

Diese Logik des politischen Machterhalts durchzieht die Menschheitsgeschichte seit ewigen Zeiten. Waren es in der Frühgeschichte die feindlichen Horden in der unmittelbaren Nachbarschaft, die der eigenen Volksgruppe nach dem Leben trachteten, so sind es unter den modernen Vorzeichen der Globalisierung bestimmte Weltmächte, die verdächtigt werden, das eigene Land beziehungsweise Länderbündnis geopolitisch in die Enge treiben zu wollen und krude imperialistische Ziele zu verfolgen. Die aktuellen Rivalitäten und ökonomisch-militärischen Scharmützel zwischen Ost und West, zwischen Russland, China, den USA und einigen weiteren Großmacht-Aspiranten sind Zeichen dieser geopolitischen Legitimationsstrategie. Dass diese Strategie nach wie vor funktioniert, zeigt unter anderem die Tatsache, dass es die US-Elite mit der neuerlichen Ost-West-Konfrontation offenbar schafft, von innenpolitischen Problemen wie Rassismus, Klimakrise, Ungleichheit, sozialer Unsicherheit, ideologischer Polarisierung, Demokratiekrise et cetera abzulenken und zumindest temporär an politischer Akzeptanz zu gewinnen.

Dazu schreibt der Max-Planck-Forscher Biao Xiang: Der Krieg zwischen Russland und der Ukraine sei für die US-Elite »... fast ein Gottesgeschenk. Der militärisch-industrielle Komplex expandiert rapide zu einer globalen Verbindung aus Militär, Industrie, Finanzwesen und Medien. Damit das weiterläuft, wurde die Konfrontation mit China jetzt zur strategischen Notwendigkeit« (Xiang 2022, S. 23). Zur strategischen Notwendigkeit deshalb, weil das neu erzeugte China-Feindbild – ähnlich wie das traditionelle Russland-Feindbild – bestens dazu taugt, die amerikanische Bevölkerung loyal zusammenrücken und die kostspielige Konfrontationspolitik der eigenen Regierung schlucken zu lassen (vgl. ebenda). Dieser Befund des am Max-Planck-Institut in Halle arbeitenden Sozialanthropologen unterstreicht die elementare Bedeutung von Feindbildern für die Herrschaftssicherung. In dem Maße nämlich, wie es den politischen Eliten eines Landes gelingt, die eigenen politischen und wirtschaftlichen Interessen als bedroht hinzustellen, werden die betreffenden »Konkurrent:innen« zu Feinden.

Dieses Gut-Böse-Schema ist die eine Seite des politischen Machterhalts. Die andere Seite ist die, dass durch das planvolle Erzeugen angstmachender Feindbilder der eigenen Bevölkerung das Gefühl vermittelt wird, dass ihr irgendwelche »unzivilisierten Vandalen« nach dem Leben trachten und die mit Fleiß und Mühsal aufgebauten Werte und Besitztümer streitig machen wollen. Das Interessante an dieser Panikmache ist, dass diese Art der Feindbeschwörung selbst dann verfängt, wenn es für viele Leute gar keine Errungenschaften gibt, die sie den herrschenden Eliten zu verdanken haben. Will sagen: Auch die Benachteiligten, Ausgebeuteten oder in anderer Weise Diskriminierten versammeln sich meist mit großer Loyalität hinter ihren Regentinnen oder Regenten, wenn nur die äußeren Feinde hinreichend dämonisiert werden. Das erklärt zum Beispiel, warum sich im Regelfall so viele kampfwillige Soldaten aus sozial und materiell benachteiligten Milieus finden, die sich für ihre Herrscher:innen ins Schlachtengetümmel stürzen.

Allerdings sind es nicht nur die von den Herrschenden erzeugten Feindbilder, die die menschliche Destruktivität beflügeln und herrschaftssichernde Effekte auslösen. Für viele Menschen haben diese Feindbilder auch durchaus etwas Sinngebendes und Existenzielles. Indem nämlich Feinde – aus welchen Gründen auch immer – als existenzielle Bedrohung wahrgenommen werden, schaffen sie stimulierende Handlungs- und Kampfanlässe, die dem eigenen Dasein eine besondere Berechtigung geben. Die gängigen Propagandastrategien nutzen genau diese menschliche Sinnsuche, um darüber den latenten Aggressionstrieb der Menschen zu aktivieren und deren Loyalität darauf auszurichten, selbstlos in Kriege zu ziehen und das eigene Leben zu opfern. Das gilt nicht nur für totalitäre Staaten, sondern auch für die demokratisch verfassten Länder des Westens. Während totalitäre Staaten allerdings den Sinn notfalls autoritär anordnen können, sind die Politiker:innen in Demokratien elementar darauf angewiesen, dass junge Menschen diesen Sinn selbst einsehen und sich auch tatsächlich bedroht fühlen, damit nicht bei der nächsten Wahl andere Personen/Parteien gewählt werden.

Wer also Wahlen gewinnen will, der tut grundsätzlich gut daran, möglichst vielen Wähler:innen genau dieses Gefühl des Bedrohtseins zu vermitteln und zeitgleich zu versprechen, dass die Herrschenden schon für den nötigen Schutz sorgen werden. Was also liegt näher, als entsprechende Bedrohungsszenarien zu kreieren und propagandistisch zur eigenen Profilierung, Machtdemonstration und Wählergewinnung zu nutzen. Wie gesagt: Wer Feindinnen oder Feinde hat und abzuwehren versteht, der braucht keinen demokratischen Urnengang zu fürchten. Dieses Credo macht deutlich, warum auch in Demokratien Schwarz-Weiß-Denken, Rassismus, Diffamierung und andere Formen der Feindbeschwörung an der Tagesordnung sind. Die regelmäßigen Scheingefechte und Alarmmeldungen in Parlamenten oder Talkshows sind Ausdruck dieser bewussten Angstmache zwecks eigener Profilierung und Statussicherung.

Der Nutzen der Feindbeschwörung für die Herrschenden liegt also auf der Hand: Je mehr Angst die Menschen vor potenziellen oder tatsächlichen Feinden haben und je ausgeprägter sie diesen misstrauen und selbst das Schlimmste befürchten, desto größer ist die Chance, dass die Herrschenden ihre eigene Größe und Unverzichtbarkeit demonstrieren und entsprechendes Wohlverhalten ihrer Untergebenen einfordern können. Dieses Kalkül funktioniert erstaunlicherweise selbst dann, wenn die Herrschenden diesen Untergebenen unmenschliche Härten zumuten. Das gilt zum Beispiel für alle »Wehrpflichtigen«, die meist ohne Aussicht auf ein besseres und friedvolleres Leben im Matsch kriechen und ihre Köpfe hinhalten müssen. Will sagen: Sie riskieren ihr Leben für eine politische Obrigkeit, die ihre persönlichen Wünsche, Erwartungen und Interessen oft nicht einmal wahrnimmt, geschweige denn zu erfüllen versucht.

Dieses absehbare Leiden des »Fußvolks« spielt im Kalkül vieler Herrscher:innen bestenfalls eine nachgeordnete Rolle. Sie wollen in erster Linie an der Macht bleiben und bedienen sich dazu mit mehr oder weniger ausgeprägter Raffinesse und Propaganda dem Aufbau äußerer Feinde, die mit allen Mitteln abgewehrt werden müssen. In diesem Sinne greifen sie bevorzugt auf Angstmache, Durchhalteparolen und sonstige subtile Propagandamaßnahmen zurück, die der eigenen Bevölkerung das Gefühl vermitteln sollen, dass Militäreinsätze und sonstige Pressionen alternativlos sind. Das gilt nicht nur für Russland, den Iran, die Taliban, die Hamas oder andere totalitäre Führungszirkel, sondern auch für die USA und die NATO-Allianz. Diesem kriegstreibenden Gebaren sollte die UNO eigentlich entgegenwirken. Doch dieses Projekt liegt derzeit – wie erwähnt – ziemlich auf Eis. Daher bleibt nur zu hoffen, dass der UN-Diplomatie in Bälde neues Leben eingehaucht und der fadenscheinigen Legitimierung immer neuer Konflikte und Kriege endlich ein wirksamer Riegel vorgeschoben wird.

# 3. Kriegsprävention beginnt in den Köpfen

Im dritten Kapitel wird der Frage nachgegangen, wie sich der latenten Feindseligkeit/Destruktivität im Denken und Handeln von Menschen entgegenwirken lässt. Was kann getan werden, damit sich eine zeitgemäße friedensethische Grundhaltung entwickelt? Welche Denkweisen und Kategorien braucht es, wenn die verbreitete Gewaltbereitschaft in unserer Gesellschaft überwunden und ein Mehr an Empathie, Respekt, Verständnis und Kompromissbereitschaft erreicht werden soll? Diese Art der »Kriegsprävention« beginnt grundsätzlich in den Köpfen der Menschen und verlangt nach entsprechender Reflexion und Meinungsbildung, die einem hasserfüllten Freund-Feind-Denken entgegenwirken. Dabei geht es weniger um die von der ehemaligen Ratsvorsitzenden der Evangelischen Kirche Deutschland (EKD), Margot Käßmann, ins Feld geführte »Feindesliebe« (vgl. Käßmann 2022, S. 2), sondern vorrangig darum, eine ebenso differenzierte wie kritische Ausleuchtung bestehender Kriegsgefahren und Kriegsvermeidungsmöglichkeiten zu sichern. Denn es wäre schon ein großer Fortschritt, wenn die Menschen hierzulande nicht einfach blind jeder politisch-medialen Feindbeschwörung folgen würden. Die nachfolgenden Abschnitte zeigen, wie dieses kriegspräventive Denken gefördert werden kann.

## 3.1 Wider das verbreitete Gut-Böse-Denken

Eine erste Option betrifft das Überwinden der bestehenden Polarisierungsneigung vieler Menschen, die sich in der besagten Trennung von schwarz und weiß, gut und böse, modern und unterentwickelt niederschlägt. Dieser Klassifizierungsdrang muss dringend überwunden werden, wenn friedliche Koexistenz möglich werden soll. Induziert dieses dichotomische Denken doch schnell unüberbrückbare Feindbilder, die den Kampf gegen das Böse legitimieren. Diese Schwarz-Weiß-Malerei unterminiert die Chance auf nachhaltige Völkerverständigung. Wer nämlich in selbstherrlicher Weise meint, dass die eigene Moral-, Lebens-, Politik- und/oder Systemvorstellung die einzig Richtige sei und alle andersdenkenden Menschen/Völker notfalls mit Gewalt eines Besseren belehrt werden müssten, der tritt nicht nur in die Fußstapfen früherer Missionare und Kolonialmächte. Er ist auch auf dem besten Weg, offen zu provozieren und zu diskriminieren, Vorurteile zu schüren und Hass zu säen.

Viele Konflikte und Waffengänge in Vergangenheit und Gegenwart basieren genau auf diesem vordergründigen Schwarz-Weiß-Denken der politischen Eliten und der von ihnen aufgestachelten Bevölkerung. Gut gegen Böse – das ist die Grundfigur, aus der immer wieder Feindseligkeiten, Kriege und Genozide erwachsen sind. Das Erschütternde dabei ist, dass viele Bürger:innen dieser Schwarz-Weiß-Logik bereitwillig aufsitzen – vor allem dann, wenn Sie sich selbst als die Guten wähnen, die ihre weltanschaulichen und/oder zivilisatorischen Errungenschaften gegenüber fehlgeleiteten Kontrahentinnen und Kontrahenten verteidigen müssen. Dieses fatale Gut-Böse-Denken belastet bis heute unter anderem das Ost-West-Verhältnis, für das nach westlicher Lesart gilt, dass die totalitären kommunistischen Systeme per se inhuman, leistungsschwach und ethisch rückständig sind, während dem westlich geprägten Liberalismus die Eigenschaft zugeschrieben wird, für Menschenwürde, Gerechtigkeit und Fortschritt zu sorgen.

Obzwar dieses Deutungsmuster die Realität nur begrenzt trifft, beherrscht es das Denken vieler Bundesbürger bis heute. Die Folge sind heftige Vorurteile, Anfeindungen und Ängste. Der Westen hat Angst vor den totalitären Systemen und Expansionsbestrebungen Russlands und Chinas. Und China, Russland und andere staatssozialistische Systeme wiederum haben Angst davor, dass ihnen die Modernisierungserfolge des Westens und die daraus erwachsenden Regime-Change-Ambitionen die eigenen Herrschaftsansprüche streitig machen könnten. Von daher werden die bestehenden ideologischen Dissonanzen zur besagten Schwarz-Weiß-Malerei genutzt und die betreffenden System-Abweichler einfach mal dem »Reich des Bösen« zugeordnet. Diese Diffamierungsstrategie gilt im Westen nicht nur gegenüber Russland, China, Nordkorea oder dem Iran, sondern grundsätzlich auch gegenüber kulturell-politisch anders gepolten Ländern in Afrika oder anderswo. Die daraus erwachsenden Vorurteile und Diskriminierungs-Kampagnen sind nicht nur fragwürdig; sie sind auch höchst gefährlich.

Gefährlich deshalb, weil die dadurch aufgerissenen Gräben und Feindseligkeiten nur noch tiefer und unüberbrückbarer werden. Die unseligen Entwicklungen in der Ukraine, im Iran, in Syrien, Libyen, Afghanistan und anderen von Kriegen überzogenen Ländern zeigen diese Gefahr beispielhaft. Soll dieser Teufelskreis des wechselseitigen Misstrauens, Diskreditierens und Bekriegens tatsächlich durchbrochen werden, so bedarf es dazu möglichst vieler und mutiger Menschen, die bereit und in der Lage sind, die verbreiteten ideologischen Scheuklappen und Vorurteile beiseitezuräumen und ernsthaft damit zu beginnen, die Möglichkeiten einer friedlichen Koexistenz zu sondieren und politisch einzufordern. Dazu braucht es entsprechende interkulturelle Sensibilisierungsprozesse, die diesem Ansinnen Rechnung tragen. Die hier intendierte Reflexions- und Klärungsarbeit zielt genau auf dieses interkulturelle Lernen und Verstehen jenseits des skizzierten Schwarz-Weiß-Denkens.

## 3.2 Warum das Hinterfragen wichtig ist

Ein wichtiger Hebel zur Überwindung des besagten Schwarz-Weiß- beziehungsweise Gut-Böse-Denkens ist das hartnäckige Hinterfragen politischer Deutungsmuster, Panikmache und Kriegsbegründungen. Diese Fähigkeit ist deshalb wichtig, weil nur so die Menschen zu mehr Mündigkeit in Sachen Friedenssicherung und Entspannungspolitik gelangen können. Andernfalls besteht die Gefahr, dass sie von windigen Meinungsmachern in Politik und Medien ohne ernsthafte Gegenwehr dazu verleitet werden, die angebotenen Feindbilder, Vorurteile, Anklagen und Kriegsbegründungen zu übernehmen und gutgläubig zu akzeptieren. Dass dieses Meinungsmanagement tatsächlich existiert und nicht selten auch in recht subtiler Weise geformt und lanciert wird, ist in den Abschnitten 2.9 und 2.10 des letzten Kapitels angedeutet worden. Das betrifft nicht nur die massiven Propaganda-Kampagnen im Vorfeld des Ersten und Zweiten Weltkriegs, sondern auch neuzeitliche Kampagnen – angefangen bei der fragwürdigen Anti-Islam-Kampagne nach 9/11 über die Rechtfertigung des russischen Angriffs auf die Ukraine bis hin zur fadenscheinigen Begründung der Waffengänge im Irak, in Syrien und im Kosovo.

Wenn beispielsweise der frühere Verteidigungsminister Peter Struck in seiner Bundestagsrede vom 20. Dezember 2002 den Einsatz der Bundeswehr in Afghanistan mit dem legendären Satz rechtfertigte, die Sicherheit Deutschlands werde auch am Hindukusch verteidigt (vgl. www.bundesregierung.de/breg-de/service/bulletin/rede-des-bundesministers-der-Verteidigung), dann macht das exemplarisch deutlich, wie wichtig ein wacher Geist der Menschen im Lande ist, damit die angebotenen Legenden nicht einfach gutgläubig übernommen und weitergetragen, sondern kritisch hinterfragt werden. Dieses kritische Hinterfragen ist eine wichtige Voraussetzung dafür, dass die Wahrheit nicht auf der Strecke bleibt. Dazu Egon Bahr anlässlich eines Auftritt in einem Heidelberger

Gymnasium: »In der internationalen Politik geht es nie um Demokratie und Menschenrechte. Es geht um Interessen von Staaten. Merken Sie sich das, egal, was man Ihnen im Geschichtsunterricht erzählt« (zitiert nach Winkler 2022, S. 44). Dieses Plädoyer für kritisches Denken ist mehr als berechtigt.

Albrecht Müller hat dieses von Bahr angemahnte Hinterfragen in einem aktuellen Buch weitergehend präzisiert und zahlreiche Beispiele angeführt, die unmissverständlich signalisieren, dass es dringend an der Zeit ist, skeptischer zu werden, nur noch wenig zu glauben und alles zu hinterfragen (vgl. Müller 2022, U4). Viele Menschen – so Müller – passten sich viel zu leichtgläubig an den Mainstream der veröffentlichten Meinung an und scheuten eher davor zurück, Statements/Berichte kritisch zu hinterfragen. »Aber auf diesen Rückzug ins Private und ins Milieu der Entmutigten können wir uns nicht einlassen. Das wird eindringlich sichtbar, wenn wir an die lebenswichtige Frage von Krieg und Frieden denken. Wir können es aus eigenem Überlebensinteresse nicht hinnehmen, den neuen Feindbildaufbau in Europa unwidersprochen zu akzeptieren« (ebenda, S. 179).

Diesem unmissverständlichen Credo kann hier nur zugestimmt werden. Gehört es doch zum Impetus moderner Demokratien, dass die Menschen grundsätzlich bereit und in der Lage sein sollten, fragwürdige politische Narrative und Deutungen mit der nötigen kritischen Distanz zu prüfen und möglichst differenzierte eigene Einschätzungen und Haltungen zu entwickeln. Das schließt die Fähigkeit zur Ideologiekritik ebenso mit ein wie die Bereitschaft, dargebotene Politikstatements, Medienberichte, Fotos, Filme, Talkshows, Interviews et cetera mit der nötigen Skepsis zu betrachten und nach inhärenten Manipulationstendenzen zu fahnden. Lässt doch deren vielbeschworene »Objektivität« oft genug zu wünschen übrig. Das gilt keinesfalls nur für die Statements ausgewiesener Populistinnen und Populisten und Fake-News-Verbreiter wie Donald Trump, Wladimir Putin oder anderer Demagoginnen und Demagogen mehr. Auch viele Politiker:innen und Medienschaffende hierzulande nehmen es mit der Wahrheit nicht immer so genau. Sei es nun, dass ihnen die Zeit und Expertise fehlen, oder sei es auch, dass sie ihre Klientel ganz bewusst mit bestimmten Deutungsmustern bedienen möchten, um eigene Interessen zu verfolgen. Deshalb ist das hartnäckige Hinterfragen der veröffentlichten Meinungen in Demokratien ein unbedingtes Muss – für die wahlberechtigte Bevölkerung genauso wie für die Studierenden und Lehrerenden in Schulen, Hochschulen und Weiterbildungseinrichtungen. Dieser kritische Geist hat es in den letzten Jahren eher schwer.

## 3.3 Diskurse und Kontroversen müssen sein

Eine dritte strategische Option betrifft das differenzierte Diskutieren und Reflektieren friedenspolitischer Positionen, Fakten und Argumente. Das individuelle Hinterfragen und Problematisieren von Konfliktszenarien ist für sich genommen nämlich noch keine hinreichende Voraussetzung für eine fundierte Urteilsbildung in Sachen Krieg und Frieden, sondern nur eine notwendige. Soll tatsächlich eine fundierte Meinungsbildung erreicht werden, so ist es zwingend erforderlich, dass sich die betreffenden Menschen möglichst aktiv und mehrperspektivisch mit den postulierten Sichtweisen, Einschätzungen und empirischen Befunden auseinandersetzen, um auf diesem Weg eine möglichst solide eigene Position zu entwickeln. Dazu aber braucht es nicht nur Informationsvielfalt und geistige Offenheit, sondern auch eine möglichst intensive und anregungsreiche Diskursführung, in die unterschiedliche Denk- und Diskussionsanstöße einfließen. Nur so lässt sich der nötige Tiefgang aufbauen.

Typisch für diese Diskursführung ist das Moment der Kontroversität. Dieses Moment des kontroversen Debattierens prägt und durchzieht die politische Bildungsarbeit im Allgemeinen und die friedenspolitische Meinungsbildung im Besonderen. Das lässt sich aus den zurückliegenden Grundsatzdebatten über die Spezifika politischer Urteilsbildung ableiten. Ausgelöst durch die in den 1970er-Jahren aufeinanderprallenden Weltanschauungen und Wertvorstellungen progressiver und konservativer Bildungsverantwortlicher, verständigte man sich seinerzeit darauf, dass der Aufbau politischer Mündigkeit vor allem eines verlange: das Vermeiden jedweder Indoktrination und das Sicherstellen kontroverser Meinungsbildungsprozesse. Dieses als Beutelsbacher Konsens in die Literatur eingegangene Plädoyer für Kontroversität als Eckpfeiler demokratischer Bildung (vgl. Frech/Richter 2017) bietet eine gewisse Gewähr dafür, dass Manipulationstendenzen unterbunden und kontroverse Denk- und Argumentationsweisen geübt werden. Letztere begünstigen das Entstehen differenzierter Klärungs- und Urteilsbildungsprozesse in Sachen Krieg und Frieden.

Wird diese Kontroversität unterdrückt, so hat das beinahe zwangsläufig zur Folge, dass die betreffenden Menschen kaum eine Chance haben, zu einem schwelenden Konflikt- oder Kriegsgeschehen eine differenzierte eigene Meinung zu entwickeln. Die nötige Perspektivvielfalt fehlt. Das ist dann Indoktrination. Diese vorurteilsgeleitete Behandlung internationaler Konflikte widerspricht aber ganz grundlegend dem erwähnten Beutelsbacher Konsens, der genau dieses Vermeiden einer einseitigen Gehirnwäsche als Gütezeichen einer funktionierenden Demokratie herausstellt. Laut Beutelsbacher Positionspapier ist es deshalb unbedingt erforderlich, dass politische Urteilsbildung drei zentrale Maximen erfüllt: erstens die Beachtung des genannten Indoktrinationsverbots, zweitens das erwähnte Kontroversitätsgebot sowie drittens das Gebot der aktiven und ideologiekritischen Auseinandersetzung mit aktuellen politischen Problemfeldern – unter anderem elementaren Friedensfragen

Diese Eckpunkte markieren bis heute die Richtung, in die eine auf Mündigkeit zielende politische beziehungsweise friedensethische Meinungsbildung gehen sollte. Indem also breit informiert wird und unterschiedliche Fakten, Standpunkte, Interessen, Optionen und Deeskalationsmöglichkeiten zu einem schwelenden Konflikt auf den Tisch gebracht und mehr oder weniger kontrovers diskutiert und beurteilt werden, wird ein relativ differenzierter Meinungsbildungsprozess gewährleistet. Die in Kapitel fünf dokumentierten Materialien und Denkanstöße zu ausgewählten Friedensfragen tragen diesen Überlegungen und Anforderungen Rechnung. Die damit zu entzündenden Kontroversen sorgen dafür, dass reflexionswillige Menschen den nötigen Tiefgang und Weitblick in Sachen Krieg und Frieden entwickeln und auf diesem Weg ein Mehr an strategischer Offenheit, Sensibilität und Kompromissfähigkeit gewinnen, ohne das die schwelenden Kriegsgefahren nun einmal nicht einzudämmen sind.

Ohne diese Kontroversen und Debatten bleibt die friedensethische Positionserarbeitung schnell eine eher hohle Angelegenheit. Daher spricht vieles dafür, alles daranzusetzen, dass klärende Diskurse in Gang kommen und bestehende Konflikte und Konfliktlösungsmöglichkeiten möglichst differenziert ausgeleuchtet werden. Das besagte Kontroversitätsgebot hilft dabei, diese friedenspolitische Blickerweiterung sicherzustellen und den verbreiteten Vorurteilen und Klischees in unserer Gesellschaft entgegenzuwirken. Einmal natürlich mittels der besagten Informations- und Materialvielfalt, wie sie in Kapitel fünf angeboten wird und durch zusätzliche Recherchen noch ergänzt werden kann. Zum anderen aber auch dadurch, dass die um differenzierte Meinungsbildung bemühten Personen innerfamiliär, im Freundeskreis oder bei anderen Gelegenheiten verstärkt darauf achten, dass klärende Gespräche und Kontroversen in Sachen »Krieg und Frieden« bewusst wach gehalten werden. Das ist friedensethische Meinungsbildung und Kompetenzförderung im besten Sinne des Wortes.

Letztlich ist das besagte Kontroversitätsgebot in einer funktionierenden Demokratie gar nicht wegzudenken. Leben doch Demokratien ganz wesentlich davon, dass die Menschen verlässlich bereit und in der Lage sind, politische Geschehnisse, Problemlagen und Konfliktsituationen einigermaßen differenziert zu beleuchten und zu diskutieren, um auf diese Weise zu möglichst fundierten Wahlentscheidungen zu gelangen. Diese politische Mündigkeit setzt allerdings voraus, dass eine entsprechende Meinungsbildung stattfinden kann und durch das Bereitstellen differenzierter Informationen, Einschätzungen und sonstiger Denkanstöße unterstützt wird (vgl. Kapitel 5). Leider ist diese Prämisse – wie im letzten Kapitel gezeigt – derzeit nur eingeschränkt erfüllt. Das gilt insbesondere für friedenspolitische und friedensethische Problemstellungen, die unter dem Einfluss von Politik, Medien und Geheimdiensten nur zu oft einer kontroversen Diskussion und Würdigung entzogen werden.

## 3.4 Perspektivenwechsel als Erkenntnishilfe

Wer Kriegsgefahren angemessen einschätzen und vorausschauend deeskalieren möchte, der kommt schwerlich umhin, den Wahrnehmungen, Deutungen, Interessen, Befürchtungen und sonstigen kulturellen und historischen Prägungen des jeweiligen Gegners besondere Aufmerksamkeit zu schenken. Das entsprechende Zauberwort heißt »Perspektivenwechsel«. Fehlt dieser Perspektivenwechsel – und das erleben wir derzeit sehr stark –, ist es schwer, zwischen verfeindeten Mächten Vertrauen aufzubauen und erfolgversprechende Verhandlungen beziehungsweise Deeskalationsschritte in Gang zu setzen. So gesehen ist das Verstehen der jeweiligen Gegenseite eine entscheidende Voraussetzung dafür, dass rivalisierende Länder beziehungsweise politische Führungszirkel zu einer tragfähigen Entspannungspolitik und Völkerverständigung gelangen können. Leider hat diese Erkenntnis unter dem Einfluss des verschärften Ost-West-Konflikts deutlich an Beachtung verloren. Hintergründe verstehen zu wollen, ist eher out.

Eines der schlimmsten Schimpfwörter ist derzeit der Begriff »Putin-Versteher«. Dabei wird völlig ignoriert, dass es den Befürwortern dieses Perspektivwechsels in aller Regel gar nicht darum geht, Putins Angriffskrieg auf die Ukraine Verständnis entgegenzubringen oder sein terroristisches Handeln sogar gutzuheißen. Vielmehr verbindet sich mit diesem Plädoyer für ernsthafte Verstehens-Bemühungen einzig und allein das hermeneutische Bestreben, die Hintergründe und Auslöser des aktuellen Vernichtungskrieges zu sondieren, wechselseitige Missverständnisse und/oder Provokationen aufzudecken und aus alledem (vielleicht) zu lernen, wie man Konflikten/Kriegen dieser Art zukünftig besser vorbeugen beziehungsweise zielführende Friedensverhandlungen in der Ukraine anbahnen kann. Derartige Verstehens-Bemühungen sind bekanntermaßen ein rühmliches Markenzeichen der deutschen Geistesgeschichte. Daher sollten sie unter keinen Umständen fallengelassen werden. Denn politische Scheuklappen, undifferenzierte Schuldzuweisungen und ideologische Tabus helfen gewiss nicht weiter.

Wo liegt beispielsweise das Problem, wenn die ehemalige Moskau-Korrespondentin der ARD, Gabriele Krone-Schmalz, ein Buch mit dem Titel »Russland verstehen« geschrieben und veröffentlicht hat (vgl. Krone-Schmalz 2015)? Ein Buch, in dem sie nicht nur die russische, sondern auch die westliche Politik von USA und NATO kritisch unter die Lupe nimmt und dem Westen unter anderem vorwirft, dass er sich seit 1990 in ziemlich fahrlässiger Weise um ein angemessenes Verständnis russischer Belange, Traditionen, Geschichtsereignisse, Probleme, Ängste und Sicherheitsinteressen herumdrücke (vgl. Krone-Schmalz 2015). Ist das schon tabu? Die Tatsache, dass die Autorin ob dieser doppelt-kritischen Analyse von vielen Medien und sonstigen politischen Tugendwächtern hierzulande in infamster Weise unter Beschuss genommen wurde, zeigt in nachgerade alarmierender Weise, dass diese Art von Nachdenklichkeit und Verstehenwollen offenbar nicht mehr erwünscht ist.

Warum die ganze Aufregung und Diffamierung, die sogar soweit führte, dass der Verlag C. H. Beck das Buch aus seinem Programm nahm? Ist es etwa falsch, wenn Frau Krone-Schmalz im Klappentext ihres Buches fragt: »Muss man nicht erst einmal etwas verstehen, bevor man es beurteilen kann?« (ebenda). Diese Gretchenfrage macht deutlich, warum der Perspektivenwechsel für das Verständnis internationaler Konflikte und Konfliktlösungsmöglichkeiten so wichtig ist. Wer nämlich Frieden sichern beziehungsweise wiederherstellen will, der muss unbedingt darauf bedacht sein, vorschnelle Schuldzuweisungen und/oder Dämonisierungsversuche zu vermeiden. Bewirken diese doch meist nur eines: Verbitterung, Kränkungen, Misstrauen, Hass, Rachefantasien und militärische Entschlossenheit beim Gegner. Für friedensstiftende Verhandlungen, Entspannungsschritte und Kompromisse sind das denkbar schlechte Vorzeichen. Was also ist gewonnen, wenn der je ausgemachte »Feind« in eine vorurteilsüberfrachtete Schublade gesteckt und mit immer neuen Vorwürfen und Verdächtigungen überzogen wird? Oder anders gefragt: Was macht es mit diesem Gegner, wenn er ohne ernsthafte Prüfung seiner Binnenperspektive abgeurteilt wird? Friedensfördernd ist das gewiss nicht!

Diese wenigen Hinweise belegen die Bedeutung eines ehrlichen Perspektivenwechsels für den erfolgversprechenden Umgang mit internationalen Konflikten und Kriegsereignissen. In dem Maße nämlich, wie die friedenspolitischen Ausgangsbedingungen, Interessen, Spielräume und Kompromissmöglichkeiten auf allen Seiten ausgelotet werden, wächst auch die Chance auf eine wirksame Deeskalation. Oder anders ausgedrückt: In dem Maße, wie Vertrautheit mit den Sichtweisen und Interessen konkurrierender Herrscher beziehungsweise Systeme aufgebaut wird – egal, ob man diese nun teilt oder nicht –, lässt sich in aller Regel auch die Vertrauens-, Verhandlungs- und Kooperationsbasis der Kontrahenten verbessern. Das aber ist eine zentrale Voraussetzung für das frühzeitige Erkennen, Kommunizieren und Beilegen bestehender

Kriegsgefahren. Zwar garantiert das noch kein stabiles Miteinander. Wohl aber eröffnet ein derartiger Perspektivenwechsel neue Impulse für den wirksamen Abbau chronischen Misstrauens und sonstiger destruktionsfördernder Ressentiments. Friedensethische Unbildung kann auf diesen verständnisfördernden Perspektivenwechsel schwerlich verzichten.

## 3.5 Plädoyer für differenzierte Faktenchecks

Eine weitere Grundvoraussetzung für eine angemessene Urteilsbildung in Sachen Krieg und Frieden ist, dass öffentlichen Berichten und Kommentaren zu drohenden oder bereits virulenten Konflikten nicht gleich geglaubt, sondern zunächst einmal mit einer gesunden Skepsis begegnet wird. Ist doch das Phänomen der Fake News nicht erst seit Donald Trump bekannt. Kriegstreibende Tatsachenbehauptungen, Verdächtigungen und sonstige interessengeleitete Falschmeldungen hat es schon immer gegeben. Bis heute ist das ein Gütezeichen der landläufigen Kriegspropaganda (vgl. Abschnitt 2.10). Der US-amerikanische Präsident Donald Trump hat mit seinen jahrelangen Eskapaden lediglich dafür gesorgt, dass die planvolle Produktion und Verbreitung bewusster Fake News neue Höhen erreichten und nicht länger in den Hinterzimmern der Geheimdienste und Thinktanks verschwanden. Erschütternd dabei ist vor allem die Unverfrorenheit und Dreistigkeit, mit der diese Strategie der bewussten Irreführung verfolgt wurde und wird. Das gilt nicht nur für Trump, sondern auch für viele andere Drahtzieher und politische Egomanen auf der internationalen Bühne.

Die beinahe unbegrenzten Möglichkeiten des Internets geben diesem Treiben kräftig Auftrieb. Was zum Beispiel auf Twitter, Instagram, Facebook und anderen Messenger-Diensten verbreitet wird, ist nicht selten durchsetzt mit Halbwahrheiten, Spekulationen, Verdrehungen oder sonstigen aufsehenerregenden Skandalmeldungen, die der Wahrheitsfindung nur sehr begrenzt zuträglich sind. Das gilt insbesondere für die sich rasch ausbreitenden sozialen Medien, die im Grunde jedem Demagogen, jeder Zynikerin oder jedem Hetzer die Gelegenheit eröffnen, seine oder ihre unausgegorenen oder bewusst gefälschten Kurznachrichten beziehungsweise Kommentare in die Welt zu pusten und dafür im Regelfall umso mehr Likes zu kassieren, je zugespitzter, polemischer, reißerischer und/oder provokativer sie aufgemacht sind. Dadurch bilden sich im Netz oft hoch problematische Meinungsblasen, in denen uniforme User ihre kruden Gedanken und Hetzereien zum Besten geben können, ohne dass sie einer ernsthaften Kontrolle unterliegen.

Das alles bestätigt, wie wichtig das kritische Hinterfragen vermeintlicher Fakten zu internationalen Konflikten oder Kriegsereignissen ist (vgl. Abschnitt 3.2). Das Schlimme an diesen medialen Trends ist nämlich, dass das Verfälschen von Nachrichten für skrupellose Meinungsmacher längst zur Selbstverständlichkeit geworden ist. Das stellt viele Nachrichtennutzer vor größte Probleme – keinesfalls nur Erwachsene, sondern auch viele Jugendliche im Schulalter, die den immer raffinierter aufgemachten Fake News oft hilflos ausgeliefert sind. Was ist richtig oder falsch? Diese Frage muss sich eine auf Objektivität bedachte friedensethische Bildungsarbeit unbedingt stellen und durch möglichst hartnäckige Faktenchecks zu beantworten beziehungsweise zu kontern versuchen. Das betrifft nicht nur die sozialen Medien, sondern gelegentlich auch seriöse Medienhäuser.

Dass es auch dort gravierende Auswüchse gab und gibt, ist bekannt und lässt sich beispielhaft an einer »Hetzkampagne« des ehemaligen *Bild*-Chefs Klaus Strunz im Jahr 2015 ablesen. Die besagte Hetze richtete sich gegen Flüchtlinge und wurde von Strunz so angelegt, dass er im Fahrwasser seines Boulevard-Blattes auf die niedersten Instinkte der Leserschaft zielte und die Flüchtlinge in schlimmster Weise diskreditierte. Wie? Indem er diese pauschal mit »illegalen Einwanderern« gleichsetzte, die demnächst »in warmen Unterkünften warmes Essen bekommen«, während die deutsche Stammbevölkerung Gefahr läuft, »wegen hoher Energiekosten zu Hause zu erfrieren oder zu verhungern« oder krisenbedingt »pleitezugehen«. (Die Zitat-Passagen stammen aus: Thorworth 2022, S. 10). Das war Hetze pur, stieß aber auf das latente Wohlwollen vieler Leser:innen.

Leider sind Fake News und Hetzkampagnen dieser Art in unseren Medien längst keine Seltenheit mehr. Das gilt wohlgemerkt nicht nur für die *Bild-Zeitung* oder einschlägige Messangerdienste und Social-Media-Kanäle, sondern in beunruhigenden Ansätzen auch für die etablierten Print-, Funk- und Fernsehmedien (vgl. Precht/Welzer 2022). Von daher hat Albrecht Müller Recht, wenn er im Titel seines neuen Buches die erwähnte Grundregel ausgibt »Glaube wenig, hinterfrage alles, denke selbst« (vgl. Müller 2022). Dieser Appell gilt in besonderer Weise für die hier in Rede stehende Friedenssicherung. Denn wer sich in Friedensfragen ein halbwegs zuverlässiges Urteil bilden will, der muss unbedingt misstrauisch bleiben und darf die spezifischen Einordnungen, Kommentare und Berichte einzelner Journalistinnen und Journalisten beziehungsweise Medienhäuser nicht gleich als bare Münze nehmen, sondern sollte unbedingt auch andere Informationen und Medien heranziehen. Diese informationelle Vielfalt schützt vor Kurzschlüssen.

Damit jedoch keine Missverständnisse entstehen: Die hiesige Medienlandschaft ist nach wie vor recht facettenreich und qualitätsorientiert und soll hier keinesfalls unter Generalverdacht gestellt werden, einseitiges Meinungsmanagement zu betreiben. Gleichwohl ist nicht von der Hand zu weisen, dass es um das Erstellen differenzierter Hintergrundberichte und hartnäckiger Recherchen in Sachen Lobbyismus, Korruption oder sonstiger ethisch-moralischer Abgründe in Politik und Wirtschaft seit Längerem nicht gerade zum Besten bestellt ist. Die erwähnten kommerziellen Zwänge sowie der unaufhaltsame Druck des Internets sorgen ganz offenbar dafür, dass viele Medienhäuser zunehmend Mühe haben, tiefgründigen Qualitätsjournalismus zu sichern (vgl. Precht/Welzer 2022). Besonders bitter ist das beim Komplex Krieg und Frieden, wo Halbwahrheiten oder Falschmeldungen schnell gefährlich werden können.

Gefährlich sind sie aber auch für die Urteilsbildung in Sachen Corona-Krise, Energiekrise, Flüchtlingskrise, Klimakrise, Ernährungskrise, Taiwan-Krise, Kapitalismuskrise, Rassismus und anderer aktueller Brennpunkte mehr. Auch wenn bei vielen diesbezüglichen Berichten und Kommentaren gar keine Manipulationsabsichten vorliegen mögen, so steht doch fest, dass eine auf Kontroversität und Informationsvielfalt zielende Meinungsbildung auf jeden Fall darauf bedacht sein muss, Halbwahrheiten, Tendenzberichte und sonstige Fake News zu entlarven, Ideologiekritik zu betreiben und die gebotenen Statements und Wertungen kritisch zu hinterfragen und mit alternativen Meldungen anderer Massenmedien zu konfrontieren. Andernfalls drohen vordergründiges Bekennertum und scheuklappenartige Parteinahme. Daher ist eine kritische Faktenprüfung grundsätzlich unverzichtbar.

## 3.6 Lob der Friedens- und Konfliktforschung

Diese Option basiert auf der Erkenntnis, dass der Frieden dann am sichersten ist, wenn nicht Kriege vorbereitet, sondern Friedensszenarien entwickelt und operationalisiert werden. Das aber gehört zu den zentralen Aufgaben der Friedens- und Konfliktforschung. Deren Grundhypothese besagt nämlich, dass es weder sinnvolle noch gerechte Kriege gibt, sondern nur Kriegsgefahren, die es möglichst früh, sensibel und strategisch klug abzubauen gilt. Von daher ist die landläufige Vorstellung vom gerechten Krieg schlichtweg irreführend. Irreführend deshalb, weil sie davon ausgeht, dass die Zerstörung des Feindes dessen Friedfertigkeit und Kooperationsbereitschaft begünstigt. Das aber ist in der Regel nicht der Fall. Die Menschheitsgeschichte ist voller Beispiele dafür, dass vermeintliche Siege lediglich dazu führen, dass Revanchegelüste und neuerliche Kriege hochkommen, die zusätzliche Massaker und Zerstörungen nach sich ziehen. Wer also in blauäugiger Weise dem Primat des gerechten Krieges das Wort redet, der läuft Gefahr, die Chancen der Kriegsvermeidung beziehungsweise Deeskalation zu verpassen.

Kriegsprävention muss deshalb deutlich anders ansetzen und mit aller Kraft darauf zielen, den Frieden vorzubereiten und so zu festigen, dass keine neuerlichen Kriegsgründe und Kriegsmythen entstehen können, die erneuten Hass schüren, Aufrüstung verlangen oder die besagte Mär vom »gerechten Krieg« nähren. Realiter gibt es nämlich weder gerechte noch alternativlose Kriege, sondern in aller Regel nur Kriege, die letztlich allen schaden – den Soldatinnen und Soldaten wie den Zivilistinnen und Zivilisten, der Wirtschaft wie der Gesellschaft. Deshalb muss es das höchste Ziel der mentalen Kriegsprävention sein, von dieser bellizistischen Denkweise wegzukommen und mit aller Energie und Weisheit daran zu arbeiten, ein Mehr an Friedenswillen und Friedensfantasie freizusetzen. Sind doch die meisten Kriege sehr wohl vermeidbar – vorausgesetzt, die verfeindeten Parteien bemühen sich rechtzeitig, aufkeimende Spannungen zu verstehen, Vorurteile zu überwinden, Kompromissmöglichkeiten zu suchen und konstruktiv zu verhandeln.

Diese nichtmilitärische Variante der Konfliktlösung ist genau das, was die Friedens- und Konfliktforschung beschäftigt. Ihr Grundanliegen ist insofern pazifistisch, als sie grundsätzlich darauf bedacht ist, Mittel und Wege zu finden, wie sich Frieden ohne Waffeneinsatz und tiefgründige Zerstörungsorgien schaffen lässt. Damit aber steht sie erkennbar in der Tradition der Friedensbewegung der 1970er- und 1980er-Jahre, die im Einklang mit christlichen Werten für gewaltfreien Widerstand und eine möglichst nachhaltige Abrüstungs-, Entspannungs- und Kooperationspolitik eintrat (vgl. auch Abschnitt 1.4). Allerdings bedient sich die moderne Friedens- und Konfliktforschung weniger der Versöhnungsrhetorik, sondern konzentriert sich vorrangig darauf, internationale Konflikte möglichst vorurteilsfrei auf ihre Wurzeln, Parameter und Entschärfungsmöglichkeiten hin zu analysieren und forschungsbasiert geeignete Deeskalationspfade herauszuarbeiten (vgl. Ide 2017; Meyer 2011).

Kernziel der Friedens- und Konfliktforschung ist also das Analysieren und Lösen von Konflikten im Vorstadium tatsächlicher Kriegsführung. Dabei geht es um Konfliktvermeidung und Konfliktmanagement, um Interessenanalysen und Interessenausgleich, um Verhandlungsziele und Verhandlungsstrategien. Dagegen spielt die Kriegsplanung und Kriegsführung selbst kaum eine Rolle (vgl. Meyer 2011, S. 101 ff.). Dieser lösungs- und entspannungsorientierte Anspruch kommt in den politischen Debatten und Medienberichten unserer Tage leider deutlich zu kurz. Stattdessen tendieren viele zu einer schrillen Kriegsrhetorik. Das ist nicht nur bedauerlich, sondern für eine auf Friedenssicherung zielende Außen- und Sicherheitspolitik auch schlicht zu wenig. Letztere nämlich muss den Fokus zwingend auf die Lösung von Konflikten und weniger auf die Begründung militärischer Eskalationserfordernisse und Aufrüstungsmaßnahmen legen. Daher ist der Rekurs auf die moderne Friedens- und Konfliktforschung auch so wichtig.

Diese Forschungsrichtung belebt das Denken in Kategorien von Kriegsprävention, Interessenausgleich, Völkerverständigung, Konfliktmanagement und Konfliktlösung. Entsprechende Forschungseinrichtungen gibt es nicht nur in Deutschland, sondern auch in vielen anderen Ländern. Erwähnt seien beispielhaft das Heidelberger Institut für Internationale Konfliktforschung, des Leibnitz-Institut für Friedens- und Konfliktforschung in Frankfurt am Main, das Zentrum für Konfliktforschung in Marburg, das Galtung-Institut für Friedensforschung in Oslo oder das Friedensforschungsinstitut SIPRI in Stockholm. Diese und andere ähnlich ausgerichtete

Institutionen stellen dezidiert auf das Erforschen von Konflikten, Kriegsgefahren, Kriegsfolgen, Deeskalationsmöglichkeiten und Verhandlungsstrategien ab und sind deshalb wichtige Adressen für die hier in Rede stehende friedensethische und friedenspolitische Meinungsbildung.

Nähere Einblicke in diese Forschungsarbeit bietet unter anderem die *Zeitschrift für Friedens- und Konfliktforschung*, die immer wieder anregende Beiträge zu aktuellen Konflikten und Konfliktlösungsstrategien bietet. Wichtige Impulse finden sich ferner in den beiden von Tobias Ide und Berthold Meyer publizierten Bänden zur Konfliktregelung und Friedenssicherung (vgl. Ide 2017; Meyer 2011). Auch die *Frankfurter Rundschau* veröffentlicht seit April 2022 unter dem Label Friedensfragen zahlreiche Beiträge aus der Friedens- und Konfliktforschung, die eingedenk des Ukraine-Kriegs der Frage nachgehen, wie es um die Möglichkeiten und Schwierigkeiten einer Deeskalation und eines tragfähigen Friedensschlusses in der Ukraine steht. Leider finden solche lösungsorientierten Analysen und Berichte in unseren Medien und Polit-Debatten derzeit wenig Beachtung. Das kann und sollte sich ändern!

## 3.7 Auch Sozialkompetenzen sind wichtig

Eine siebte Option zur Stärkung pazifistischer Denkweisen betrifft das soziale Lernen im Bildungs- und Lebensalltag der Menschen. Fakt ist nämlich, dass diejenigen, die in ihrem Alltag den Umgang mit Vielfalt und Fremdem üben und beizeiten Toleranz, Einfühlungsvermögen, Respekt und Kommunikations- und Kooperationskompetenzen erlernen, in aller Regel weniger Mühe damit haben, politische und interkulturelle Konflikte angemessen zu verstehen, zu analysieren und zu beurteilen, als diejenigen, die das nicht tun. Dieser Umstand des sozialen Lernens in Schule und Gesellschaft bietet zwar noch längst keine Gewähr dafür, dass sich tatsächlich ein reflektierter Pazifismus im Sinne dieses Buches einstellt. Gleichwohl ist diese soziale Sensibilisierung und Qualifizierung von Menschen eine notwendige Voraussetzung dafür, dass sie überhaupt friedliche Konfliktregelungsstrategien ins Kalkül ziehen und entsprechende Überlegungen anstellen, wie sich zwischenstaatliche Konflikte deeskalieren beziehungsweise lösen lassen. Wer es nämlich im persönlichen Nahbereich nicht versteht, persönliche Meinungsverschiedenheiten konstruktiv aufzulösen, der wird sich im Regelfall auch schwer damit tun, der Deeskalation auf der internationalen Ebene das Wort zu reden.

De facto bestehen zwischen der Kooperation von Menschen in Alltagssituationen und der Zusammenarbeit und Konfliktregelung auf zwischenstaatlicher Ebene viele Parallelen. Stets geht es darum, die Bedingungen und Stellschrauben eines friedlichen Miteinanders auszuloten, das heißt Spannungsfelder zu analysieren, Interessenunterschiede zu erkennen, Missverständnisse zu entdecken, Vorurteile abzubauen, wechselseitigen Respekt zu entwickeln, konstruktiv zu kommunizieren und möglichst tragfähige Kompromisse zu suchen und zu finden. Aufgrund dieser Parallelen spricht vieles dafür, dem Erlernen konstruktiven Kooperations- und Kommunikationsverhaltens in Schule und Erwachsenenbildung verstärkte Beachtung zu schenken und möglichst konsequent daran zu arbeiten, dass die betreffenden Bildungsakteure im persönlichen Zusammenspiel passable Varianten der Gewaltprävention und Konfliktregelung erlernen. Das kann dem Konfliktmanagement im Privatbereich wie der Beurteilung internationaler Konfliktregelungsprozesse nur zugutekommen

Das gilt umso mehr, als die neuere Gruppenforschung belegt, dass viele Jugendliche eine erschreckende Affinität zu gewaltsamen Formen der Konfliktregelung zeigen. Diese Mentalität betrifft sowohl den Einsatz psychischer als auch die Anwendung körperlicher Gewalt – angefangen bei subtilen Ausgrenzungstendenzen über gezielte Beleidigungen, Demütigungsversuche und sonstige

Formen des Mobbing bis hin zu handgreiflichem Verhalten bei innerschulischen oder außerschulischen Begegnungen. Dieser Hang zur Demonstration von Stärke, Überlegenheit, Rechthaberei und sonstigen Fiesheiten gegenüber Schwächeren, Andersdenkenden oder persönlichen Feindinnen und Feinden gehört zum deutschen Bildungsalltag wie zum Verhalten in der internationalen Politik. So gesehen sind Aggressionen, Provokationen, Gewalt und andere zwischenmenschliche Feindseligkeiten nicht irgendwelche Zufallsphänomene, sondern meist tiefgründig eingeübte Verhaltensmuster.

Diese finden sich nicht nur bei Kindern und Jugendlichen, sondern auch bei vielen Erwachsenen, die in unserer modernen Konkurrenzgesellschaft nur zu oft die Erfahrung machen, dass es sich lohnt, die Ellbogen auszufahren und potenzielle Konkurrentinnen und Konkurrenten niederzumachen. Wenn in diesem Buch also dem sozialen Lernen das Wort geredet wird, dann hat das maßgeblich damit zu tun, dass damit der Boden für ein friedlicheres und konstruktiveres Miteinander im Kleinen wie im Großen bereitet werden soll – konstruktives Konfliktlöseverhalten auf internationaler Ebene mit eingeschlossen. Diese sozialethische Kompetenzerweiterung ist eine wichtige Stütze friedlicher Koexistenz und wirksamer Völkerverständigung. Mangelt es an derartigen Kompetenzen, so leidet darunter nicht nur das Zusammenleben im Kleinen, sondern auch und nicht zuletzt die Bereitschaft und Fähigkeit der Völker, gewaltfreie Wege der zwischenstaatlichen Konfliktbereinigung und Deeskalation zu suchen und zu gestalten.

Eine wohl verstandene friedensethische Bildungsarbeit muss diese Erkenntnis ernst nehmen und alles daransetzen, den skizzierten sozial-destruktiven Reflexen der Menschen durch ein Mehr an sozialem Lernen entgegenzuwirken. Dazu gehört ganz zentral der Aufbau friedensstiftender Verhaltensmuster, Einstellungen, Empfindsamkeiten und Kommunikationsstrategien. In dem Maße nämlich, wie die Menschen in ihren unterschiedlichsten sozialen

Kontexten befähigt werden, sensibel miteinander umzugehen, miteinander statt übereinander zu reden, einander zuzuhören, fremdartige Sichtweisen und Handlungsmotive wahrzunehmen, Toleranz zu zeigen, Kompromisse zu schmieden, fair, sachlich und konstruktiv zu kommunizieren und zu kooperieren – in dem Maße gewinnen sie in der Regel auch an Sensibilität für friedliche Konfliktlösungsprozesse auf der Makroebene der internationalen Politik. Wie gesagt: Garantien dafür gibt es keine, wohl aber eine größere Wahrscheinlichkeit, dass der intendierte »reflektierte Pazifismus« Platz greifen kann – im Kleinen wie im Großen.

## 3.8 Pazifistisches Denken bleibt zeitgemäß!

Eine achte und letzte Argumentationslinie zur Begründung pazifistischen Denkens und Handelns setzt bei der Pazifismus-Kontroverse direkt an. Zurzeit ist es eher so, dass Forderungen nach »Feindesliebe« (Käßmann), gewaltfreiem Widerstand (Gandhi, Galtung), Entspannungspolitik (Brandt) oder sonstigen Spielarten eines friedlichen Interessenausgleichs mit mitleidigem Blick als naiv, weltfremd und/oder verantwortungslos abgetan werden. Stattdessen dominieren zunehmend politisch-militärische Hardliner, die schon immer wussten, dass militärischer Druck das erste Mittel der Wahl ist. Will sagen: Es gibt eine unübersehbare Renaissance militärischen Denkens und Strebens mit dem Ziel, Frieden mittels Krieg erreichen zu wollen. Besonders deutlich tritt diese Mentalität seit Beginn des Russland-Ukraine-Kriegs in Erscheinung, der in West wie in Ost nur noch eine Stoßrichtung zu kennen scheint: nämlich den Einsatz schwerster und modernster Waffen zu dem Zweck, den Gegner final zu schwächen oder zumindest entscheidend zurückzudrängen – egal, was es kostet.

Dieses politisch-militärische Harakiri ist nicht nur alarmierend; es ist auch hochgradig gefährlich, zynisch, menschenverachtend und von grundlegenden Irrtümern durchsetzt. Dazu schreibt der Theologe und Konfliktforscher Gottfried Orth: »Frieden ist nicht auf dem Weg des Krieges, nicht mit Panzern und Waffenlieferungen und auch nicht mit der wechselseitigen Verteufelung der Kriegsparteien zu erringen. Diese Kriegslogik ist von gestern und aus der Zeit gefallen. (...) Die Menschheit ist um ihres Überlebens willen darauf angewiesen, die Kriegslogik durch eine konsequente Friedenslogik zu ersetzen (...). Deswegen bedeutet der Ukraine-Krieg nicht das Ende des Pazifismus« (Orth 2022, S. 4). Folgerichtig sieht Orth die Aufgabe engagierter Friedensfreunde darin, gegen den neu erwachten Militarismus zu streiten und alle Augen auf eine »kluge, alle Ebenen und Kanäle einbeziehende Krisendiplomatie zu richten, die den Parteien einen gesichtswahrenden Ausstieg aus dem Krieg ermöglicht« (vgl. ebenda).

Das Fatale an der skizzierten »Hau-drauf-Strategie« ist nämlich, dass sie letzten Endes allen beteiligten Menschen und Nationen unermessliches Leid bringt, welches sich bei frühzeitiger Deeskalation in aller Regel vermeiden oder zumindest mindern ließe. Das wird von den betreffenden Hardlinern zwar immer wieder bestritten, ist aber dennoch eine höchst chancenreiche Perspektive. Was nämlich ist der Sinn der zahllosen Kriege, die trotz UNO-Existenz weltweit toben und Jahr für Jahr Millionen von Menschen das Leben kosten? Wollen die betroffenen Zivilisten in den Kriegsgebieten tatsächlich derartige militärische Exzesse oder wäre ihnen nicht viel mehr damit gedient, wenn die schwelenden Konflikte von den politischen Eliten möglichst früh, flexibel und gewaltfrei entschärft würden? Diese letztgenannte Frage steht im Zentrum der hier vertretenen Friedensethik und erinnert ganz bewusst an die verheerenden Folgen militärischer Eskalation und Gewaltbejahung.

Wenn in diesem Buch vom »reflektierten Pazifismus« die Rede ist, dann ist damit genau dieser Primat der friedlichen Konfliktregelung gemeint, der jenseits eines naiven »Gutmenschentums« darauf zielt, frühzeitig und sensibel nach praktikablen Mitteln und Wegen zu suchen, wie sich drohende Kriege durch vertretbares Geben und Nehmen abfangen lassen, bevor sie sich tatsächlich entzünden. Denn vor Kriegsausbruch ist im Regelfall noch vieles möglich, sofern die Regierenden nur den nötigen Willen haben, beizeiten vertrauensbildend und deeskalierend tätig zu werden. Das Gefährliche an der angesprochenen Kriegslogik ist nämlich, dass pazifistische Sichtweisen sehr schnell als realitätsferne »Spinnerei« abgetan und ernsthafte Verhandlungen erst gar nicht mehr ins Auge gefasst werden. Dieser Rigorismus ist dem hier anvisierten »reflektierten Pazifismus« völlig fremd. Zwar wird ein Militäreinsatz – wie erwähnt – nicht per se ausgeschlossen, wohl aber einer entschiedenen Kriegsprävention, Entspannungspolitik, Abrüstung und Vertrauensbildung der unbedingte Vorzug gegeben.

Dazu braucht es Kompromissbereitschaft und ernsthafte Verhandlungsangebote, Friedenswillen und strategische Flexibilität. Zwar mag es in der Realität durchaus Situationen geben, in denen Kriege mit Waffengewalt beendet werden können (vgl. Friedrich 2022, S. 1). Das berechtigt aber noch lange nicht zu der Schlussfolgerung, dass damit Frieden entsteht. Kriegsbeendigung und Friedenssicherung gehen selten Hand in Hand – im Gegenteil. Wer daher dauerhaften Frieden will, der tut grundsätzlich gut daran, nicht Militäreinsätze zu planen, sondern im Sinne der UN-Charta den Frieden mit diplomatischen Mitteln vorzubereiten und auf diese Weise dafür zu sorgen, dass verfeindete Mächte möglichst früh, flexibel und hartnäckig zu einem vertretbaren Interessenausgleich gelangen. Dieses Kalkül steht als pazifistische Grundbotschaft im Zentrum der hier intendierten Friedenssicherung und friedensethischen Reflexionsarbeit. Je zeitiger der besagte Interessenausgleich gelingt, desto größer ist die Chance, dass es zu einem dauerhaften Frieden ohne Waffengewalt kommt. Je länger dagegen Konflikte eskaliert werden, desto schwieriger wird es, dieses Ziel zu erreichen.

Wichtig ist diese pazifistische Denkweise deshalb, weil der aktuelle bellizistische Trend in unserer Gesellschaft zahlreiche kritische Fragen aufwirft. So erinnert zum Beispiel Jörg Friedrich zu Recht daran, dass in Sachen Waffenlieferungen unbedingt zu fragen ist, »(...) woher wir wissen, dass die Waffen, die wir jetzt einer Kriegspartei überlassen, nicht in die falschen Hände geraten? Wie viel Vertrauen haben wir zu denen, die wir militärisch aufrüsten? Werden sie die Waffen schweigen lassen, sobald sie ihr Land befreit haben? (...) Hinzu kommen die Bedenken hinsichtlich der Folgen der Eskalation, die Unsicherheit über die Reaktionen des Aggressors, der seine Siegeschancen schwinden sieht. Darüber hinaus müssen diejenigen, die jetzt so selbstverständlich denen zur Seite springen, die angegriffen wurden, sich fragen lassen, warum sie das in früheren, weiter entfernten Konflikten nicht getan haben« (Friedrich 2022, S. 2). Derartige Fragen und Ungereimtheiten werden hierzulande eher wenig thematisiert.

Die Konsequenz dieses Unterlassens ist, dass die Risiken und Schattenseiten von Waffenlieferungen und Militäreinsätzen oft sträflich unterschätzt oder sogar vorsätzlich ausgeblendet werden. Kriege werden plötzlich »alternativlos«. Dieser strategisch-analytischen Engführung und Vernebelung von Kriegsgefahren soll und kann das vorliegende Buch mit seiner bewussten Belebung pazifistischer Sichtweisen entgegenwirken. Das entsprechende Credo der pazifistischen Gemeinde lautet, den Einsatz physischer und militärischer Gewalt grundsätzlich abzulehnen und lediglich als letztes Mittel der Wahl zu tolerieren (vgl. Schneider/Toyka-Seid 2022). Das schließt Kriegsdienstverweigerung und gewaltfreien Widerstand im Sinne Gandhis ebenso mit ein wie den Primat der Diplomatie, der Abrüstung, der Vertrauensbildung und der frühzeitigen Deeskalation von Konflikten und Kriegsgefahren. Dieser letztgenannten Stoßrichtung schließt sich das Buch an. Fazit also: Pazifistisches Denken ist nicht nur möglich und chancenreich; es ist auch zwingend nötig, wenn die unsägliche Kriegstreiberei unserer Tage endlich ein Ende nehmen und die Menschheit ihren Fokus auf das richten soll, was alle zusammen existenziell bedroht, nämlich die Klimakrise, die Ernährungskrise, die Energiekrise, die Flüchtlingskrise und andere Krisen mehr. Diese Zeitenwende ist längst überfällig!

# 4. Gemeinsames Lernen als Friedensquell

Das vierte Kapitel knüpft an die in Abschnitt 3.7 skizzierte Option für mehr soziales Lernen in Schulen, Universitäten und Weiterbildungseinrichtungen an. Dieses soziale Lernen leistet zwar keinen direkten Beitrag zum besseren Verständnis internationaler Friedensfragen und Friedenspolitik. Wohl aber trägt es indirekt dazu bei, dass die beteiligten Personen Haltungen und Strategien erlernen, die ihre Fähigkeit und Bereitschaft zum konfliktlösenden Denken stärken. In dem Maße nämlich, wie die betreffenden Lerner Gemeinschaft erfahren, soziale Konflikte erleben, Perspektivenwechsel vornehmen, Interessengegensätze analysieren, Kompromisse suchen und Schlichtungsverhandlungen führen, gewinnen sie Einblicke in die Schwierigkeiten und Chancen eines friedlichen Konfliktmanagements. Diese Sensibilisierungsarbeit ist insofern bedeutsam, als sich teamerfahrene Personen gemeinhin leichter damit tun, makropolitische Konflikte zu verstehen und mögliche Lösungsperspektiven zu entwickeln, als »soziale Analphabeten«. Das ist gerade in einer Demokratie wichtig. Die nachfolgenden Abschnitte zeigen, wie es um das soziale Lernen in unseren Schulen bestellt ist und welche Verfahren sich anbieten, um ein Mehr an Sozialkompetenz aufzubauen. Der Fokus richtet sich also vorrangig auf den Aufbau kooperativer Fähigkeiten in Lerngruppen.

## 4.1 Die Crux des gegliederten Schulwesens

Ein traditioneller Hemmschuh für das soziale Lernen der Schüler:innen ist ihre schicht- und schulartspezifische Trennung nach Abschluss der Primarstufe. Wie in Abschnitt 2.6 bereits angedeutet wurde, ist unser gegliedertes Schulsystem von seiner Grundphilosophie her auf Selektion und Abgrenzung ausgerichtet und weniger auf gemeinsames Lernen in heterogenen Gruppen. Sichtbares Zeichen dieser Selektionspraxis ist, dass Kinder mit Lernproblemen, Migrationshintergrund, unangepasstem Verhalten und/oder ungünstiger familiärer Prägung bis heute Gefahr laufen, in der einen oder anderen Weise diskriminiert zu werden. Sei es nun beim Zugang zu höheren Schulen, bei der schulinternen Förderarbeit, beim Gewinnen von Schulfreund:innen aus anderen Milieus oder auch dadurch, dass sie im Schulalltag offenes oder verdecktes Mobbing erfahren. Ablesen lässt sich diese Selektionswirkung unter anderem daran, dass Kinder aus gut situierten Elternhäusern völlig überproportional höhere Schulen besuchen, während der Rest reputationsärmeren Schularten zugewiesen wird (vgl. die PISA-Studien der letzten Jahre). Das begünstigt soziale Ab- und Ausgrenzung.

So gesehen trägt die Hierarchisierung der Schularten und Schulzugänge in unserem Bildungswesen nicht unerheblich dazu bei, dass das Erleben und Erlernen sozialen Miteinanders seine Grenzen hat. Warum? Weil sich viele Schüler:innen, die sich aufgrund ihrer familiären Herkunft und Schulzuordnung als »minderwertig« erleben oder bei schulischen und außerschulischen Begegnungen womöglich gehänselt, ignoriert oder in anderer Weise ausgegrenzt beziehungsweise mit Vorurteilen belegt werden, verständlicherweise schwer damit tun, friedliches Sozialverhalten zu kultivieren. Nicht wenige von ihnen entwickeln Minderwertigkeitsgefühle, Verbitterung, Wut, Hass oder sogar ernsthafte Gewaltbereitschaft – also das genaue Gegenteil von dem, was »friedliche Koexistenz« in Schule und Gesellschaft auszeichnen sollte.

Da diese Problematik bereits in Kapitel zwei des Buches beleuchtet und mit aktuellen Zahlen zur schulartspezifischen Differenzierung und Segregation im deutschen Schulwesen unterlegt wurde (vgl. Abbildung sechs auf Seite 105), sei hier der Blick ganz vorrangig auf die Kompensation der bestehenden sozioemotionalen Defizite gerichtet. Unstrittig ist, dass sich die deutsche Bildungspolitik seit Langem darum bemüht, das gemeinsame Lernen der Kinder auszubauen und vermehrt integrierte Gesamtschulen und sonstige inklusive Schulen einzurichten, die den Schüler:innen ein Mehr an gemeinsamem Lernen eröffnen (vgl. Klippert 2023, S. 247 ff.). Allerdings sind diese Bestrebungen bislang eher halbherzig. Das liegt unter anderem daran, dass die hiesige Schulpolitik zeitgleich die Individualisierung und Binnendifferenzierung massiv forciert und damit letztlich das traditionelle Nebeneinander der Kinder zementiert.

So gesehen steht das gemeinsame Lernen hierzulande nach wie vor auf recht tönernen Füßen (vgl. Klippert 2022, S. 44 ff.). Je ausgeprägter nämlich die verantwortlichen Schulplaner und Lehrkräfte auf Individualisierung und Binnendifferenzierung setzen, desto stärker können sich die mit unterschiedlichen Talenten, Neigungen und familiären Hintergründen ausgestatteten Schüler:innen aus dem Weg gehen und mehr oder weniger rüde Vorurteile, Ressentiments und sonstige Antipathien ausbilden und unter Umständen sogar ausleben. Dass diese Praxis des Nebeneinanderlernens das zwischenmenschliche Konfliktpotenzial und Feindbilddenken eher steigert, ist ein offenes Geheimnis. Wohlgemerkt: Die sozialdestruktiven Einflüsse und Prägungen in unserem Schulsystem sollen hier keinesfalls dramatisiert werden. Gleichwohl behindern sie den Aufbau tragfähiger Sozialkompetenzen.

Die Arroganz, mit der bis heute viele Gymnasial- und/oder, Privatschüler:innen auf Kinder aus Haupt-, Förder- oder Realschulen herabblicken, ist alles andere als integrations-, respekt- und/ oder friedensfördernd. Egal, woher dieser Dünkel auch immer stammt: Entscheidend ist die Frage nach dem gesellschaftlichen Hintergrund dieses Hackordnungs-Denkens. Dabei zeigt sich, dass das Denken in Kategorien von »oben und unten«, »gut und schlecht« in unserer Gesellschaft eine lange und prägende Tradition hat. Das Tragische dabei ist, dass Kinder aus privilegierten Elternhäusern diese Kategorien häufig unbedacht übernehmen und im gegliederten Schulsystem mit seinen inneren Differenzierungsmaßnahmen genau diese Weltsicht bestätigt finden. Für das soziale Lernen sind diese Rahmengegebenheiten alles andere als ein günstiger Nährboden.

Von daher spricht vieles dafür, das Fundament des menschlichen Zusammenlebens und Zusammenarbeitens in den Schulen sehr viel konsequenter als bisher auf- und auszubauen. Dazu braucht es unbedingt ein Mehr an gemeinsamem Lernen in heterogenen Lerngruppen. Diesen friedensfördernden Anspruch gibt es zwar; allerdings wird er viel zu selten eingelöst. Rühmliche Fürsprecher finden sich beispielsweise bei der rheinland-pfälzischen Initiative »Eine Schule für alle«. Nach deren Leitbild sollen »... ALLE Kinder in EINER Schule miteinander und voneinander lernen und nicht durch ständige Auslesevorgänge voneinander getrennt und abgestempelt werden« (vgl. https://eine-schule-fuer-alle-rlp.de). Wie gesagt: Ein wichtiger und richtiger Ansatz zum Erlernen von Toleranz, Empathie, Respekt und Mitmenschlichkeit im besten Sinne des Wortes – mehr aber auch nicht. Trotzdem ist diese Ausrichtung ein unverzichtbarer Schritt, um ein respektvolles Miteinander in Schule und Gesellschaft zu fördern.

Pazifistisches Denken kann davon nur profitieren. Entsprechende schulstrukturelle Veränderungen stehen hierzulande seit Langem auf der bildungspolitischen Agenda. Das gilt in verstärktem Maße seit Erscheinen der ersten PISA-Studien mit ihren alarmierenden Befunden zur ausgeprägten Chancenungerechtigkeit im gegliederten Schulwesen der Bundesrepublik Deutschland. Seither laufen vermehrte Anstrengungen zur Schülerintegration und zum gemeinsamen Lernen. Ihren Niederschlag fanden diese Veränderungen unter anderem in der sukzessiven Auflösung der Hauptschulen zugunsten von Regionalschulen oder Gemeinschaftsschulen, aber auch im forcierten Auf- und Ausbau integrierter beziehungsweise inklusiver Schulen. Allerdings stehen viele dieser integrationsbezogenen Reformmaßnahmen bisher nur auf dem Papier. Sie werden diskutiert, in Pläne überführt, in ausgewählten Modellschulen beziehungsweise Modellversuchen erprobt oder in einigen Bundesländern auch mal in die Fläche gebracht. Der große Durchbruch ist bislang allerdings noch nicht gelungen – weder bei den integrierten Gesamtschulen, noch bei den deutlich weitergehenden inklusiven Schulen (vgl. Klippert 2023, S. 68 ff. und S. 112 ff.).

Einzelne Bundesländer sind zwar eindrucksvoll vorgeprescht, zielen aber in erster Linie auf die Steigerung der PISA-Leistungen und weniger auf den friedenspolitisch interessanten Ausbau des gemeinsamen Lernens aller Schüler:innen. Von daher ist Bildungspolitikern, Curriculum-Planern und sonstigen Reformstrategen dringend zu raten, das gegliederte Schulwesen kräftig zu verschlanken und dem gemeinsamen Arbeiten und Lernen der Kinder sehr viel mehr Gewicht beizumessen, als das traditionell der Fall ist. Begünstigt doch verständnisvolles Miteinanderlernen in heterogenen Klassen nachweislich nicht nur das kognitive Leistungsvermögen der Schüler:innen (vgl. Klippert 2019, S. 30 ff.), sondern auch und zugleich ihre Kompetenzentwicklung in Sachen Interaktion und Konfliktmanagement. Davon profitieren sowohl die schulischen Gruppenarbeiten und sonstigen Gemeinschaftsveranstaltungen als auch die pazifistischen Denk-, Urteils- und Handlungsweisen der Jugendlichen.

## 4.2 Warum gemeinsames Lernen hilfreich ist

Zur Klarstellung: Das angemahnte sozial-integrative Lernen ist alles andere als »Kuschelpädagogik«, wie das Kritiker:innen gelegentlich monieren. Diese Diskreditierung des sozialen Lernens ist allein deshalb problematisch, weil sie von einem sehr einseitigen kognitiven Lern- und Kompetenzverständnis ausgeht, das völlig übersieht, dass in den Schulen nicht nur inhaltlich-fachliche Kompetenzen, sondern auch demokratiekompatible Einstellungen, Fähigkeiten und Fertigkeiten aufzubauen sind, die ein solidarisches Miteinander der Lerner begünstigen. Dazu gehören unter anderem Fairness und Empathie, Gemeinsinn und Toleranz, Kommunikationsfähigkeit und Teamgeist – Tugenden also, die bestens zur hier intendierten friedensethischen Grundbildung passen, im landläufigen Unterricht aber oft zu kurz kommen. Zwar versuchen die neuen Bildungspläne mit ihrem erweiterten Kompetenzbegriff und Kompetenzvermittlungsanspruch einen ernsthaften Kurswechsel zu erreichen. Die Umsetzung dieses Anspruchs lässt bislang allerdings noch deutlich zu wünschen übrig.

Das ist deshalb bedauerlich, weil unsere Gesellschaft im Kern hochgradig darauf angewiesen ist, dass die Menschen im besten Sinne des Wortes »harmonieren« und miteinander zu arbeiten verstehen – Konfliktregelungsfähigkeiten mit eingeschlossen. Von daher muss in den Schulen möglichst früh und konsequent daran gearbeitet werden, ein konstruktives Miteinander zu kultivieren. Will sagen: Fachliches und sozial-kommunikatives Lernen müssen sehr viel stärker als bisher Hand in Hand gehen, damit eine möglichst ganzheitliche Kompetenzentwicklung Platz greifen kann. Letztere nämlich verlangt nicht nur Sachverstand, sondern auch und zugleich Teamgeist, Empathie, Kommunikationsfähigkeit, interkulturelle Rücksichtnahme, Konfliktregelungskompetenz und anderes mehr. Je verbindlicher und vielseitiger die Schüler:innen diesbezüglich gefördert und gefordert werden, desto wahrscheinlicher wird es, dass sie an sozialer und interkultureller Kompetenz gewinnen.

Abbildung 7

| Was kooperierende Schüler:innen lernen können … | |
|---|---|
| Die Mitschüler:innen ernst nehmen | Den Lernpartnern aktiv zuhören |
| Andere Sichtweisen/Ideen zulassen | Sich wechselseitig unterstützen |
| Sich in Andere hineinversetzen | Andersdenkende überzeugen |
| Rational an Konflikte herangehen | Frustrationstoleranz entwickeln |
| Störungen benennen/kritisieren | Vereinbarte Regeln einhalten |
| Kompromisse suchen und finden | Fair und sachlich agieren |
| Auftretende Konflikte schlichten | Auf »Außenseiter« zugehen |
| Bei Streit nicht gleich ausrasten | Gespräche zielführend leiten |
| Feedback geben und nehmen | Die Zusammenarbeit bewerten |
| Lob und Anerkennung aussprechen | etc. |

Eine lebendige Demokratie braucht dieses friedliche und konstruktive Miteinander der Menschen. Hinzu kommt, dass dieses konstruktive Miteinander auch den schulischen Lernprozessen und Lernergebnissen direkt zugutekommt. Denn je besser die Schüler:innen miteinander und voneinander zu lernen verstehen, desto nachhaltiger begreifen sie in aller Regel. Einmal in fachlich-intellektueller Hinsicht; zum anderen aber auch im Hinblick auf den Aufbau grundlegender sozialer Fähigkeiten, Fertigkeiten und Einstellungen. So gesehen gehen fachliches und soziales Lernen Hand in Hand – vorausgesetzt, die Lernangebote sind entsprechend differenziert. Vorausgesetzt aber auch, dass die Schüler:innen hinreichend üben können, die Sichtweisen und Interessen anderer Menschen wahr- und ernst zu nehmen, Perspektivenwechsel zu betreiben, verständnissuchend zuzuhören und nachzufragen, eigene Positionen zu begründen, Meinungsverschiedenheiten zu erkennen und gezielt anzusprechen, respektvoll zu argumentieren, nach Kompromissen zu suchen und vieles andere mehr (vgl. Abb. 7).

In den nachfolgenden Abschnitten wird grob skizziert, wie diese Förderung grundlegender Sozialkompetenzen in Schule und Unterricht vonstattengehen kann (detaillierte Anregungen und Hilfen dazu finden sich in: Klippert 2018 und 2019). Das betrifft sowohl den Aufbau grundlegender fachübergreifender Kommunikations- und Kooperationskompetenzen als auch die vertiefende Pflege und Festigung der angebahnten Interaktionskompetenzen im alltäglichen Fachunterricht. Wohlgemerkt: Dieses basale soziale Lernen in Schule und Unterricht leistet keinen direkten Beitrag zum Verständnis globaler Friedensfragen, wohl aber einen indirekten. Wie? Indem es erstens typische Probleme, Chancen und Stellschrauben konstruktiven sozialen Miteinanders erfahrbar macht und zweitens den Schüler:innen die Möglichkeit eröffnet, Analogien zwischen schulinternen Gruppenerfahrungen und der Gestaltung internationaler Beziehungen und Konfliktregelungsprozesse zu bilden. Wer Konfliktmanagement im Kleinen geübt hat, kann auch bei internationalen Konflikten eher mitreden.

Von daher macht es unbedingt Sinn, das alltägliche Miteinander in den Schulen verstärkt auszubauen und sowohl den Hintergründen sozialer Konflikte als auch den praktischen Konfliktlösungsmöglichkeiten in den Klassen so nachzugehen, dass die beteiligten Kinder und Jugendlichen ein Mehr an Konfliktregelungskompetenz entwickeln. Das gilt für die Mikro- wie für die politische Makroebene. In dem Maße nämlich, wie die Schülerinnen und Schüler ihre Integrations-, Kooperations- und Deeskalationsfähigkeit im Kleinen entwickeln und den Gelingensbedingungen eines konstruktiven Miteinanders von Menschen auf die Spur kommen, werden sie in aller Regel auch an Zuversicht gewinnen, dass internationale Großkonflikte gewaltfrei beizulegen sind. So gesehen beginnt der »reflektierte Pazifismus« im Klassenzimmer beziehungsweise im Seminarraum! Oder anders ausgedrückt: Je sensibler die Schüler:innen Konflikte zu deuten und in Gruppen zu managen lernen, desto eher werden sie sich dem pazifistischen Denken und Handeln annähern.

## 4.3 Tipps zum Ausbau der Schülerkooperation

Das A und O der angesprochenen Sozialkompetenzförderung ist, dass die Lernenden tragfähige Kooperationsfähigkeiten erwerben, die ihnen die Machbarkeit eines friedlichen Miteinanders in heterogenen Gruppen vor Augen führen. Je überzeugender dieses gelingt und je routinierter sie die entsprechenden Interaktionsmethoden und Interaktionsregeln beherrschen, desto größer ist die Chance, dass der besagte »reflektierte Pazifismus« Gestalt annimmt. Das Problem ist nur, dass viele Kinder und Jugendliche de facto noch weit davon entfernt sind, die genannte Prämisse zu erfüllen und das unterstellte Sozialverhalten an den Tag zu legen (vgl. Klippert 2019, S. 18ff.). Faktisch nämlich mangelt es dem Gros von ihnen nicht nur an methodischer Souveränität, sondern auch an der nötigen Regelungskompetenz zur Sicherstellung konstruktiven Miteinanders. Zwar stehen die meisten Schüler:innen der Teamarbeit grundsätzlich positiv gegenüber, beherrschen diese häufig aber nur unzureichend.

Ähnliches gilt für viele Erwachsene. Sie müssen und wollen zwar in Gruppen arbeiten, sind oft aber schnell überfordert, wenn es um die operativen Details geht. Wie verhält man sich in einer Gruppe? Wie lassen sich Gruppenprozesse steuern, damit sie konstruktiv verlaufen? Wer steuert was? Wie verhindert beziehungsweise löst man soziale Konflikte? Wie geht man mit unterschiedlichen Interessen beziehungsweise Bedürfnissen um? Diese und andere Fragen deuten an, dass die meisten Menschen in Sachen Teamarbeit und Prozesssteuerung noch eine Menge zu klären und zu lernen haben. Das betrifft sowohl ihre alltäglichen Kommunikations- und Interaktionsweisen als auch ihre elementaren Konfliktregelungsverfahren – Störungsprävention und Konfliktbehebung mit eingeschlossen. Da braucht es beim Gros der Gruppenakteure schlichtweg mehr Gespür und operative Routine, damit das anvisierte konstruktive Miteinander die nötigen Fortschritte machen kann. Wie diese teamspezifische Klärungs- und Sensibilisierungsarbeit angelegt und operationalisiert werden kann, lässt sich aus mehreren Publikationen ersehen, die ich diesbezüglich verfasst habe (vgl. Klippert 2019, 2018 und 2014).

Eine darin zum Ausdruck gebrachte Grunderkenntnis ist die, dass der Aufbau nachhaltiger Kooperations- beziehungsweise Interaktionskompetenzen mehr braucht als das gelegentliche Einplanen, Durchführen und Reflektieren von Gruppenarbeiten oder das Präsentieren detaillierter Leitfäden oder Verhaltenstipps für praktische Gruppenphasen. Derartige Instruktionen und Tipps helfen deshalb nur sehr begrenzt, weil sie meist recht abstrakt und appellhaft bleiben und zudem sträflich übersehen, dass die meisten Menschen in Alltagssituationen dazu neigen, nicht Tipps zu befolgen, sondern auf angestammte persönliche Gewohnheiten, Haltungen und Konkurrenzinstinkte zurückgreifen, die einem friedlichen und konstruktiven Miteinander schnell den Boden entziehen können. Verständnisvolles Miteinander braucht deshalb vor allem eines: Abgeklärte Kooperations- und Interaktionsstrategien, die den betreffenden Lernern sowohl Teamgeist und soziale Sensibilität als auch strategisch-operative Sicherheit vermitteln.

Diese strategische Abgeklärtheit und Sensibilität liegt bei vielen Schüler:innen deutlich im Argen. Das zeigen einschlägige Unterrichtsbeobachtungen und Befragungen (vgl. Klippert 2019, S. 18 ff.). Viele Jugendliche empfinden Gruppenarbeit eher als lästig und zeitraubend. Sie wollen am liebsten ihr eigenes Ding machen, lassen Mitschüler:innen schon mal links liegen, verwenden »Killerphrasen« wie zum Beispiel »das ist doch Blödsinn«, werten andere ab, agieren besserwisserisch, haben Probleme mit dem Zuhören, zeigen wenig Kompromissbereitschaft und produzieren auf diese Weise immer wieder gefährliche soziale Zentrifugalkräfte, die einer friedlichen und konstruktiven Zusammenarbeit im Wege stehen. Diese im Schulbereich gewonnenen Problemanzeigen lassen sich selbstverständlich nicht eins zu eins auf die Ebene der internationalen Beziehungen übertragen, da diese doch sehr viel komplexer und diffiziler sind. Gleichwohl gibt es auch dort ähnliche Zentrifugalkräfte, die eine gedeihliche Völkerverständigung erschweren.

Wie die besagte Kooperationsschulung im Bildungsbereich akzentuiert und aufgebaut werden kann, zeigt das abgebildete Fünf-Stufen-Programm zur Förderung grundlegender Kooperationskompetenzen in Sekundarschulen (vgl. Abb. 8). Dieses Programm wurde in Hunderten von Schulen in mehreren deutschen und österreichischen Bundesländern erprobt und als wirksam bestätigt (vgl. ebenda, S. 37 ff. und S. 68 ff.). Zu den einzelnen Stufen: Stufe 1 zielt darauf, dass die Schüler:innen mittels ausgewählter Übungen zu der Einsicht und Überzeugung hingeführt werden, dass das verständnisvolle Zusammenwirken von Menschen für alle Beteiligten Vorteile bringt. Dazu gibt es entsprechende Reflexions- und Arbeitsanlässe, die den involvierten Kindern die Bedeutung konstruktiven Miteinanders vor Augen führen (vgl. Klippert 2019, S. 90 ff.). Diese Motivationsarbeit ist allerdings nur die Startrampe der Teamqualifizierung. Die eigentliche Strategieklärung beginnt in Stufe 2.

Anliegen dieser zweiten Stufe ist es, dass die Schüler:innen mittels gezielter Reflexionen, Analysen und Simulationsspiele ein gewisses Gespür dafür entwickeln, welches die zentralen Schwachpunkte der landläufigen Gruppenarbeiten sind und worauf bei einer guten Zusammenarbeit in heterogenen Gruppen verstärkt zu achten ist. Diese Problematisierungsarbeit führt in Stufe 3 schnurstracks zum Entwickeln fundamentaler Kooperations- und Interaktionsregeln, mit deren Hilfe sich ein gedeihliches Zusammenwirken in Schule und Privatleben fördern lässt. Die entsprechenden Verhaltens- und Interaktionsregeln werden handlungsbetont herausgearbeitet, visualisiert, diskutiert, modifiziert, präzisiert und schließlich zu einem richtungsweisenden Regelkatalog zusammengeführt, der zur stetigen Erinnerung im Klassenraum plakatiert sowie in einem speziellen Team-Ordner festgehalten wird.

Abbildung 8

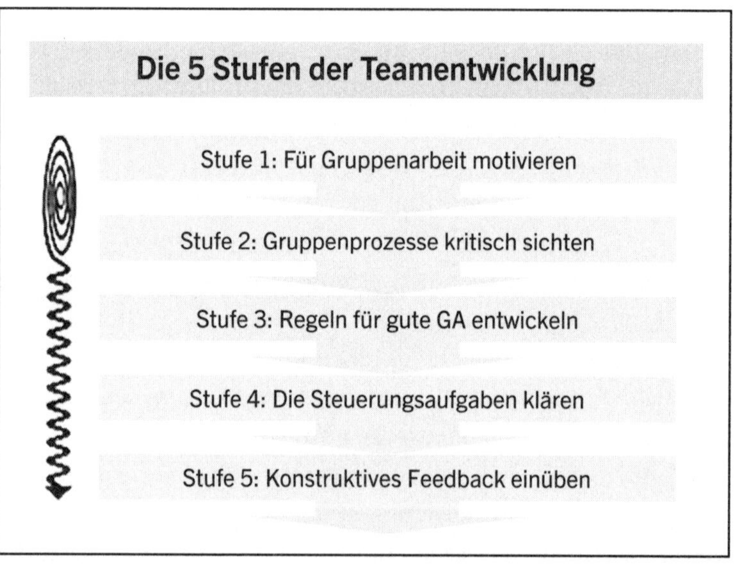


Diese aus der Problematisierung herkömmlicher Gruppenarbeiten erwachsenden Verhaltensregeln sind freilich nur eine Seite konstruktiver Schülerkooperation. Die andere Seite betrifft die eigentliche Prozesssteuerung, das heißt die Klärung gruppeninterner Verantwortlichkeiten und Interventionsaufgaben der einzelnen Gruppenmitglieder. Wer muss wann und in welcher Weise intervenieren, damit die Zusammenarbeit einigermaßen konstruktiv und integrationsfördernd verläuft? Dazu braucht es klare Regeln und verlässliche Arbeitsteilung. Das gilt für die sogenannten Zeit- und Regelwächter wie für die gruppeninternen Fahrplanüberwacher und Gesprächsleiter:innen (vgl. Klippert 2019, S. 56 ff.). Was diese »Steuerleute« im jeweiligen Gruppenprozess konkret zu tun haben, wird in Stufe 4 des skizzierten Trainingsprogramms geklärt und festgehalten (vgl. Abb. 8).

Fehlen diese Prozessregulatoren, so besteht die Gefahr, dass eine Gruppenarbeit ungesteuert irgendwohin läuft und möglichweise tiefgreifende Konflikte und Ergebniseinbußen auslöst. Soll das verhindert werden, so ist es wichtig, dass die besagten Steuerleute genau wissen, was sie wann, wie und warum zu tun haben. Zu diesem Zweck müssen sie möglichst griffige Gelegenheiten erhalten, sowohl ihre prozessspezifischen Aufgaben und Verantwortlichkeiten zu klären als auch sicherzustellen, dass es zu den gelaufenen Gruppenarbeiten kompetente Feedbacks und Reflexionen gibt. Grundgelegt und vertiefend eingeübt werden diese letztgenannten Kompetenzen in Stufe 5 des skizzierten Trainingsprogramms (vgl. Abb. 8). Warum? Weil sensible Feedbackverfahren und Kritikrunden gemeinhin schwieriger sind als sich viele das vorstellen. Daher empfiehlt es sich, dieser Facette der Teamentwicklung gebührende Aufmerksamkeit zu schenken und die benötigten Reflexions- und Feedbackkompetenzen behutsam aufzubauen.

Damit jedoch keine Missverständnisse entstehen: Diese grundlegenden Klärungs- und Übungsmaßnahmen sichern noch längst keine konsolidierte Teamfähigkeit. Sie sind eine notwendige, aber keine hinreichende Bedingung für sensibles Miteinander in Gruppen. Zwar trägt das skizzierte Trainingsprogramm ganz fraglos dazu bei, dass wichtige Grundlagen für einen verständnisvollen Umgang mit sozialen Spannungen, Konflikten und Herausforderungen geschaffen werden. Das entsprechende soziale Fingerspitzengefühl stellt sich verlässlich allerdings erst dann ein, wenn die für konstruktive Interaktion sorgenden Verhaltensweisen und Regelwerke tiefergehend gefestigt sind. Dazu aber braucht es wiederkehrende Regelanwendungs-, Reflexions- und Konfliktlöseprozeduren in den unterschiedlichsten Schulfächern, auf die im übernächsten Abschnitt noch näher eingegangen wird.

## 4.4 Kommunikationstraining als Basisstrategie

Eine weitere wichtige Voraussetzung für das konstruktive Zusammenwirken von Menschen ist ihr verständnisförderndes Kommunikationsverhalten, das heißt ihre Fähigkeit und Bereitschaft, anderen aufmerksam zuzuhören, andere Sichtweisen zu akzeptieren, verständnissuchend nachzufragen, sachlich zu argumentieren, Killerphrasen zu vermeiden, Kompromissbereitschaft zu zeigen und vieles andere mehr. Auch das muss in der Schule verstärkt geübt und gelernt werden. Der Aufbau von Teamgeist alleine reicht nicht, um ein hinreichend verständnisvolles und friedfertiges Miteinander zu sichern. Hinzukommen müssen zwingend zusätzliche Fähigkeiten und Fertigkeiten im kommunikativen Bereich, die ergänzend dazu beitragen, dass Gruppenmitglieder gut und respektvoll miteinander zurechtkommen. Teamfähigkeit und Kommunikationskompetenz müssen also so kombiniert werden, dass sich breit gefächerte Sozialkompetenzen entwickeln können. Wie sich die betreffenden Kommunikationskompetenzen der Schüler:innen auf- und ausbauen lassen, ist Gegenstand dieses Abschnitts.

Dass die faktische Kommunikationskultur in vielen Schulen und Klassenzimmern im Argen liegt, ist ein offenes Geheimnis (vgl. Klippert 2018, S. 24 ff.). Häufig wird von den Kindern mehr gegeneinander, übereinander oder aneinander vorbeigeredet als miteinander kommuniziert. Dieses eher destruktive Kommunikationsverhalten zeigt sich allerdings nicht nur bei der Schuljugend, sondern auch in der Erwachsenenwelt. Problematisch sind die entsprechenden Kommunikationsstile deshalb, weil sie oft spaltend, verletzend, provozierend und aggressionsfördernd wirken. Verstärkt wird diese potenzielle Destruktionswirkung unter Umständen noch dadurch, dass Blickkontakte vermieden, Killerphrasen verwendet, herablassende Signale gesendet, distanzerzeugende Gesten eingesetzt oder andere Störungen mehr produziert werden. Eine zeitgemäße Integrationsarbeit darf sich mit derartigen Kommunikationspraktiken nicht anfreunden, sondern muss zwingend Alternativen eröffnen.

Dabei geht es – ähnlich wie im letzten Abschnitt – um das Kultivieren konstruktiver Kommunikationsweisen, die respektvoll, verständnisfördernd, problemlösend, konsensorientiert und sozial verbindend wirken. Dazu braucht es nicht nur Regeln und gute Vorsätze, sondern natürlich auch entsprechende Methoden, Übungen und Reflexionen, die diese Kommunikationskultur aufbauen helfen und dem konstruktiven Miteinanderreden zusätzlichen Nachdruck verleihen. Dieses Miteinanderreden beginnt konkret beim aktiven Zuhören und verständnissuchenden Nachfragen und reicht über das sensible Paraphrasieren und faire Argumentieren bis hin zum einfühlsamen Diskutieren, Zusammenfassen, Verstehen und Vermitteln kontroverser Positionen. Das alles ist konstruktives Kommunikationsverhalten, das sowohl dem inhaltlich-fachlichen Lernen der Kinder zugutekommt, als auch ihr Verständnis für gutes Argumentieren, Paraphrasieren, Verhandeln und Debattieren erweitert.

So gesehen stehen und fallen die Lern- und Integrationsleistungen der Schüler:innen mit dem Entwickeln möglichst abgeklärter Kommunikationsregeln und Kommunikationsstrategien, die vertrauensbildend, wertschätzend und verständnisfördernd wirken. Welche das sein können, lässt sich exemplarisch aus Abbildung neun ersehen. Dabei geht es ganz zentral darum, dass die Schülerinnen und Schüler lernen, sich in kommunikativen Grundsituationen (Gesprächen, Vorträgen et cetera) offen, versiert, verständnisvoll und konstruktiv zu verhalten. Doch nicht nur das. Sie müssen auch lernen, frei zu reden und zu erzählen, selbstbewusst zu argumentieren, Einwände ernst zu nehmen, aber auch mutig nachzufragen, zu widersprechen und bestehende Meinungsverschiedenheiten auszuräumen (vgl. Klippert 2018, S. 40 ff.). Das alles hilft im Unterricht, aber auch beim Erörtern internationaler Konflikte und Friedensfragen.

Diese skizzierte Qualifizierungsarbeit lässt sich im Kern in fünf Trainingsphasen untergliedern, die den Kindern und Jugendlichen schrittweise grundlegende Einblicke in den Sinn, die Spielregeln und die Prozeduren versierten Kommunizierens eröffnen (vgl. Klippert 2018, 42 ff. und S. 76 ff.). Dieses Trainingsprogramm startet in der ersten Phase damit, dass die landläufigen Kommunikationsdefizite sondiert und die Vorzüge kommunikativen Könnens herausgearbeitet werden. Das ist die sogenannte Motivationsphase. In den Trainingsphasen zwei bis vier geht es alsdann darum, grundlegende Regeln und Prozeduren des freien Erzählens, Berichtens, Argumentierens, Vortragens und mediengestützten Präsentierens zu generieren, zu protokollieren, zu visualisieren und in ersten Schritten selbstverständlich auch einzuüben.

Abbildung 9

**Einige Lernziele im Überblick**

- Gut zuhören und die Gesprächspartner ernst nehmen
- In Unterrichtsgesprächen fair und sachlich bleiben
- Blickkontakt halten und Rhetorik-Regeln befolgen
- Vereinbarte Melderegeln beachten und einhalten
- Gespräche leiten und überzeugend voranbringen
- Andere Standpunkte tolerieren und offen beraten
- Vor der Klasse stichwortgestützten Vortrag halten
- Plakate/Folien in kooperativer Weise präsentieren
- Eigene Meinungen/Behauptungen gut begründen

etc.

Dieses Fördern des »linearen Kommunizierens« wird in Phase 5 dahingehend erweitert, dass der Fokus nunmehr auf das Feld der »diskursiven Kommunikation« gerichtet wird, das heißt auf die Verbesserung des miteinander Redens und Diskutierens in kleineren oder größeren Gruppen (vgl. ebenda, S. 190 ff.). Darin eingeschlossen sind Strategien des guten Zuhörens und des konstruktiven Dialogs, aber auch Übungen und Klärungen in puncto »Melderegeln einführen«, »Redewendungen beurteilen«, »Gesprächsregeln festlegen« oder »Feedback geben und nehmen«. Bei alledem braucht es nicht nur grundständige Klärungen, sondern auch autorisierte Regelwächter, die die vereinbarten Kommunikationsstandards überwachen, einfordern und immer dann intervenieren, wenn gegen einzelne Regeln verstoßen wird. Auch das ist Teil der intendierten Kommunikationsförderung und Regelfestigung.

Abgerundet wird diese Trainingsarbeit in Phase 6 mit der praktischen Durchführung ausgewählter Kommunikationsarrangements – angefangen beim Planspiel, Rollenspiel, Hearing oder Tribunal über Pro-und-Kontra-Debatte, Talkshow, Stationen-Gespräch oder kontrolliertem Dialog bis hin Konferenzspielen, Klassenratssitzungen oder fiktiven Parlamentsdebatten (vgl. ebenda, S. 219 ff.). Bei der Durchführung dieser relativ komplexen Kommunikationsarrangements sind nicht nur die eingeführten Regeln zu beachten und einzuhalten. Es werden auch die angesprochenen Regelwächter eingesetzt, Feedbacks gegeben und gezielte Kritik- und Reflexionsphasen eingestreut. Das alles dient der Festigung der festgelegten Kommunikationsregeln. Die eigentliche Konsolidierung dieser Regeln und Verfahren findet allerdings erst durch deren regelmäßige Anwendung in den offiziellen Fachstunden statt.

Dieses konsequente Vorgehen fördert die nötige Routinebildung aufseiten der Schüler:innen. Wie genau das geschieht, wird im angeführten Trainingshandbuch dargelegt und mittels zahlreicher Stundenbilder und Arbeitsmaterialien konkretisiert (vgl. Klippert 2018). Von daher kann an dieser Stelle auf nähere Erläuterungen zur praktischen Trainingsarbeit und Trainingsorganisation verzichtet werden. Wichtig ist nur, dass möglichst ausgeprägt auf kommunikationszentrierte Blockphasen (Doppelstunden, Trainingstage, Projekttage et cetera) gesetzt wird, die dabei helfen, das kommunikative Lernen der Schüler:innen planvoll in die Tiefe zu treiben. Dazu gehört auch, dass die betreffenden Übungs-, Reflexions- und fachbezogenen Anwendungsphasen so aufeinander abzustimmen sind, dass die involvierten Kinder und Jugendlichen ihr Gespür für konstruktive Verständigungsprozesse ebenso sensibel wie nachhaltig verbessern können.

Dabei kann es durchaus sein, dass sich der inhaltliche Fokus dieser Kommunikationsschulung auch mal ganz direkt auf reale Konflikte/Kriege richtet, die einer intensiven Reflexion bedürfen. Nötig sind dann lediglich die entsprechenden konfliktspezifischen Basismaterialien, die den informationellen Grundstock für mögliche Debatten, Vorträge oder sonstige Präsentations- und Kommunikationsbeiträge liefern. Die in Kapitel fünf dokumentierten Materialien und Reflexionsanstöße enthalten genau solche Anregungen zur kommunikativen Auseinandersetzung mit ausgewählten Friedensfragen. Allerdings geht es dabei weniger um das Bewusstmachen bestimmter Kommunikationsregeln, sondern vorrangig darum, die betreffenden friedensethischen Problemstellungen kommunikativ zu durchdringen – einschließlich der Klärung wichtiger Konfliktursachen und Konfliktlösungsmöglichkeiten.

## 4.5 Integrationsförderung im Fachunterricht

Wie bereits erwähnt, verlangt der Aufbau nachhaltiger Sozialkompetenzen mehr als temporäres Training nach Art der beiden letzten Abschnitte. Hinzukommen müssen zwingend regelmäßige Anwendungs- und Übungsphasen in den Schulfächern, damit es zur nötigen Konsolidierung der eingeführten Kommunikations- und

Kooperationsregeln und -verfahren kommen kann. Will sagen: Die Schüler:innen müssen in den gängigen Fachstunden möglichst oft und konsequent Gelegenheit erhalten, regelgebunden zu kommunizieren und zu kooperieren, mit wechselnden Lernpartnern zusammenzuarbeiten, unterschiedliche Standpunkte und Interessen zu erfassen, aktiv zuzuhören und aufeinander einzugehen, Feedback zu geben, auftretende Interaktionsstörungen offen anzusprechen und gelegentlich auch mal als Regelwächter zu fungieren und Verantwortung für die »Gemeinschaft« zu übernehmen.

Das alles dient dem Aufbau von Gemeinsinn und konstruktiver Zusammenarbeit. Stabile Gemeinschaften bilden sich nämlich nicht schon dadurch, dass die Lernenden sporadisch mal Gruppenarbeit machen oder einzelne interaktionsbetonte Trainingssequenzen im Sinne der letzten Abschnitte durchlaufen. Sollen sie tatsächlich zu stabilem konstruktivem Sozialverhalten und Konfliktmanagement gelangen, dann ist es zusätzlich erforderlich, das interaktive Arbeiten und Lernen in den Fächern so zu verankern, dass Kooperation, Kommunikation, Integration, Mitverantwortung, Interessenausgleich und Konfliktregelung zu einer alltäglichen Übung werden. Das aber verlangt für den Schulalltag, dass in möglichst großer Vielzahl Lernsituationen arrangiert und genutzt werden, die zur besagten Konsolidierung der eingeführten Regeln, Rituale und Interaktionsmethoden taugen.

Ein diesbezüglich bewährtes Instrument ist die sogenannte »Lernspirale« (vgl. Klippert 2016 und 2022a, S. 126 ff.). Dieses Unterrichtsskript sichert vielfältige Kooperations- und Kommunikationsaktivitäten allein dadurch, dass die Schüler:innen mittels Los-, Abzähl- oder sonstiger Zufallsverfahren immer wieder neu formiert werden und mit wechselnden Lernpartnern zusammenarbeiten und unterschiedliche Interessen, Sichtweisen und Anliegen abstimmen müssen. Diese kooperationszentrierte »Lernspirale« (vgl. Abb. 10) sorgt sowohl für eine verlässliche Aktivierung der Lernenden als auch dafür, dass sich infolge des steten Wechsels von

Einzelarbeit, Partnerarbeit, Gruppenarbeit und Plenaraktivitäten kein Lerner ernsthaft zurückziehen und sozial ausklinken kann. Jeder kann und muss mitmachen und mit wechselnden Lernpartnern kooperieren, das heißt, Probleme lösen, Meinungsverschiedenheiten austragen, Kompromisse schließen und anderes mehr. Das fördert die hier in Rede stehenden sozialen Kompetenzen und Integrationsfähigkeiten. Warum? Weil sowohl Interessenausgleiche als auch soziale Tugenden wie Toleranz, Respekt, Einfühlungsvermögen und Hilfsbereitschaft obligatorisch sind. Das alles stützt und stärkt die Sozialkompetenz der Schüler:innen.

Abbildung 10

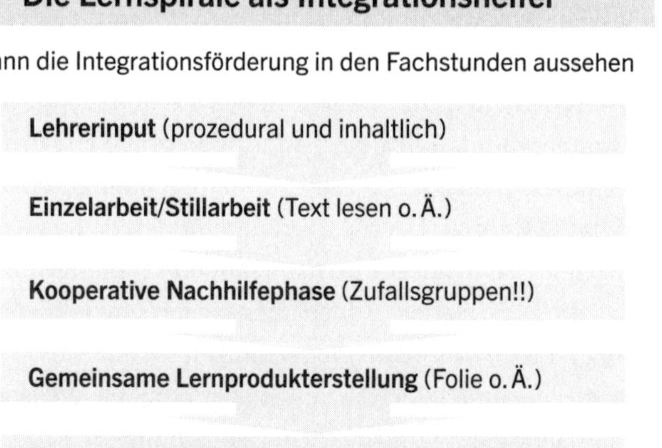


In diesem Sinne ist die auf differenzierte Kooperationsanlässe abstellende Lernspirale Mutmacher, Aktivierungsinstrument und soziales Bindemittel zugleich. Sie sichert Teamarbeit und Teamgeist, Kommunikation und regelgebundene Interaktion. Darüber hinaus ist sie ein Schutzschild für alle, die nicht gerne alleine arbeiten und/oder im Alleingang Gefahr laufen, vorschnell zu resignieren beziehungsweise überfordert zu sein. So gesehen wirkt das in der Lernspirale aufgehobene soziale Wechselspiel im besten Sinne des Wortes befreiend und friedensstiftend. Befreiend deshalb, weil ängstliche und/oder lernschwächere Kinder durch den sozialen Verbund von der Angst vor persönlichem Versagen befreit werden. Und friedensstiftend wirkt es insofern, als die wechselnden Gruppenformationen dafür sorgen, dass die Kinder lernen, mit unterschiedlichsten Partner:innen friedlich und verständnisvoll gehen und Kompromisse zu finden.

Eine weitere Besonderheit des skizzierten spiralförmigen Unterrichtsskripts ist die, dass die Schüler:innen trotz differenziertem Fördern und Fordern keine ernsthafte soziale Separierung und Diskriminierung befürchten müssen. Sie lernen zufallsbedingt miteinander und voneinander, ganz gleich, welche Differenzen sie in puncto soziale Herkunft, Leistungsvermögen, Lernmotivation oder Sozialverhalten aufweisen. Das fördert Toleranz, Einfühlungsvermögen, Solidarität und Kompromissbereitschaft im besten Sinne des Wortes. Will sagen: Der viel zitierte Integrationsanspruch erschöpft sich unter diesen Vorzeichen nicht darin, dass unterschiedliche Kinder im gleichen Raum sitzen und doch getrennt lernen. Vielmehr zielt dieser Anspruch ganz zentral darauf, dass alle Mitglieder einer Klasse themen- und materialgleich mit unterschiedlichsten Mitschüler:innen zusammenarbeiten. Möglich wird dieses schülerintegrierende Lernen durch das erwähnte Wechselspiel der Lernpartner, Lernmethoden, Lernaufgaben und Lernprodukte (vgl. Klippert 2016, S. 23 ff.).

Gäbe es dieses organisierte soziale Wechselspiel nicht, so könnte es leicht sein, dass einzelne ambitionierte/leistungsfähige Schüler:innen durch die dauerhafte Präsenz bestimmter »Problemkinder« überfordert würden. Deshalb ist es wichtig, dass über Los-, Abzähl- und andere Zufallsverfahren für eine gewisse Anforderungsvarianz, Talentvielfalt und »Chancengerechtigkeit« im Lernprozess gesorgt wird. Das begünstigt die Kooperations- und Integrationsbereitschaft aller. So gesehen ist das lernspiraltypische soziale, methodische und aufgabenspezifische Wechselspiel ein zentraler Integrationshebel, der ein verständnisvolles Miteinander der Schüler:innen unterstützt und erleichtert. Die gängigen Schulfächer bieten diesbezüglich vielfältige Gelegenheiten, die Kinder und Jugendlichen verstärkt zu verbinden und zu verbünden. So gesehen eröffnet das spiralförmige Arbeiten in den Fächern wichtige Übungsfelder, um den Geheimissen eines konstruktiven Miteinanders auf die Spur zu kommen.

## 4.6 Zum Wert gezielter Reflexionsphasen

Gelingendes Miteinander in Schule und Unterricht verlangt aber noch ein Weiteres, nämlich die vertiefende Bewusstmachung der praktizierten Kommunikations-, Kooperations-, Integrations- und Konfliktregelungsverfahren. Erst dann nämlich bilden sich nachhaltige Kompetenzen und Einstellungen. Ohne diese konsequente Feedback- und Reflexionsarbeit bleibt vieles eher hohl und vordergründig. Und genau das ist eines der Grundprobleme im Schulalltag. Viele Schüler:innen interagieren zwar irgendwie, verhalten sich gelegentlich sogar regelkonform, wissen unter dem Strich häufig allerdings nicht wirklich zu begründen und zu erläutern, worauf es in Gruppenarbeitsphasen und Konfliktregelungsprozessen wirklich ankommt. Das ist dann eher naiver Aktionismus mit all seinen Zufälligkeiten, Brüchen, Kurzschlüssen, Verletzungen und sonstigen Störungen. Defizite dieser Art gibt es allerdings nicht nur in Schulen, sondern nicht selten auch auf der Ebene des internationalen Konfliktmanagements.

Vieles ist einfach nicht hinreichend durchdacht beziehungsweise reflektiert. Kein Wunder also, dass in Gruppenarbeitsphasen vieles aus dem Bauch heraus gemacht und entschieden wird. Von daher genügt es nicht, wegweisende Regeln zum Interaktions- und Konfliktregelungsverhalten aufzustellen und diese bei Bedarf auch einzufordern. Damit werden die tieferen Schichten des Bewusstseins nur selten erreicht. Was zwingend hinzukommen muss, ist der reflexionsgebundene Aufbau von Überzeugungen, persönlichen Vorsätzen und durchdachten Handlungsroutinen aufseiten der Schüler:innen, und zwar in puncto Kooperation, Kommunikation und Konfliktregelung. Reflexion schließt hierbei Rekapitulation, Hinterfragen, Bewerten, Berichten, Diskutieren und anderes mehr mit ein. Je eindringlicher derartige Reflexionsphasen angesetzt und durchlaufen werden, desto eher bilden sich bewusste Handlungsweisen aus.

Dazu braucht es möglichst regelmäßige Reflexionsphasen, die sich an durchgeführte Gruppenarbeiten anschließen. Zum einen, um ein Mehr an Teamgeist und Kooperationsbereitschaft zu erreichen. Zum zweiten aber auch deshalb, weil dadurch die involvierten Kinder und Jugendlichen in die Lage versetzt werden, auftretende Herausforderungen und Konflikte in Gruppen mit der nötigen Zuversicht und strategischen Routine anzugehen. Nur so lässt sich ein hinreichend verinnerlichtes Interaktionsverhalten sicherstellen, das auch bei Meinungsverschiedenheiten oder sonstigen sozialen Friktionen beibehalten wird. An Reflexionsanlässen bietet sich dabei vieles an: Das beginnt mit der gezielten Reflexion einzelner Interaktionsmethoden während der angesprochenen Trainingstage (vgl. die Abschnitt 4.3 und 4.4) und reicht bis hin zur gelegentlichen Reflexion erlebter Interaktionsprozesse und -störungen im Fachunterricht.

Der Begriff »gelegentlich« ist dabei durchaus dehnbar. Für die Anfangsphase des kooperativen Lernens in den Fächern meint er, dass relativ häufig Reflexionsgelegenheiten eröffnet werden müssen, damit die Schüler:innen erst mal eine gewisse Grundsicherheit entwickeln. Mit wachsender Vertrautheit kann diese Reflexionsarbeit dann allerdings zurückgefahren werden. In welchem Maße das geschieht, hängt maßgeblich davon ab, wie souverän die betreffenden Lerner zu kooperieren, zu kommunizieren und kritisches Feedback zu geben verstehen. Trotzdem empfehlen sich auch für routinierte Lerngruppen immer mal wieder gezielte Reflexionsphasen, in denen die erkennbaren Stärken, Schwächen und Änderungsbedarfe der Interagierenden bilanziert und besprochen werden. Zur Erinnerung: Im Falle der im letzten Abschnitt angesprochenen Lernspiralen sind solche Reflexionsanlässe insofern obligatorisch, als am Ende einer jeden Lernspirale eine entsprechende Phase vorgesehen ist (vgl. Abbildung zehn auf Seite 187).

Kritik und Selbstkritik, Zuhören und Perspektivenwechsel sind von daher selbstverständliche Bestandteile der skizzierten Lernspiralen. Das gilt sowohl im Blick auf die inhaltlichen Ergebnisse der durchgeführten Lernarbeiten als auch in Bezug auf das gezeigte Interaktionsverhalten der einzelnen Schüler:innen. Egal, ob diese nun aufgefordert sind, eine Gruppenarbeit oder eine kooperative Präsentation zu reflektieren, einzelnen Gruppenmitgliedern Feedback zu geben, die gruppeninterne Zeit- und Arbeitsplanung zu überdenken oder das interne Konfliktmanagement kritisch unter die Lupe zu nehmen – stets verbindet sich damit die Chance, zu einem bewussteren Interaktionsverhalten zu gelangen.

Letztlich kommen derartige Reflexionsphasen allen zugute: den Schwächeren wie den Stärkeren, den Kooperationsskeptikern wie den Gruppenarbeitsbefürwortern, den Störenfrieden wie den gruppeninternen »Steuerleuten« (Regelwächter et cetera). Je verlässlicher solche Reflexionen angesetzt und durchgeführt werden, desto größer ist die Chance, dass sich bei den beteiligten Kindern und Jugendlichen wichtige prozedurale Schlussfolgerungen und Verhaltensvorsätze ausbilden. Das alles fördert ein Bewusstsein dafür, worauf in Kooperations- und Konfliktsituationen besonders zu achten ist. Die Beurteilung internationaler Konflikte kann davon nur profitieren.

## 4.7 Transferprobleme und Transferchancen

Das skizzierte kooperative Lernen gehört durchaus zu den Standards moderner Pädagogik (vgl. Green 2005; Klafki 1992; Brüning/Saum 2007). Allerdings liegt seine engagierte und qualifizierte Umsetzung vielerorts noch ziemlich im Argen. Verantwortlich dafür sind keinesfalls nur die in den Abschnitten 4.3 und 4.4 beschriebenen motivationalen und operativen Defizite der Schüler:innen. Schuld daran sind auch und vor allem die fehlenden institutionellen Vorkehrungen und Festlegungen in den Arbeitsplänen und Stundentafeln der Schulen. Wer ist eigentlich für den Aufbau nachhaltiger Sozialkompetenzen zuständig? In den meisten Schulen beziehungsweise Kollegien sorgt diese Frage deshalb für ziemliche Irritationen, weil einerseits alle, letztlich aber niemand wirklich für diese Ebene der Kompetenzentwicklung verantwortlich ist. Es mangelt sowohl an einschlägigen schulrechtlichen und schulorganisatorischen Rahmenregelungen als auch an klaren personellen Zuständigkeiten in den Schulkollegien.

Die etablierten Fachlehrer:innen sehen sich in aller Regel primär als Anwältinnen oder Anwälte ihrer Fachinhalte und fachlichen Lernziele und weniger als Verantwortliche für den Aufbau von Teamgeist, Kommunikationsfähigkeit oder Konfliktregelungskompetenz. Das hängt zum einen mit der etablierten Lehreraus- und -fortbildung zusammen, zum anderen aber auch damit, dass die herkömmlichen Stunden- und Stoffverteilungspläne wenig Raum für diese Art von Kompetenzförderung lassen. Sowohl die Lehrerbildung als auch die Curricula richten ihr Hauptaugenmerk auf inhaltliche und fachdidaktische Fragen und weniger auf die Entwicklung grundständiger Sozialkompetenzen. Will sagen: Im

Vordergrund steht das fachliche Lernen, während das sozial-kommunikative Lernen eher ein Schattendasein führt. Die Hauptsache, die Schüler:innen wissen fachlich Bescheid und erreichen die fachlichen Lernziele.

Die neuen Bildungspläne setzen zwar deutlich andere Akzente. Trotzdem besteht in Sachen Sozialkompetenzförderung nach wie vor ein ernsthaftes Zuständigkeitsproblem. Woran es vielerorts mangelt, das ist die verbindliche Verankerung der in den Abschnitten 4.3 bis 4.5 skizzierten Sozialkompetenzförderung in den Lehrplänen und Stundentafeln der Schulen. Wer macht was, wann und mit wem? Diese Fragenkaskade ist in den meisten Schulen völlig unterbelichtet. Dadurch aber gerät die skizzierte Qualifizierungsaufgabe nur zu oft aus dem Blick oder wird bestenfalls sporadisch wahrgenommen. Das betrifft sowohl die besagten Trainingstage als auch die vertiefenden Konsolidierungsmaßnahmen in den Fächern. Wer bereitet diese vor? Wer organisiert und betreut die anstehenden Trainingstage? Wie sehen die entsprechenden Zeit- und Arbeitspläne aus? Wer sorgt dafür, dass die eingeführten Regeln und Verfahren in den Fächern vertiefend angewendet werden? Wer evaluiert das Maßnahmenpaket? Wie sieht die korrespondierende Elternarbeit aus? Et cetera.

Diese und andere Fragen deuten an, dass es in den meisten Schulen noch ziemliche Leerstellen gibt, die dem sozial-integrativen Arbeiten und Lernen entgegenstehen. Das betrifft die Interaktionsarbeit in den Fächern genauso wie die grundständigen Kommunikations- und Teamtrainings im Rahmen spezieller Trainingstage beziehungsweise Trainingswochen (vgl. Klippert 2016a, S. 36 ff.). Beides muss deutlich nachdrücklicher als bisher institutionalisiert und sowohl bei der Unterrichtsplanung als auch bei der Trainingsvorbereitung bedacht werden. Diese Institutionalisierungsarbeit schließt mit ein, dass verbindlich geklärt wird, wann, wo, von wem und in welcher Weise die betreffenden Stunden vorzubereiten und zu archivieren sind – und zwar so, dass die erarbeiteten Materialien und Stundenbilder für alle Lehrkräfte zugänglich sind. Die Erfahrung zeigt, dass es dazu in den meisten Schulen keine hinreichenden schulorganisatorischen und unterrichtspraktischen Festlegungen gibt, die dafür sorgen, dass das intendierte soziale Lernen die nötige Struktur, Qualität und Verbindlichkeit bekommt.

Bewährt haben sich diesbezüglich gleich mehrere schulorganisatorische Maßnahmen: Nämlich erstens das Bilden schulinterner Teams (Klassenteams, Fachteams), zweitens das Einrichten spezifischer Workshops zur gezielten Trainings- beziehungsweise Lernspiralvorbereitung, drittens das Nutzen einschlägiger Lehrerfortbildungsangebote, viertens das Festschreiben profilierter Trainingstage/Trainingswochen im Jahresarbeitsplan der Schule sowie fünftens das Einplanen und Durchführen korrespondierender Elternveranstaltungen zur Gewinnung der nötigen Elternunterstützung (vgl. dazu Klippert 2013, S. 150 ff.). Dieses konzertierte Vorgehen ist deshalb wichtig, weil damit der in vielen Schulen existierenden »Kultur der Unverbindlichkeit« entgegengewirkt werden kann. Das ist Herausforderung und Chance zugleich, dem sozialen Lernen mehr Breite und Tiefe zu geben.

Fehlen diese schulorganisatorischen Ankerpunkte, so besteht bei traditionell gepolten Lehrkräften die Tendenz, sich beim Vermitteln grundlegender Sozialkompetenzen bewusst zurückzuhalten und bestenfalls sporadisch zu beteiligen. Je konsequenter daher die Institutionalisierung der angesprochenen Fortbildungsseminare, Workshops, Archivierungsverfahren, Trainingswochen, Unterrichtshospitationen, Teambesprechungen, Elternveranstaltungen und Evaluationsvorhaben erfolgt und je planvoller die jeweilige Schulleitung dieses konzertierte Vorgehen einfordert und managt, desto erfolgversprechender wird das Ganze. Das Problem ist nur, dass sich viele Schulleitungen in Sachen Kooperations- und Kommunikationsförderung in Schule und Unterricht selbst schwertun und eher indifferent verhalten. Kein Wunder also, dass diese Zurückhaltung vielerorts Unverbindlichkeit zur Folge hat.

Wenn diese Unverbindlichkeit überwunden werden soll, dann bedarf es zwingend einschlägiger Vorkehrungen auf mindestens drei Ebenen: erstens bei Lehrkräfte-Qualifizierung, zweitens bei der Kooperation der Lehrkräfte sowie drittens bei der Vorbereitung der Schulleitungen. Und zwar sowohl in Sachen Teambuilding und Teamarbeit im Kollegium als auch im Hinblick auf die strategische Rahmung des sozial-integrativen Lernens in Schule und Unterricht. Dieses Innovationsmanagement der Schulleitungen liegt vielerorts erheblich im Argen. Zwar lässt sich zur Entschuldigung einwenden, dass die amtierenden Führungskräfte die Lehr-/Lernkulturen in ihren Schulen in aller Regel nur begrenzt beeinflussen können. Gleichwohl hängt von ihren schulinternen Weichenstellungen und Unterstützungsangeboten ganz maßgeblich ab, ob das sozial-integrative Lernen in den Klassen und Jahrgängen mit verstärkter Entschiedenheit, Kreativität und Kooperationsbereitschaft vorangetrieben wird oder nicht.

Auch die Stundentafeln, Stundentakte, Lehrmitteldepots und Schülerbeurteilungsverfahren erschweren oft das Institutionalisieren des skizzierten sozialen Lernens. So sind zum Beispiel die gängigen 45-Minuten-Einheiten in unseren Schulen nur sehr begrenzt geeignet, um dem sozialen Lernen den nötigen Raum zu geben. Nicht zuletzt die landläufigen Schulbücher, Curricula und Benotungsverfahren stehen dem intendierten sozialen Lernen eher entgegen. Von daher bedarf es zwecks Sozialkompetenzerweiterung sowohl verbesserter Arbeitsumstände für die Lehrkräfte (Fortbildung, Workshops et cetera) als auch veränderter Lerngegebenheiten für die Schülerinnen und Schüler. Doppelstunden, Projekttage, veränderte Lehrmittel und anderes mehr können fraglos dazu beitragen, dass das soziale Lernen der Schüler:innen an Intensität und Breite gewinnt. Die friedensethische Kompetenzerweiterung kann davon nur profitieren.

# 5. Reflexionsanstöße für Friedensuchende

Das fünfte Kapitel bildet den Hauptteil des Buches. Eingedenk der in Kapitel drei umrissenen Optionen werden in den nachfolgenden Abschnitten einschlägige Texte, Fakten, Kommentare und Kontroversen zum Themenkomplex Krieg und Frieden dokumentiert, die im besten Sinne des Wortes nachdenklich machen und Diskussionen auslösen sollen. Dabei geht es vorrangig um Impulse, mit deren Hilfe ein Mehr an Problembewusstsein, Hintergrundverständnis und analytischem Tiefgang erreicht werden soll und kann. Der Grundgedanke dabei ist der, dass es das oberste Gebot einer friedensethischen Meinungsbildung sein muss, den persönlichen Kriegsreflex einzudämmen, hinter die Kulissen der »Kriegstreibereien« zu schauen und relevante Fakten, Widersprüche, Verdrehungen, Lügen, Provokationen, Heucheleien und sonstige »Tricks« der betreffenden Konfliktparteien aufzudecken, aber auch mögliche Konfliktlösungsoptionen in den Blick zu nehmen und zu reflektieren. Wie gesagt: Wer Frieden will, muss den Frieden vorbereiten und sein Denken, Planen und Reflektieren genau in diese Richtung lenken. Dann bestehen gute Chancen, dem intendierten »reflektierten Pazifismus« näherzukommen und das verbreitete Schwarz-Weiß-Denken zu überwinden. Die Materialien in den Abschnitten 5.3 ff. eröffnen diesbezüglich zahlreiche Reflexionsanstöße.

## 5.1 Grundsätzliches zum Materialangebot

Die dokumentierten Reflexionsbausteine umfassen je drei Teile: erstens einen orientierenden Einführungstext zur jeweiligen Friedensfrage, zweitens einen tabellarisch gehaltenen Leitfaden für Lehrkräfte, die entsprechende Meinungsbildungsprozesse in ihren Klassen beziehungsweise Seminaren anstoßen wollen, sowie drittens einen vertiefenden Informationsblock mit nachdenklich machenden Fakten und Impulsen zur jeweiligen Friedensthematik. Einführungstext und Informationsblock können für sich gelesen und zur persönlichen Meinungsbildung genutzt werden. Sie können aber auch Gegenstand kooperativer Reflexions- und Meinungsbildungsprozesse in Klassen oder Seminargruppen sein. Wichtig ist ferner, dass die in den Teilen eins und drei dokumentierten »Basistexte« keine Quellenauszüge im klassischen Sinne liefern, sondern orientierende und sorgfältig recherchierte Eigentexte bieten, die differenzierte Informationen und Denkanstöße liefern, ohne uferlos Quellen zu zitieren.

Hinter dieser Entscheidung für knapp formulierte Eigentexte stehen sowohl Platzgründe als auch Kostengründe. Platzgründe insofern, als in diesem Buch einfach kein Platz ist, um zu den einzelnen Friedensfragen/Konfliktfeldern alle möglichen Zeitungsartikel, Forschungsberichte, Buchauszüge oder sonstigen Quellen im Original abdrucken zu können. Das würde den Rahmen des Buches sprengen. Gleiches gilt für die Kostenseite, da die Abdruckerlaubnis bei vielen Quellen doch recht teuer ist und den Buchpreis in die Höhe treiben müsste. Von daher habe ich mich für das gute alte Mittel der »didaktischen Reduktion« entschieden und auf Basis differenzierter eigener Recherchen »Basistexte« verfasst, die den Leser:innen eine knappe, aber seriöse Grundlage für die eigene Meinungsbildung verschaffen. Selbstverständlich wird auf zugrunde liegende Quellen hingewiesen.

Da bei allen Reflexionsbausteinen zusätzliche Recherchen nicht nur möglich, sondern sogar erwünscht sind, kann die persönliche Meinungsbildung natürlich weiter fundiert werden. Derartige Zusatzrecherchen empfehlen sich vor allem für politisch ambitionierte Jugendliche und Erwachsene – vorausgesetzt, deren häusliche, schulische oder seminarspezifische Arbeitsumstände geben dieses her. So gesehen sind ergänzenden Recherchen kaum Grenzen gesetzt. Allerdings reichen die dokumentierten »Basistexte« in der Regel aus, um grundlegende Denkanstöße zu erfahren und den besagten »reflektierten Pazifismus« seriös anzubahnen. Die Texte machen nachdenklich und gewähren wichtige Einblicke in typische Einseitigkeiten, Auslassungen und Halbwahrheiten der politischen Protagonisten. Doch nicht nur das. Sie tragen auch dazu bei, dass ein gewisses Mitgefühl mit den eigentlichen Opfern der Kriege geweckt wird, nämlich den zahllosen unschuldigen Zivilistinnen, Zivilisten, Soldatinnen und Soldaten.

Die durch die Materialien ausgelösten Arbeitsprozesse zielen auf Kritikfähigkeit und Problembewusstsein, auf Hinterfragen und Relativieren, auf Kontroversität und Mündigkeit (vgl. Adorno 1972). Das vorgesehene Reflektieren von Kriegsereignissen, Kriegsursachen, Kriegsfolgen, Kriegspropaganda, Eskalationsmaßnahmen, Verhandlungsoptionen und sonstigen relevanten Friedensfragen unterstützt dieses letztgenannte Mündigwerden. Da die meisten Reflexionsbausteine relativ zeitintensiv angelegt sind, ist es zudem wichtig, entsprechende Zeitfenster für die fällige Informationserarbeitung, -auswertung und -aufbereitung einzuplanen. Es genügt nun einmal nicht, die vorliegenden Materialien nur eben mal zu lesen und vielleicht noch zu markieren. Sehr viel wichtiger ist es, dass die betreffenden Informationen vertiefend erschlossen und in produktive »Mindmaps« der verschiedensten Art überführt werden, damit sich ein möglichst reflektiertes Meinungsbild entwickeln kann.

Abbildung 11

## Typischer Klärungsprozess in Gruppen

2 konträre Texte

- Orientierende Instruktionen zum Arbeitsablauf
- Die Schüler lesen und markieren ihre Textvorlage
- Beratungsphase in textgleichen Zufallsgruppen
- Jede Gruppe notiert wichtige Punkte/Argumente
- Pro-Kontra-Debatte unter Leitung der Lehrkraft
- In Mischgruppen werden Kommentare verfasst
- Ausgeloste Gruppensprecher lesen Kommentare vor
- Offene Aussprache zur erlebten Kontroverse
- Reflexion und Beurteilung der Lernergebnisse

Für dieses bohrende Arbeiten eignen sich besonders die erwähnten kooperativen Reflexionsprozesse in Schulklassen oder Seminaren, die vielseitige Interaktions-, Konstruktions- und Klärungsaktivitäten ermöglichen. Ein Beispiel für diese spiralförmige Arbeitsweise findet sich in Abbildung elf. Gestartet wird der dort skizzierte Meinungsbildungsprozess rund um zwei divergierende konfliktbezogene Zeitungskommentare mit einer kurzen orientierenden Eingangsinstruktion, die den anstehenden Arbeitsprozess umreißt. Dann werden die beiden Kommentarversionen gleichmäßig verteilt, sodass jede Person entweder die eine oder die andere Sichtweise zum fraglichen Konflikt kennenlernt und auszuwerten hat. In Schritt drei werden sodann per Los- oder Abzählverfahren textgleiche Kleingruppen gebildet, die ihre unterschiedlichen Kommentarversionen zunächst beraten, bevor sie diese dann in Schritt vier in einen persönlichen »Spickzettel« überführen.

In Schritt fünf steht dann eine blickerweiternde Pro-und-kontra-Debatte an, in deren Verlauf Gruppensprecher:innen unter Nutzung ihrer »Spickzettel« ihre konkurrierenden Statements einbringen und zur Diskussion stellen. Das sichert »Kontroversität« und bildet zugleich die Basis dafür, dass in Schritt sechs neue Zufallsgruppen gebildet werden können, die unter Beachtung aller vorgetragenen Argumente einen »optimierten« eigenen Kommentar zu schreiben haben. Die so generierten »objektivierten« Kommentare werden in Schritt sieben von ausgelosten Gruppenmitgliedern im Plenum vorgelesen und bei Bedarf eingehender erläutert. Abgeschlossen wird der skizzierte Meinungsbildungsprozess in den Schritten acht und neun mit übergreifenden Reflexionen zu den gewonnenen Erkenntnissen und Fragen.

Diese Verlaufsskizze verdeutlicht die tiefschürfende Arbeits- und Interaktionsweise, die sich in Klassen oder Seminargruppen arrangieren lässt. Ob es dabei immer so viele Etappen sein müssen oder nicht doch gestrafft werden kann, hängt letztlich davon ab, um welche Altersstufe und Zeitdauer (Doppelstunde o. Ä.) es sich handelt. Wohlgemerkt: Das bohrende Arbeiten der Seminarteilnehmer:innen ist Programm! Das schließt ein, dass möglichst oft und variantenreich recherchiert, analysiert, exzerpiert, diskutiert, kommentiert, visualisiert, präsentiert, interviewt, verhandelt, geschrieben oder in anderer Weise für mehr Klarheit gesorgt wird. Das begünstigt eine fundierte Meinungsbildung. Der gängige Zeitbedarf der vorgeschlagenen Reflexions- und Klärungsprozesse liegt in der Regel bei 60 bis 90 Minuten – manchmal auch darüber. Diese vergleichsweise lange Zeitspanne erklärt sich daraus, dass vielschichtig an und mit den dokumentierten Materialien und Problemstellungen gearbeitet wird. Das braucht zwar Zeit, bringt aber auch relativ intensive friedensethische Einsichten.

## 5.2 Produktives Arbeiten als Klärungshilfe

Ganz gleich, ob die intendierten Meinungsbildungsprozesse nun in Gruppen laufen oder im stillen Kämmerlein zu Hause stattfinden – grundsätzlich empfiehlt sich ein produktiver Zuschnitt der Materialerarbeitung und Urteilsfindung. Das beginnt beim Markieren, Exzerpieren und Recherchieren von Texten und reicht über das Erstellen korrespondierender Mindmaps, Kommentare, Schaubilder, Leserbriefe, Gedichte und persönlicher »Spickzettel« bis hin zum gemeinsamen Produzieren von Plakaten, Debatten, Hearings oder Rollenspielen in Gruppen. Diese produktive Arbeitsweise trägt maßgeblich dazu bei, dass sich die vorliegenden Informationen zu substanziellen eigenen Erkenntnissen und Einsichten kristallisieren. Wichtig auch: Die besagte Konstruktionsarbeit hebt sich vom landläufigen rezeptiven Lernen deutlich ab (lesen, zuhören, abschreiben et cetera) und betont ganz dezidiert den Aufbau von Wissen und Erkenntnissen. Kognitionsforscher wie Franz E. Weinert sprechen diesbezüglich vom Aufbau »Intelligenten Wissens« (vgl. Weinert 2000, S. 5) und verweisen damit auf die Lernwirksamkeit persönlicher Konstruktionsarbeiten (zum Konstruktivismus vgl. Reich 2002, Siebert 2003).

Fehlt dieser konstruktive Zugriff auf vorliegende beziehungsweise selbst recherchierte Materialien, so ist die Gefahr groß, dass die eigene Meinungsbildung übermäßig flach und nebulös bleibt. Das Lesen eines Textes oder Buches reicht nun einmal nicht aus, um nachhaltige Kenntnisse und Erkenntnisse aufzubauen. Von daher ist es für das tiefergehende Begreifen von Konflikten, Kriegsgefahren und Friedensperspektiven wichtig, dass die unterschiedlichen Informationen möglichst gehirngerecht verarbeitet und so aufbereitet werden, dass sich griffige kognitive Wissensnetze bilden können, die für mehr geistige Klarheit sorgen. Die besagten Konstruktionsarbeiten sind ein probates Mittel, um die eigenen Gedanken, Informationen und Erkenntnisse in produktiver Weise zurechtzuruckeln und medial/szenisch zu fixieren. Das begünstigt das Entstehen wichtiger kognitiver »Ankerpunkte« und Einsichten.

Die besagten Konstruktionsarbeiten sichern aber nicht nur den nötigen geistigen Tiefgang; sie wirken auch motivierend. Wer nämlich ein Werk verrichtet, eigene Gedanken zu Papier bringt oder in anderer Weise aktiv und produktiv tätig wird, der wird gemeinhin nicht nur mental inspiriert, sondern in aller Regel auch motivational vorangebracht. Es entsteht tätigkeitsgebundene Kompetenzmotivation (vgl. Bruner 1981, S. 22). Verantwortlich dafür ist die stimulierende Wirkung der »kognitiven Aktivierung«, wie sie seitens der Lern-, Gehirn- und Gedächtnisforschung seit Langem empfohlen wird (vgl. Hattie 2015, S. 218 ff.). Dahinter steht das erwähnte pädagogische Credo, dass Menschen ihre Kenntnisse, Einschätzungen und Einsichten erst mal ganz genuin aufbauen müssen, wenn sie in konkreten Anwendungssituationen (zum Beispiel in politischen Debatten) verlässlich darauf zurückgreifen wollen.

So gesehen ist die skizzierte produktive Arbeitsweise ein wichtiger Hebel zur Förderung nachhaltiger Erkenntnisgewinnung – auch und gerade im Blick auf die Beurteilung internationaler Konflikte und Kriegsereignisse. Erkenntnisgewinnung verlangt nun einmal intensive Einblicke. Und diese Einblicke wiederum erfordern möglichst aktive, interaktive und produktive Zugänge, wie sie hier empfohlen werden. Das gilt sowohl für die individuelle Meinungsbildung zu Hause als auch für kollektive Klärungsprozesse in Schulen oder anderen Bildungseinrichtungen. Zugegeben, das »geistige Pingpong« ist beim Selbststudium zu Hause schwerer zu erreichen als in funktionierenden Gruppen. Auch sind Debatten, Hearings, Rollenspiele, Interviews et cetera überhaupt nur in Gruppen zu realisieren, sodass deren Vorzüge für eine tiefgreifende Meinungsbildung außer Frage stehen. Gleichwohl hat auch das Selbststudium seinen Sinn.

Trotzdem liegt der Fokus bei den in den Abschnitten 5.3 bis 5.26 skizzierten Arbeitsanregungen ganz bewusst auf dem kooperativen

Arbeiten in Schulen und sonstigen Bildungsstätten, wo Gruppenarbeit, Zufallsgruppen, Kommunikation, Interaktion, Rollenspiele, Partnerinterviews, Feedbacks, Dispute, kooperative Präsentationen, gemeinsame Reflexionen und anderes mehr relativ problemlos zu organisieren sind. Unter diesen Umständen kann die intendierte spiralförmige Meinungsbildung zu den unterschiedlichsten Friedensfragen am ehesten Platz greifen. Die diversen tabellarischen Verlaufsskizzen in den Abschnitten 5.3 ff. veranschaulichen, was damit gemeint ist. Das heißt im Umkehrschluss allerdings nicht, dass ein Selbststudium der dokumentierten Basistexte und Impulsmaterialien keinen Nutzen hat. Auch wenn die diskursive Vertiefung fehlt, so können die gebotenen Denkanstöße trotzdem mit Gewinn gelesen, durchdacht und in persönlichen Gesprächen eventuell noch vertieft werden.

Außerdem kann sich natürlich auch jeder »Einzelkämpfer« während oder nach der Lektüre der dokumentierten Texte das eine oder andere korrespondierende Exzerpt erstellen – sei es nun als Merkhilfe oder zur inhaltlichen Selbstvergewisserung. Das kann zum Beispiel eine Assoziationsskizze zum Thema Frieden oder ein kleines Gedicht zur Kriegstreiberei oder auch ein gezielter Leserbrief zu einem bellizistischen Zeitungsartikel sein. Das können aber auch materialzentrierte Schaubilder, Tabellen, Mindmaps, Kommentare, Fragecluster oder sonstige »Spickzettel« sein, die den persönlichen Klärungsprozess vorantreiben helfen und dem eigenen Denken klarere Konturen geben. Auch Selbstgespräche oder kleine Vorträge vor dem Spiegel können durchaus hilfreich sein und die persönliche Meinungsbildung fördern. Wie gesagt: Kooperative Klärungsprozesse haben Priorität, ein konzentriertes Selbststudium kann aber ebenfalls seinen Reiz haben. Eventuell lassen sich beide Zugänge sogar gut kombinieren.

## 5.3 Den eigenen Kriegsbildern auf der Spur

Da die meisten Menschen visuelle Typen sind und zu allen möglichen Themen meinungsbestimmende Bilder in ihren Köpfen haben, empfiehlt es sich, diese Bilderwelten kognitiv zu aktivieren, um auf diese Weise vorhandenen Voreinstellungen und Vorkenntnissen zur Kriegsthematik auf die Spur zu kommen. Welche Haltungen, Klischees und sonstigen Zerrbilder schlummern im eigenen Kopf? Welche Vorurteile haben sich eingenistet? Welche Unsicherheiten existieren? Diese Fragestellungen zeigen, dass Menschen in friedensethischer und friedenspolitischer Hinsicht stets »vorbelastet« sind.

Die Methode des assoziativen Zeichnens ist ein bewährter Ansatz, um etwaige Vorurteile ins Bewusstsein zu heben und dem weiteren Nachdenken, Überprüfen und Diskutieren zugänglich zu machen. Dabei geht es weder um Richtig oder Falsch noch um Schönzeichnen, sondern ganz vorrangig darum, die mehr oder weniger unausgegorenen Assoziationen zum Thema »Krieg und Frieden« zu Papier zu bringen und einer differenzierteren Betrachtung zu unterziehen. Diese Vorgehensweise löst erfahrungsgemäß nicht nur Nachdenklichkeit und erste Kontroversen aus, sondern eröffnet auch neue Sicht- und Urteilsweisen.

Die nachfolgende Lernverlaufsskizze macht deutlich, wie der ins Auge gefasste Arbeits- und Interaktionsprozess in Klassen beziehungsweise Seminaren aussehen kann. Im Zentrum stehen dabei – wie angedeutet – keine von außen eingebrachten Fotos oder Grafiken, sondern die besagten bildhaften Assoziationen der betreffenden Lernakteurinnen und -akteure (vgl. das abgebildete Beispiel). Sie entspringen deren »Vorbewusstsein« und sind daher in aller Regel unausgegoren und hochgradig reflexions- und diskussionsbedürftig.

Dieses Arbeiten mit persönlichen Assoziationsskizzen ist deshalb eine wichtige Stütze seriöser Meinungsbildung, weil das darin sich spiegelnde »Vorbewusstsein« häufig verhindert, dass differenziertes Nachdenken in Gang kommt – es sei denn, diese Vorurteile werden bewusst gemacht und in eine Art »produktive Unsicherheit« überführt, die das Bedürfnis nach weiteren Informations- und Klärungsschritten entstehen lässt.

Leitfaden für Lehrkräfte (Lernspirale)

| Arbeits-schritte | Sozial-formen | Mögliche Arbeits- und Kooperationsetappen | Tipps für die Lehrperson |
|---|---|---|---|
| 1 | Pl *) | **Orientierende Instruktionen:** Die Lehrperson erläutert den bevorstehenden Arbeits- und Meinungsbildungsprozess und visualisiert die betreffenden Arbeitsschritte. | Der Ablauf sollte gut sichtbar visualisiert werden (Folie o. Ä.). |
| 2 | EA | **Assoziatives Zeichnen:** Jede/r Teilnehmer/in skizziert spontan eigene Gedanken/Bilder zum Thema »Frieden« auf ein Blatt Papier (DIN A4). Jeder Aspekt ist zulässig. | Evtl. dickeres Papier bereitstellen. |
| 3 | DK | **Präsentation im DK:** Nun wird ein *Doppelkreis* gebildet, in dem sich die jeweiligen Partner ihre unterschiedlichen Assoziationsskizzen vorstellen. Nachfragen sind erlaubt. | Die Sch. bilden Kreis; dann geht jeder zweite nach innen. |
| 4 | DK | **Partnerwechsel:** Die neuen Partner präsentieren ihre Skizzen nochmals gegenseitig und besprechen etwaige Differenzen und Unklarheiten. | Sch. im Innenkreis gehen im Uhrzeigersinn zum Beispiel drei Personen weiter. |
| 5 | GA | **Kettenbericht vorbereiten:** In Zufallsgruppen werden die vorliegenden Skizzen gesichtet und zwecks späterer Präsentation in eine plausible Reihenfolge gebracht. | Gruppenbildung mittels Los- oder Abzählverfahren |
| 6 | Pl | **Präsentation und Aussprache:** Ausgeloste Gruppen präsentieren ihre »Bilderfolgen« und heften ihre Skizzen an die Tafel/Pinnwand. Danach folgt eine übergreifende Aussprache. | 2 Gruppen werden ausgelost. Alle Mitglieder präsentieren! |
| **Hinweis**: Die skizzierte »Lernspirale« kann selbstverständlich auch modifiziert werden. Sie sichert produktives und kooperatives Arbeiten in Gruppen, gibt aber auch die eine oder andere Anregung zur produktiven Alleinarbeit zu Hause. Wie eine konkrete Assoziationsskizze zur Friedensthematik aussehen kann, zeigt das nachfolgende Beispiel. | | | |

*) Pl = Plenumsphase; EA = Einzelarbeit; GA = Gruppenarbeit; DK = Doppelkreis

Skizze: Emma Quesnel

## 5.4 Die Wurzeln der Gewalt entschlüsseln

Wie im zweiten Kapitel des Buches skizziert, sind Aggressionen, Gewalttätigkeiten und bellizistische Neigungen von Menschen keine Zufallsprodukte, sondern in wesentlichen Teilen ein Erbstück unserer Gene und soziokulturellen Lebensumstände. Dies ins Bewusstsein zu heben, ist eine wichtige Voraussetzung für den Aufbau eines »reflektierten Pazifismus«. Das Wissen um diese Motoren menschlicher Gewalt schützt vor einer vorschnellen Dämonisierung und Diskreditierung einzelner Personen beziehungsweise Völker.

Die vorliegenden Textbausteine eröffnen die Gelegenheit, unterschiedliche Ansätze zur Erklärung menschlicher Aggressivität beziehungsweise Gewaltbereitschaft unter die Lupe zu nehmen und die wichtige Einsicht anzubahnen, dass die landläufige Schwarz-Weiß-Malerei ihre Tücken hat. In der Regel gibt es nämlich nicht die Aggressoren und die Friedliebenden, sondern eine grundsätzliche Mitverantwortung auf beiden Seiten, wenn Konflikte eskalieren oder Kriege entstehen – auch auf der Seite der vermeintlich Friedfertigen.

Sei es nun, dass diese die Interessen der Gegenseite bewusst oder unbewusst missachten, Provokationen starten, Kränkungen auslösen, Verunsicherung bewirken oder latente Ängste wach rütteln. Das alles kann den »archaischen« Aggressionstrieb der Menschen aktivieren und sowohl bei den politischen Machthabern als auch bei deren »Untertanen« eine fatale Kriegsbereitschaft auslösen. Das rechtfertigt zwar keinen brutalen Angriffskrieg, lässt aber deutlich werden, dass Gewalttätigkeiten selten unprovoziert entstehen.

Von daher ist es wichtig, sich die Fragwürdigkeit einseitiger Schuldzuweisungen und Dämonisierungsversuche ins Bewusstsein zu heben und die latente Gewaltbereitschaft der Menschen ganz generell in den Blick zu nehmen. Welche Wurzeln diese Gewaltbereitschaft hat, wird im nachfolgenden Basismaterial umrissen. Da die sechs Erklärungsstränge nur angerissen werden können, macht es Sinn, im Internet vertiefend zu recherchieren und zum einen oder anderen »Reizwort« zusätzliche Informationen einzuholen. Wie die korrespondierende Klärungsarbeit in Schulklassen oder Seminaren ablaufen kann, zeigt der nachfolgende Leitfaden für Lehrkräfte.

## Leitfaden für Lehrkräfte (Lernspirale)

| Arbeitsschritte | Sozialformen | Lern- und Kooperationsaktivitäten der Schüler:innen | Tipps für die Lehrperson |
|---|---|---|---|
| **1** | Pl *) | **Orientierende Instruktionen:** Die Lehrperson erläutert den bevorstehenden Arbeits- und Meinungsbildungsprozess und visualisiert die betreffenden Arbeitsschritte. | Die Lernspirale sollte gut sichtbar visualisiert werden (Folie o. Ä.). |
| **2** | EA | **Materialerarbeitung:** Alle lesen und markieren die sechs Textbausteine im vorliegenden Basismaterial und notieren sich etwaige Unklarheiten. | Basismaterial an alle verteilen und Arbeitshinweise geben. |
| **3** | GA | **Spezialisierte Gruppenarbeit:** Per Abzählen werden Gruppen gebildet, denen je ein Erklärungsansatz zugelost wird, der vertiefend zu beleuchten ist (zusätzlich Internet-Recherche) | Unterschiedliche Erklärungsansätze zulosen (siehe Info-Blatt). |
| **4** | PA | **Argumentationsleitfaden entwickeln:** Die Gruppenmitglieder notieren paarweise wichtige Argumente zu ihrem Erklärungsansatz für die spätere Anhörung (Spickzettel erstellen). | Die Gruppen aus Phase 3 bleiben zusammen. |
| **5** | Pl | **Anhörung durchführen:** Die Lehrperson plus 1–2 »Beisitzer« bilden den Anhörungs-Ausschuss und hören die Gruppensprecher:innen an und stellen gezielte Nachfragen. | »Beisitzer« auslosen und Tisch für Hearing arrangieren. |
| **6** | Pl | **Reflexion und Aussprache:** Abschließend werden die Arbeitsergebnisse besprochen und Ideen gesammelt, wie der menschlichen Feindseligkeit entgegengewirkt werden kann. | Geäußerte Ideen an Tafel/Pinnwand festhalten. |

**Hinweis**: Die skizzierte »Lernspirale« kann selbstverständlich auch modifiziert werden. Sie sichert produktives und kooperatives Arbeiten in Gruppen, gibt aber auch die eine oder andere Anregung zur produktiven Alleinarbeit zu Hause. Zusätzliche Recherchen im Internet sind grundsätzlich zu empfehlen – eventuell als vor- oder nachbereitende Hausaufgabe.

*) Pl = Plenumsphase; EA = Einzelarbeit; PA = Partnerarbeit; GA = Gruppenarbeit

## Vertiefende Sachinformationen

*Biologische Aggressionsquellen*

Verhaltensforscher wie Charles Darwin und Konrad Lorenz sehen menschliches Verhalten als instinkt- beziehungsweise triebgesteuert. Wer im Überlebenskampf bestehen will, muss sich gegenüber Konkurrenten und feindseligen Völkern behaupten. Deshalb halten die besagten Forscher aggressives Verhalten für naturgegeben. Es kommt von innen und ist durch biologisch-chemische Vorgänge im Körper und Gehirn des Menschen programmiert. Diese aggressiven Reflexe durchziehen die gesamte Menschheitsgeschichte.

*Psychologische Aggressionsquellen*

Für Verhaltenspsychologen wie Erich Fromm ist menschliche Destruktivität weniger organisch bedingt, sondern ganz vorrangig eine Folge psychischer Einflüsse und Reaktionen. Menschen, die sich gekränkt fühlen, Angst haben, frustriert sind, großes Geltungsbedürfnis besitzen oder daran gehindert werden, ihre Bedürfnisse/Interessen durchzusetzen, entwickeln oft Wut und Rachsucht gegenüber ihren vermeintlichen »Peinigern« beziehungsweise Gegenspieler:innen. Das kann zu schlimmster Brutalität führen!

*Zur Bedeutung der »Vorbilder*

Für die sogenannten »Behavioristen« wie Albert Bandura ist Aggressivität in hohem Maße erlernt. Verantwortlich dafür ist vorrangig das soziale Umfeld, in dem Heranwachsende immer wieder spezifische »Modelle« beziehungsweise »Vorbilder« erleben, die sich aggressiv und/oder gewalttätig zeigen und damit auch noch Erfolg haben. Werden solche »Vorbilder« imitiert, so festigen sich die entsprechenden Verhaltensweisen. Dieses Imitationslernen ist der Kern des behavioristischen Erklärungsansatzes.

*Erziehungsdefizite in Familien*

In vielen Familien werden Kinder wie kleine Kaiser und Könige behandelt und so verwöhnt, dass sie sofort aggressiv reagieren, wenn ihnen Wünsche verwehrt bleiben. Das gilt vor allem für das prägende Kleinkindalter, in dem es viele Eltern versäumen, Grenzen zu setzen. Das führt nicht selten dazu, dass sich später Egoismus, Ungeduld, Narzissmus und mangelnde Frustrationstoleranz einstellen, die leicht zu aggressiv-gewalttätigem Verhalten gegenüber etwaigen »Gegenspielern« führen können.

*Ausgrenzung in den Schulen*

Das deutsche Schulwesen ist hochgradig selektiv und trennt die Kinder schon sehr früh in Abhängigkeit von ihrem Elternhaus, Sozialverhalten, Leistungsvermögen und so weiter. Das bedeutet Ab- und Ausgrenzung und begünstigt das Entstehen von Neid, Minderwertigkeitskomplexen, Verachtung und sonstigen Formen der sozialen Polarisierung und Diskriminierung in Schule, Unterricht und Freizeit. Solidarität, Gemeinsinn und vertrauensvolles Miteinander sind unter diesen Umständen schwer zu sichern.

*Hass und Hetze im Internet*

Viele soziale Medien sind mittlerweile Plattformen für rüde Attacken gegenüber Andersdenken oder Andersseienden. Wer zum Beispiel die falschen Klamotten trägt, die falsche Frisur hat, unkonventionelle Ansichten vertritt oder in anderer Weise aus der Reihe tanzt, der erntet sehr schnell einen heftigen Shitstorm. Dieses Mobbing ist für die Betroffenen nicht nur verletzend. Es wird mittlerweile auch derart häufig und ungehemmt praktiziert, dass die einfließenden Aggressionen »normal« erscheinen.

## 5.5 Einige Großkriege zur Abschreckung

Für viele Menschen sind Kriege nur dann von Belang, wenn sie im Nahbereich stattfinden und das eigene Wohlergehen bedrohen. Das gilt derzeit zum Beispiel für den Ukraine-Krieg. Kriege dagegen, die weiter weg sind, werden oft ausgeblendet und nur selten daraufhin abgeklopft, welche schrecklichen Folgen sie für die betroffenen Menschen haben. Dieser Einäugigkeit soll mit der Sondierung ausgewählter »Großkriege« aus diesem und dem letzten Jahrhundert entgegengewirkt werden.

Durch das Studium ausgewählter Kriege lässt sich erreichen, dass der weltweite Kriegswahn verstärkt ins Bewusstsein gerückt wird. Schaut man sich zum Beispiel die gigantischen Todeszahlen und Zerstörungen im Ersten und Zweiten Weltkrieg an, so ist das der blanke Horror. Umso erschreckender ist es, dass dieser ganze Wahnsinn der beiden Weltkriege die heutigen Machthaber in Amerika, Russland, Europa und anderswo nicht länger davon abhält, erneut mit großer Risikobereitschaft Konflikte zu schüren, massiv Aufrüstung zu betreiben und zerstörerische Waffengänge zu planen und voranzutreiben.

Interessanterweise gehen die Kriegstreibereien nicht nur auf das Konto autokratischer Herrscher, sondern werden oft genug auch von demokratisch legitimierten Regierungen angezettelt – insbesondere von den USA. Diese westliche Kriegstreiberei wird hierzulande gerne übersehen oder schöngeredet, da Amerika vielen Bundesbürgern als Garant der Menschenrechte gilt. Dass das so nicht stimmt, zeigen die zahlreichen direkten oder indirekten Kriegsbeteiligungen der USA in Asien, Süd- und Mittelamerika, im Nahen Osten oder in Osteuropa (vgl. Ganser 2021; Lüders 2021). Da ging es nur selten um Menschenrechte.

Das nachfolgende Basismaterial liefert mehrere Textbausteine zu ausgewählten Kriegen des 20. und 21. Jahrhunderts, die in die zu erstellende Kriegslandkarte eingebaut werden können. Ratsam ist es, zum einen oder anderen weiteren Krieg zusätzlich zu recherchieren, damit die abschreckende Wirkung des weltweiten Kriegsterrors verstärkt ins Bewusstsein gehoben wird. Wie die korrespondierende Reflexions- und Klärungsarbeit in Schulklassen oder Seminaren ablaufen kann, zeigt der nachfolgende Leitfaden für Lehrkräfte.

## Leitfaden für Lehrkräfte (Lernspirale)

| Arbeits-schritte | Sozial-formen | Lern- und Kooperationsaktivitäten der Schüler:innen | Tipps für die Lehrperson |
|---|---|---|---|
| **1** | Pl *) | **Orientierende Instruktionen:** Die Lehrperson erläutert den bevorstehenden Arbeits- und Meinungsbildungsprozess und visualisiert die betreffenden Arbeitsschritte. | Die Lernspirale sollte gut sichtbar visualisiert werden (Folie o. Ä.). |
| **2** | PA | **Brainstorming:** Die Lerner:innen notieren in Partnerarbeit Kriege, von denen sie bereits gehört haben, vergleichen und besprechen dieses Vorwissen und machen sich entsprechende Notizen. | Die jeweiligen Lernpartner können ausgelost werden. |
| **3** | EA | **Lesephase:** Anschließend liest jede:r die vorliegenden »Kriegsskizzen« durch, markiert wichtige Stellen und notiert Fragen für die nachfolgende Gruppenarbeitsphase. | Basismaterial kopieren und an alle verteilen. |
| **4** | GA | **Beratungsphase:** Die Gruppenmitglieder beraten die mitgebrachten Fragen und grenzen vier Kriege ein (auch zusätzliche), zu denen sie näher recherchieren möchten. | Die Gruppenbildung kann per Los oder Abzählen erfolgen. |
| **5** | PA | **Recherchephase:** In jeder Gruppe formieren sich zwei Paare/Trios, die zu je zwei Kriegen recherchieren. Sie machen sich Notizen und bereiten eine Kurzpräsentation vor. | Die Gruppenmitglieder formieren sich zu Tandems oder Trios. |
| **6** | Pl | **Präsentationsphase:** Ausgeloste Tandems markieren die sondierten Kriege auf der Weltkarte und erläutern ihre Rechercheergebnisse. Dann folgt eine lehrergelenkte Aussprache. | Große Weltkarte aufhängen; die »Berichterstatter« auslosen. |
| **Hinweis**: Die skizzierte »Lernspirale« kann selbstverständlich auch modifiziert werden. Sie sichert produktives und kooperatives Arbeiten in Gruppen, gibt aber auch die eine oder andere Anregung zur produktiven Alleinarbeit zu Hause. Zusätzliche Recherchen im Internet sind grundsätzlich zu empfehlen – eventuell als vor- oder nachbereitende Hausaufgabe. | | | |

*) Pl = Plenumsphase; EA = Einzelarbeit; PA = Partnerarbeit; GA = Gruppenarbeit

## Vertiefende Sachinformationen

### *Erster Weltkrieg*

Der Erste Weltkrieg dauerte von 1914 bis 1918 und begann mit der Ermordung des österreichisch-ungarischen Thronfolgers in Sarajewo. Daraufhin erklärte Österreich Serbien den Krieg, was Russland als Schutznation der slawischen Völker und dessen Verbündete Frankreich und England auf den Plan rief. Auf der Gegenseite standen Österreich-Ungarn, das Deutsche Reich, das Königreich Italien und ab Ende 1914 auch das Osmanische Reich. Beide Allianzen hatten ausgeprägte machtpolitische und wirtschaftliche Interessen. Das galt nicht zuletzt für das deutsche Kaiserreich, das sich im Westen wie im Osten Gebietsgewinne versprach, aber letztlich nur eines erreichte: gigantische Zerstörungen und Todeszahlen, die im Massensterben in Verdun, an der Somme und in Flandern ihre Höhepunkte fanden. Die düstere Gesamtbilanz des Ersten Weltkrieges: Rund neun Millionen Soldaten starben auf beiden Seiten. Hinzu kamen eine noch viel größere Zahl von Verwundeten sowie riesige Sachschäden. Ursächlich für diese horrenden Opferzahlen und Schäden waren die neuartigen Panzer, Flugzeuge, U-Boote, Geschütze et cetera, die insbesondere von England und Deutschland produziert wurden und zum ersten Mal einen Krieg mit industriellen Mitteln möglich machten. Dieser Vernichtungskrieg sprengte alle bis dahin bekannten Dimensionen (Text verfasst in Anlehnung an: https://de.statista.com/themen/6731/erster-weltkrieg).

### *Zweiter Weltkrieg*

Der Zweite Weltkrieg begann am 1. September 1939 mit dem Überfall Hitler-Deutschlands auf Polen. Hitler behauptete im Radio zwar, dass Polen zuvor Deutschland angegriffen habe. Doch das war schlicht und einfach eine Lüge! Hitlers Ziel war es, Deutschland nach der »Schmach des Ersten Weltkrieges« wieder groß zu machen und zusätzlichen Lebensraum im Osten zu erobern. Dabei setzte er auf die Allianz mit Italien und dem fernen Japan. Als der Einmarsch in Polen jedoch dazu führte, dass Frankreich und Großbritannien umgehend Deutschland den Krieg erklärten, startete das Hitler-Regime einen »Blitzkrieg« im Westen, um einen Zwei-Fronten-Krieg zu verhindern. Im Mai 1940 fiel die Wehrmacht in Frankreich ein und okkupierte zu diesem Zweck Belgien, die Niederlande und Luxemburg. Norwegen und Dänemark waren schon vorher besetzt worden. Im Sommer 1940 griff die Luftwaffe zudem England an, scheiterte jedoch an der Luftüberlegenheit der Briten. Am 2. Juni 1941 begann der Feldzug gegen Russland, der zunächst auch große Landgewinne brachte, in der Folgezeit jedoch mehr und mehr zum Desaster wurde. Russland im Osten sowie England, Frankreich und die USA im Westen schlugen erbarmungslos zurück. Die USA waren bereits Ende 1941 infolge des japanischen Angriffs auf Pearl Harbour in den Zweiten Weltkrieg verwickelt worden und trugen durch die spätere Landung in der Normandie und den Abwurf von Atombomben in Hiroshima und Nagasaki entscheidend dazu bei, dass Deutschland am 8. Mai 1945 und Japan Anfang September 1945 kapitulierten. Die Zahl der Kriegsopfer und Zerstörungen erreichte ein nie gekanntes Ausmaß. Weltweit gab es circa 70 Millionen Kriegstote – darunter sehr viele Zivilistinnen und Zivilisten. Mit 24 Millionen Toten war Russland am stärksten betroffen – gefolgt von China mit rund 20 Millionen, Deutschland mit 7,7 Millionen, Polen mit 5,6 und Japan mit 2,85 Millionen (vgl. https://statista.com/statistik/daten/studie 1055110).

### *Vietnam-Krieg*

Im Vietnamkrieg von 1964 bis 1975 kämpfte das von den USA unterstützte Südvietnam gegen das kommunistische Nordvietnam. Die USA lieferten Waffen und sonstige Militär- und Finanzhilfen und überzogen das Land immer wieder mit brutalsten Bombardements (unter anderem Napalmbomben). Den USA ging es seinerzeit darum, die Ausbreitung des von Russland und China praktizierten Kommunismus in Südostasien zu verhindern. Das Resultat: In den zehn Kriegsjahren wurden in Vietnam 1,03 Millionen Soldaten getötet – darunter rund 60 000 US-Soldaten (vgl. https://de.statista.com/themen/7265/vietnamkrieg). Hinzu kamen drei bis fünf Millionen getötete Zivilistinnen und Zivilisten sowie gigantische Zerstörungen in den zerbombten Landstrichen.

*Syrien-Krieg*

Der Syrien-Krieg startete im Frühjahr 2011 mit der blutigen Niederschlagung großer Demonstrationen in Damaskus und Homs durch Präsident Assad. Daraus erwuchs ein Bürgerkrieg, in dem diverse bewaffnete Gruppen (auch der IS) um die Macht im Lande kämpften und Assad zu stürzen versuchten. Das wiederum rief ausländische Nationen wie Iran, Türkei, Saudi-Arabien, die USA und seit 2015 insbesondere Russland auf den Plan, die eigene Interessen verfolgten. Um Assad zu stützen, setzte Russland seine Luftwaffe ein. Inzwischen gibt es mehr als 500 000 Kriegstote, 6 Millionen Vertriebene innerhalb Syriens und 5,6 Millionen ins Ausland Geflüchtete (vgl. www.tagesschau.de/ausland/asien/krieg-syrien-111.html).

*Afghanistan-Krieg*

Dieser Krieg begann bereits 1979, als die Sowjetunion in Afghanistan intervenierte, um eine neue kommunistische Führung zu installieren. Daraufhin begann ein zehn Jahre dauernder Konflikt zwischen der sowjetisch gestützten Zentralregierung und den von den USA, Pakistan und Saudi-Arabien unterstützten Mudschahedin. Als die Sowjets schließlich abzogen, kehrte aber kein Frieden ein, sondern in einem mehrjährigen Bürgerkrieg putschten sich schließlich die Taliban an die Macht. Da sie mit al-Qaida eng verbandelt waren, intervenierte nach 9/11 die USA militärisch und politisch. Seither wurden 240 000 Kämpfer und Zivilistinnen und

Zivilisten getötet, 5,5 Millionen Menschen sind auf der Flucht (vgl. *Neue Zürcher Zeitung* vom 19.8.2021).

### *Bürgerkrieg in Somalia*

Dieser Bürgerkrieg begann 1988 und kostete seither mehr als 500 000 Menschen das Leben. Zudem gab es zahllose Flüchtlinge (vgl. https://de.wikipedia.org/wiki/Liste_der_andauernden_Kriege). Verschiedene Clans und Befreiungsbewegungen versuchten an die Macht zu kommen. Ende 1992 griff dann erstmals die US-Armee ein, um für mehr Stabilität zu sorgen. Doch die Mehrheit der Bevölkerung lehnte die US-Invasoren als ungläubige Besatzer ab. Trotzdem startete das US-Militär gezielte Luftschläge gegen einzelne »Warlords«, ohne dass dies jedoch den Bürgerkrieg eindämmte! 2001 intervenierten die USA erneut, um die Al-Qaida-Miliz zu bekämpfen. Inzwischen ist das ohnehin arme Land politisch wie wirtschaftlich ruiniert.

### *Ergänzende Hinweise zur Kriegshäufigkeit*

Die Menschheitsgeschichte ist übersät mit Schlachten und Kriegen: Konkurrierende geopolitische Interessen, ideologische Differenzen, Unabhängigkeitsbestrebungen in Kolonien, Ressourcenknappheit oder religiöser Fanatismus sind nur einige Gründe, warum immer wieder Kriege angezettelt werden. Zwischen 1900 und 1940 gab es weltweit 892 Schlachten (vgl. Fromm 2022, S. 242). Im Jahr 2021 zum Beispiel wurden 20 ernsthafte Kriege gezählt (vgl. https://de.statista.com/statistik/kategorien/kategorie/900/themen/2321).

## 5.6 Das kleine Einmaleins des Pazifismus

Pazifistische Einstellungen und Forderungen sind in den letzten Jahren ziemlich in Verruf geraten. Wer derzeit für Entspannungspolitik, Abrüstung, Diplomatie, Interessenausgleich und gewaltfreie Konfliktlösungen ohne rigide Vorbedingungen eintritt, gilt schnell als politisch naiv beziehungsweise weltfremd. Selbst viele Parteigänger der Grünen, die in den 1980er- und 1990er-Jahren noch die Speerspitze der deutschen Friedensbewegung bildeten, plädieren mittlerweile mit großer Entschiedenheit für Aufrüstung und das Liefern schwerer Waffen in Krisengebiete wie die Ukraine oder Saudi-Arabien.

Diese neue Kriegsbereitschaft in unserer Gesellschaft ist deshalb alarmierend, weil sie von der gewagten These ausgeht, dass durch Kriege Frieden zu erreichen sei – vorausgesetzt, das »Böse« wird mit allen militärischen Raffinessen besiegt. Daher scheint es den betreffenden »Bellizisten« nur logisch, autokratischen Führungskadern den Kampf anzusagen und diese militärisch und ökonomisch so zu schwächen, dass sie etwaige Kriegsgelüste aufgeben. Diese »Rambo-Strategie« ist nicht nur gefährlich. Sie unterschätzt auch völlig die Widerstandskraft und Leidensfähigkeit autokratischer Systeme.

Außerdem ignoriert sie die Explosivität einer Niederlage. Wer nämlich verliert, sinnt üblicherweise auf Rache und tut über kurz oder lang alles, um die erlittene Schmach auszulöschen. Die aus der Niederlage von 1918 resultierende Kriegstreiberei des Hitler-Regimes sollte ein warnendes Beispiel sein. Von daher spricht vieles für einen »reflektierten Pazifismus«, der Konflikte ab- und nicht aufbaut. Wer nämlich Frieden will, muss den Frieden vorbereiten und Kriege mit allen Mitteln verhindern.

Von daher sind pazifistische Denkweisen alles andere als naiv. Im Gegenteil: Angesichts der immer perfider werdenden Waffentechnologien (Drohnen, Cyber-Waffen, Atomwaffen et cetera) sind sie dringlicher denn je. Dieses Risikobewusstsein gilt es zu schärfen. Gleichzeitig muss der Primat von Verhandlungen, Vertrauensbildung und Interessenausgleich ins Bewusstsein gerückt werden. Wie die korrespondierende Klärungsarbeit in Schulen und Seminaren ablaufen kann, zeigt der nachfolgende Leitfaden für Lehrkräfte.

## Leitfaden für Lehrkräfte (Lernspirale)

| Arbeits-schritte | Sozial-formen | Lern- und Kooperationsaktivitäten der Schüler:innen | Tipps für die Lehrperson |
|---|---|---|---|
| **1** | Pl *) | **Orientierende Instruktionen:** Die Lehrperson erläutert den bevorstehenden Arbeits- und Meinungsbildungsprozess und visualisiert die betreffenden Arbeitsschritte. | Die Lernspirale sollte gut sichtbar visualisiert werden (Folie o. Ä.). |
| **2** | EA | **Thesenbewertung:** Alle bewerten die These *»Frieden schafft man am besten ohne Waffen!«* zunächst auf einem Arbeitsblatt und dann mit Klebepunkten am Flipchart. | Bewertungsskala von +3 bis -3 auf Arbeitsblatt und Flipchart. |
| **3** | GA | **Diskussion in Mischgruppen:** Die Minus- und Plus-Parteien werden durch Abzählen »gemischt« und sondieren ihre unterschiedlichen Positionen bzw. Sichtweisen. | Minus- und Plus-Voter stellen sich getrennt im Raum auf. |
| **4** | EA<br>PA | **Materialerarbeitung:** Alle lesen und markieren das vorliegende Basismaterial zum Thema »Pazifismus« und besprechen etwaige Unklarheiten mit dem/der Tischnachbar/in. | Basismaterial kopieren und an alle verteilen. |
| **5** | GA | **Merkzettel erstellen:** In Zufallsgruppen werden diejenigen Punkte gesammelt, die auf den »Merkzettel« sollen. Dann schreibt jedes Gruppenmitglied seine Merkzettel-Fassung. | Die Gruppenbildung kann per Los oder Abzählen erfolgen. |
| **6** | Pl | **Präsentation + Reflexion:** Ausgeloste Gruppendelegierte halten merkzettelgestützte Kurzvorträge. Danach werden wichtige Befunde an der Tafel bzw. der Pinnwand festgehalten. | 2 bis 3 Gruppen werden ausgelost. Die Reflexion leitet die Lehrperson. |

**Hinweis**: Die skizzierte »Lernspirale« kann selbstverständlich auch modifiziert werden. Sie sichert produktives und kooperatives Arbeiten in Gruppen, gibt aber auch die eine oder andere Anregung zur produktiven Alleinarbeit zu Hause. Zusätzliche Recherchen im Internet sind empfehlenswert. Zur Bewertungsskala in Schritt 2: Es gibt keine »Null«, damit sich niemand enthalten kann.

*) Pl = Plenumsphase; EA = Einzelarbeit; PA = Partnerarbeit; GA = Gruppenarbeit

## Vertiefende Sachinformationen

### *Grundsätzliches zum Pazifismus*

Pazifismus kommt vom lateinischen Wort »pacificus« und heißt so viel wie »friedliebend«. In seiner radikalen Version steht Pazifismus für bedingungslose Gewaltfreiheit, entschiedene Abrüstung und eine uneingeschränkte Verweigerung des Kriegsdienstes. Selbst wenn ein Staat angegriffen wird, sollten keine militärischen Mittel, sondern nur gewaltfreie Protest- beziehungsweise Widerstandsformen gegenüber den Aggressoren gewählt werden. Warum? Weil das Menschenleben schont. Der Kurt Tucholsky zugeschriebene Satz »Soldaten sind Mörder« unterstreicht diese kategorische Ablehnung jedweder Art von kriegerischer Gewalt als Mittel zur Konfliktlösung. Diesem »radikalen Pazifismus« steht der hier präferierte »reflektierte Pazifismus« gegenüber, der zwar ebenfalls auf Kriegsverhinderung und Kriegsdienstverweigerung zielt, militärische Gegenmaßnahmen aber nicht generell ausschließt. Priorität haben jedoch Vertrauensbildung, Interessenausgleich, Entspannungspolitik sowie ziviler Widerstand in Form von Demonstrationen, Friedensmärschen und Ähnlichem mehr.

### *Mahatma Gandhi – ein berühmter Pazifist*

Pazifistisches Denken und Handeln hat es in verschiedenen Regionen und Kulturen gegeben. Einer der berühmtesten Pazifisten war der für die Unabhängigkeit Indiens von der Kolonialmacht Großbritannien kämpfende Mahatma Gandhi, der bis heute als leuchtendes Vorbild und überzeugender Wegweiser gilt. Für Gandhi war Gewaltlosigkeit auch dann noch das erste Mittel der Wahl, als er von den Vertretern der britischen Kolonialmacht misshandelt und ins Gefängnis gesteckt wurde. Er war eher bereit, sich peinigen zu lassen, als zu gewalttätigen Aktionen zu greifen beziehungsweise aufzurufen. Mit diesem aufopferungsvollen zivilen Ungehorsam steckte er viele Menschen in Indien so an, dass eine immer größer werdende friedliche Protestbewegung entstand, gegen die die britischen Kolonialherren schließlich nichts mehr ausrichten konnten. Sie kapitulierten und zogen 1947 aus Indien ab. Gandhi und seine zahllosen Mitstreiter:innen hatten ohne Waffeneinsatz, Blutvergießen und militärische Operationen gesiegt und Indien von der Kolonialherrschaft der Briten befreit.

### *Die deutsche Friedensbewegung*

In den 1970er- und 1980er-Jahren verbreitete sich in Deutschland zunehmend die Einsicht, dass der Irrsinn der Auf- und Nachrüstung endlich aufhören sollte. Abrüstung, Kriegsdienstverweigerung, politische Resolutionen und wiederkehrende Friedensdemonstrationen waren einige der Instrumente, mit denen vor allem Studenten, Gewerkschaftsangehörige, Kirchenvertreter:innen und andere Friedensinteressierte gegen den zerstörerischen Rüstungs- und Kriegswahn Front machten – und zwar friedlich! Die legendäre Großdemonstration im Bonner Hofgarten im Jahre 1981 war mit ihren 300 000 Teilnehmer:innen der Höhepunkt dieser Friedensbewegung. Abrüstung, Frieden und Gerechtigkeit waren Kernforderungen, für die seinerzeit insbesondere die Grünen eintraten. Petra Kelly und der Ex-General Gert Bastian waren Protagonisten dieser pazifistischen Denkweise. Die von Willi Brandt und Egon Bahr vorangetriebene Entspannungspolitik gegenüber dem Ostblock spiegelte diese auf Versöhnung und Vertrauensbildung gerichtete Friedensbewegung.

### *Die Sicht der christlichen Kirchen*

Zum Kern des Christentums gehört es sei eh und je, für den Erhalt des Lebens sowie die Pflege von Gemeinschaften und Gemeinsinn einzutreten und die Menschen immer wieder zu ermutigen, als »Kinder Gottes« zusammenzustehen und ein friedliches Auskommen zu sichern. Die Gebote »Du sollst nicht töten«, »Du sollst nicht stehlen« oder »Du sollst kein falsch Zeugnis reden wider deinen Nächsten« spiegeln diese Friedenssehnsucht. Gleiches gilt für diverse Passagen des Alten und Neuen Testaments. Dazu gehört insbesondere die Bergpredigt mit ihrer unverblümten Forderung nach Feindesliebe. Darin heißt es im Matthäusevangelium, Kapitel 5, Verse 44–45: »Liebt eure Feinde und bittet für die, die euch verfolgen, auf dass ihr Kinder seid eures Vaters im Himmel.« Dieser Appell wirkt auf viele heute zwar eher befremdlich, ist aber ein wichtiger Schlüssel zur Völkerverständigung und friedlichen Konfliktregelung.

### *Das Konzept der Sozialen Verteidigung*

Dieses Konzept kann als eine aktualisierte Version von Gandhis gewaltfreiem Widerstand verstanden werden. Dahinter steht der Gedanke, dass im Zeitalter von Atomwaffen, Kampfdrohnen, Cyber-Krieg und sonstigen Finessen der Rüstungsindustrie ein militärischer Schlagabtausch nur ins Verderben führen kann – und zwar für alle Seiten. Wer also mit militärischen Mitteln auftrumpft, muss damit rechnen, dass die andere Seite auf gleiche oder fiesere Art zurückschlägt. Ein ruinöser Eskalationsprozess wäre vorprogrammiert. Einen Ausweg aus diesem Eskalationsdilemma verspricht die besagte Strategie der »Sozialen Verteidigung«, die darauf zielt, dass etwaigen Angreifern mit einer Art »Totalverweigerung« der Bevölkerung begegnet wird. Denn wenn sich Menschen entschieden weigern, »... den Befehlen der Bewaffneten Folge zu leisten, sind diese letztlich hilflos« (Schweitzer 2022, S. 4). Damit aber rückt deren Kapitulation in den Bereich des Wahrscheinlichen. Das zeigt zum Beispiel die gewaltfreie Revolution in der ehemaligen DDR im Jahre 1989.

### *Ist Pazifismus noch zeitgemäß?*

Viele nach 1970 geborene Bundesbürger tun sich mit dem Begriff »Pazifismus« eher schwer. Aufgewachsen in Frieden und Wohlstand, haben Kriege für sie oft ihren Schrecken verloren. Daher ist es schwer geworden, pazifistische Denkweisen ernsthaft zu diskutieren. Pazifisten gelten gemeinhin als weltfremde Fantasten und naive Steigbügelhalter von Autokrat:innen der verschiedensten Couleur. Spätestens seit dem Ukraine-Krieg bekommt diese Diffamierung irritierenden Zuspruch. Das Anzweifeln von Aufrüstung und Waffenlieferungen gilt als »verantwortungslos«. Wer Verhandlungen ohne rigide Vorbedingungen fordert, wird schon mal als »Lumpenpazifist« oder »Vulgärpazifist« bezeichnet. Stattdessen wird der Einsatz schwerer Waffen beschworen. Wohin das führt, wird freilich offengelassen. Denn dass dadurch Frieden, Freiheit, Sicherheit und Gerechtigkeit zu erreichen sind, ist höchst unwahrscheinlich. Das zeigt die Geschichte. Fakt ist: Je länger ein Krieg dauert, desto schwieriger wird es, Frieden zu schließen und weitere Racheakte, Verwüstungen und Menschenopfer zu vermeiden. Pazifistisch gesinnte Menschen wollen raus aus diesem Teufelskreis. Das ist auch bitter nötig!

## 5.7 Wie man Konflikte wirksam schlichtet

Der konstruktive Umgang mit Konflikten ist nicht nur nötig, sondern auch möglich. Das zeigen einschlägige Forschungen und Handlungsanleitungen spezialisierter Psychologen und Konfliktforscherinnen, die sich der Streitschlichtung verschrieben haben. Egal, ob es nun um einen internationalen Konflikt oder um Konflikte in der Schule oder im Privatbereich geht – stets empfehlen sich für die beteiligten Parteien bestimmte Schritte und Verhaltensweisen, mit deren Hilfe sich Konflikte deeskalieren lassen.

Wohnt doch jedem Konflikt die Gefahr inne, dass eine sich selbst verstärkende Gewaltspirale entsteht. Eine Seite tut etwas, die Gegenseite fühlt sich provoziert, beleidigt oder in anderer Weise verletzt und reagiert entsprechend heftig und unter Umständen auch gewalttätig. Rationales Handeln und abwägende Verhaltenssteuerung haben es unter diesen emotionalen Vorzeichen selbstverständlich schwer – es sei denn, es wird beizeiten dafür gesorgt, dass ein kontrollierter »Cool-down-Prozess« möglich wird, der sich bestimmter Verhaltensgrundsätze bedient.

Das Erarbeiten solcher Verhaltensgrundsätze steht im Mittelpunkt dieses Reflexionsbausteins. Gestützt ist es auf das dokumentierte Basismaterial, das in die Eigenheiten erfolgversprechender Streitschlichtung einführt und dabei deutlich macht, dass es unbedingt einer klar getakteten Vorgehensweise bedarf, wenn ein schwelender Konflikt gewaltfrei abgefangen werden soll. Das gilt für alle Konflikte – ganz gleich, ob sie nun auf der privaten Mikroebene (Schule, Familie et cetera) oder auf der politischen Makroebene angesiedelt sind.

Mit dem Erstellen eines Leitfadens zur Streitschlichtung werden elementare Einblicke in die Möglichkeiten, Chancen und Abläufe einer sensiblen Gewaltprävention gewährt. Der entsprechende Schlichtungsprozess beginnt mit einer einführenden Situations- und Verfahrensklärung und reicht über das Klären der eigenen Sichtweise/Erwartungen und den Versuch eines Perspektivenwechsels bis hin zur Entwicklung einer möglichen Konfliktlösung samt vertraglicher Fixierung. Wie diese prozedurale Klärungsarbeit in Schulklassen oder Seminaren aussehen kann, zeigt der nachfolgende Leitfaden für Lehrkräfte.

Leitfaden für Lehrkräfte (Lernspirale)

| Arbeits-schritte | Sozial-formen | Lern- und Kooperationsaktivitäten der Schüler:innen | Tipps für die Lehrperson |
|---|---|---|---|
| **1** | Pl *) | **Orientierende Instruktionen:** Die Lehrperson erläutert den bevorstehenden Arbeits- und Meinungsbildungsprozess und visualisiert die betreffenden Arbeitsschritte. | Die Lernspirale sollte gut sichtbar visualisiert werden (Folie o. Ä.). |
| **2** | EA | **Textlektüre:** Alle lesen den vorliegenden Basistext, markieren wichtige Stellen und notieren etwaige Fragen für die nachfolgende Partnerphase. | Den Basistext kopieren und an alle verteilen. |
| **3** | PA | **Textberatung:** In Zufalls-Tandems werden die notierten Fragen/Unklarheiten besprochen und erste Überlegungen zu zentralen Etappen der Streitschlichtung angestellt. | Die Tandembildung kann per Los oder Abzählen erfolgen. |
| **4** | GA | **Leitfaden entwickeln:** Die Gruppenmitglieder verständigen sich auf fünf bis sechs zentrale Schritte der Streitschlichtung und gestalten eine entsprechende Folie (evtl. Power-Point). | Die Gruppen werden mittels Zufallsverfahren gebildet (zum Beispiel per Los). |
| **5** | PA | **Präsentationsphase:** Zwei bis drei ausgeloste Gruppen präsentieren ihre Folien und erläutern die vorgeschlagenen Schritte. Präsentiert wird von Tandems, die die Gruppen bestimmen. | Präsentiert wird mittels Power-Point bzw. OH. |
| **6** | Pl | **Vertiefende Aussprache:** Die vorgestellten Streitschlichtungs-Etappen werden übergreifend diskutiert und bezüglich ihrer Relevanz für die Lösung internationaler Konflikte beurteilt. | Die Gesprächsleitung liegt bei der Lehrperson. |

**Hinweis**: Die skizzierte »Lernspirale« kann selbstverständlich auch modifiziert werden. Sie sichert produktives und kooperatives Arbeiten in Gruppen, gibt aber auch die eine oder andere Anregung zur produktiven Alleinarbeit zu Hause. Zusätzliche Recherchen zur Gewaltprävention bzw. zum internationalen Konfliktmanagement sind grundsätzlich zu empfehlen.

*) Pl = Plenumsphase; EA = Einzelarbeit; PA = Partnerarbeit; GA = Gruppenarbeit

## Vertiefende Sachinformationen

*Das kleine Einmalseins der Streitschlichtung*

Streit gibt es immer wieder – nicht nur auf internationaler Ebene, sondern auch in der Schule, auf dem Fußballplatz, unter Geschwistern, unter Eheleuten und natürlich auch in den Parlamenten, Parteien und anderswo. Viele Menschen sind emotional ganz schnell in Rage, wenn ihnen jemand querkommt und ihre Bedürfnisse beziehungsweise Interessen missachtet. Das gilt besonders für Politiker:innen. Streit ist also durchaus normal und führt leider immer wieder dazu, dass sich Menschen entzweien, Hass und Vorurteile entwickeln, Aggressionen aufbauen und unter Umständen auch gewalttätig werden. Zwar geschieht Letzteres eher selten; allerdings können Konflikte durchaus auch in richtige Kriege ausarten und viel Leid anrichten.

Ein wichtiges Mittel, um derartige Streitigkeiten frühzeitig in den Griff zu kriegen, ist eine möglichst planvolle Streitschlichtung zwecks Gewaltvermeidung. Wie kann diese ablaufen? Wichtig ist, dass es neben den beiden Konfliktparteien neutrale »Schlichtungsbeauftragte« gibt (das kann bei internationalen Konflikten zum Beispiel der UNO-Generalsekretär sein), die Regeln vorgeben, Impulse setzen, auf Absprachen verweisen, vermittelnd eingreifen, Regelverstöße offen ansprechen und auf eine möglichst einvernehmliche Konfliktlösung zielen, die am Ende in einen »Vertrag« einmündet. Angestrebt wird also eine beidseitig akzeptierte Einigung der Konfliktparteien – basierend auf Zuhören, Argumentieren, Diskutieren, Verhandeln und Kompromisse Schließen. Vorurteile und einseitige Schuldzuweisungen sind tabu.

Gestartet werden Streitschlichtungsprozesse damit, dass der Schlichter die eigene Rolle beschreibt, den Konflikt knapp umreißt, die geforderten Regeln und Ziele benennt und den weiteren Ablauf erläutert – einschließlich Zeitvorgaben. Dann erhalten die beiden

Konfliktparteien Gelegenheit, ihre spezifischen Sichtweisen darzustellen und den Konflikt aus ihren unterschiedlichen Blickwinkeln zu kommentieren. Der Streitschlichter fragt schon mal nach, fasst zusammen, präzisiert Formulierungen, überwacht die Regeleinhaltung und achtet darauf, dass jede Partei angemessen zum Zug kommt. Auf diese Phasen der Konfliktklärung folgt eine weitere Phase der Konflikterhellung, nämlich der Perspektivwechsel dergestalt, dass beide Parteien versuchen müssen, sich in die Situation der Gegenseite zu versetzen und deren Sichtweise und Gefühle mit eigenen Worten zu beschreiben.

Dieser Perspektivenwechsel ist ein wichtiger Schritt, um auf beiden Seiten ein Mehr an Verständnis, Vertrauen und Kompromissfähigkeit aufzubauen. Erst dann nämlich wächst die Chance, dass die bestehenden Missverständnisse und Vorurteile abgebaut und konfliktlösende Annäherungsmöglichkeiten entdeckt werden. Denn wenn jeder nur auf seiner Sicht beharrt und der Gegenseite lediglich mit Vorwürfen und Vorurteilen begegnet, wird es schwerlich gelingen, zu einer gemeinsamen Konfliktlösung zu gelangen. Aufgabe der jeweiligen Schlichtungsinstanz (zum Beispiel der UNO) ist es also, die Konfliktparteien dazu zu bewegen, aufeinander zuzugehen, die Sicht der Gegenseite wahrzunehmen, offen und vertrauensvoll miteinander zu verhandeln und eine kompromissfähige Konfliktlösung zu suchen. Ist ein Kompromiss gefunden, so wird dieser üblicherweise in einer schriftlichen Vereinbarung (»Vertrag«) festgehalten und von beiden Konfliktparteien unterzeichnet. Ferner wird ein Termin vereinbart, an dem die Einhaltung der Vereinbarung zu prüfen ist.

## 5.8 Über die Kunst des Perspektivwechsels

Ein Grundproblem vieler internationaler Konflikte ist es, dass sich die beteiligten Parteien meist wenig Mühe geben, die Perspektive der Gegenseite zu sondieren und deren Handlungsmotive (Interessen, Ängste, Prägungen et cetera) so zu entschlüsseln, dass eine sensible Annäherung und Kompromissfindung möglich wird. Stattdessen wird oft vorurteilsgeleitet geurteilt, agiert und eskaliert. Ernsthaftes Zuhören, Nachfragen, Nachdenken, Abwägen und/oder Paraphrasieren sind eher die Ausnahme und keinesfalls die Regel.

Für Diplomatinnen und Diplomaten auf internationaler Bühne ist ein derartiger Perspektivenwechsel eigentlich ein Muss. Mangelt es daran, so besteht beinahe zwangsläufig die Gefahr, dass die friedensgefährdenden Vorurteile und Projektionen überhandnehmen und bei Gesprächen beziehungsweise Verhandlungen immer nur das herausgehört wird, was der eigenen Voreinschätzung des jeweiligen Gegenübers entspricht. Diese »selektive Wahrnehmung« ist auf außenpolitischer wie privater Ebene sehr verbreitet und trägt nur zu oft dazu bei, dass eine sensible Verständigung zwischen den jeweiligen Konfliktparteien verbaut wird.

Jürgen Habermas kritisiert deshalb völlig zu Recht die gängigen »Projektionen« von Politiker:innen, die immer wieder dazu führen, dass bestehende Feindbilder mit ungeprüften Horrorszenarien unterlegt und dadurch zusätzlich gefestigt werden (vgl. Habermas 2022, S. 12). Dieser bewussten oder unbewussten Konflikttreiberei in Politik und Medien kann und muss unbedingt entgegengewirkt werden, soll die friedliche Koexistenz von Menschen und Völkern Fortschritte machen. Denn ohne das Verstehen der Gegenseite ist eine wirksame Friedenssicherung schwerlich zu erreichen.

Dieser Perspektivenwechsel kann sowohl gedanklich in Alleinarbeit als auch interaktiv in Partner- oder Gruppenarbeit versucht werden. Wichtig ist nur, dass man sich eine konkrete internationale Konfliktsituation vornimmt und zu verstehen versucht, was denn den jeweiligen »Feind« (zum Beispiel Putin oder Xi) womöglich antreibt. Gegenspieler dieser Art müssen ja nicht gleich Psychopath:innen sein, sondern können durchaus »rationale« Beweggründe haben. Diese zu kennen hilft beim Konfliktmanagement. Wie dieser Perspektivenwechsel in Schulklassen oder Seminaren geübt werden kann, zeigt der nachfolgende Leitfaden für Lehrkräfte.

Leitfaden für Lehrkräfte (Lernspirale)

| Arbeits-schritte | Sozial-formen | Lern- und Kooperationsaktivitäten der Schüler:innen | Tipps für die Lehrperson |
|---|---|---|---|
| 1 | Pl *) | **Orientierende Instruktionen:** Die Lehrperson erläutert den bevorstehenden Arbeits- und Meinungsbildungsprozess und visualisiert die betreffenden Arbeitsschritte. | Die Lernspirale sollte gut sichtbar visualisiert werden (Folie o. Ä.). |
| 2 | EA | **Schreibphase:** Jede:r Einzelne notiert zu den beiden angeführten Friedensfragen Stichworte, die später helfen können, die eigene Meinung frei und differenziert vorzutragen. | Das Arbeitsblatt für alle kopieren und austeilen. |
| 3 | GA | **Beratungsphase:** Die notierten Punkte werden in Zufallsgruppen zum Anlass genommen, um etwaige sachliche Unklarheiten anzusprechen und die eigene Position weiter zu präzisieren. | Die Gruppenbildung kann per Los oder Abzählen erfolgen. |
| 4 | TRIO | **Aktives Zuhören I:** In Dreier-Grüppchen berichtet Person A gegenüber B unter Beachtung vorgegebener Regeln zunächst zu Frage 1. C ist Regelwächter und greift bei Bedarf ein. | Trios werden per Los gebildet. Wer A, B oder C ist, wird ausgelost. |
| 5 | TRIO | **Aktives Zuhören II:** Nun berichtet Person B gegenüber A unter Beachtung der gleichen Regeln zur zweiten Frage. Person C ist erneut Regelwächter und greift bei Bedarf ein. | Die bestehenden Trios und Funktionen werden beibehalten. |
| 6 | Pl | **Reflexionsphase:** Die Trios bilanzieren zunächst intern, was gut und was schwierig war. Dann werden im Plenum wichtige »Merkposten« zusammengetragen und angepinnt. | Die Leitung der Plenarphase liegt bei der Lehrperson. |

**Hinweis**: Die skizzierte »Lernspirale« kann selbstverständlich auch modifiziert werden. Sie sichert produktives und kooperatives Arbeiten in Gruppen, gibt aber auch die eine oder andere Anregung zur produktiven Alleinarbeit zu Hause. Das nachfolgende Arbeitsblatt ist für alle zu kopieren. Die »Merkposten« in Phase 6 werden auf Kärtchen geschrieben und angepinnt.

*) Pl = Plenumsphase; EA = Einzelarbeit; PA = Partnerarbeit; GA = Gruppenarbeit

Arbeitsblatt zur Vorbereitung des Aktiven Zuhörens

| (1) Deine Meinung zum Wehrdienst? | (2) Deine Meinung zur Aufrüstung? |
| --- | --- |
| • ------------------------------ | • ------------------------------ |
| ------------------------------ | ------------------------------ |
| • ------------------------------ | • ------------------------------ |
| ------------------------------ | ------------------------------ |
| • ------------------------------ | • ------------------------------ |
| ------------------------------ | ------------------------------ |
| • ------------------------------ | • ------------------------------ |
| ------------------------------ | ------------------------------ |
| • ------------------------------ | • ------------------------------ |
| ------------------------------ | ------------------------------ |
| • ------------------------------ | • ------------------------------ |
| ------------------------------ | ------------------------------ |
| • ------------------------------ | • ------------------------------ |
| ------------------------------ | ------------------------------ |
| • ------------------------------ | • ------------------------------ |
| ------------------------------ | ------------------------------ |
| • ------------------------------ | • ------------------------------ |
| ------------------------------ | ------------------------------ |
| • ------------------------------ | • ------------------------------ |
| ------------------------------ | ------------------------------ |
| ------------------------------ | • ------------------------------ |

## Hinweise zur Durchführung der Übung

1. Notiere dir Stichworte zu den beiden obigen Fragen, damit du später frei argumentieren kannst.

2. Stelle dich sodann deinem zugelosten Partner/deiner Partnerin frontal gegenüber und argumentiere zur ersten Frage.

3. Als Zuhörer:in hältst du Blickkontakt, signalisierst Zustimmung oder Bedenken, fragst schon mal nach, fasst das Gehörte punktuell zusammen und schaust, ob der Sprecher zustimmt.

4. Beobachtet wird das Ganze durch eine dritte Person, die überwacht, dass die genannten Regeln des »Aktiven Zuhörens« eingehalten werden (siehe Skizze).

5. Zum Schluss wird bilanziert, was gut und was »kritikwürdig« war.

## 5.9 Wider die Hetzkampagnen im Internet

Wer die landläufige Hetze und Kriegstreiberei im Internet verstehen und problematisieren will, der kommt schwerlich umhin, einen Blick auf die sozialen Medien zu werfen (vgl. auch Abschnitt 2.9 des Buches). Kommunikationsplattformen wie Facebook und andere Messenger-Dienste bieten mittlerweile ungeheure Möglichkeiten, um in der Anonymität des Internets Hass und Hetze abzusondern und offenes Freund-Feind-Denken zu üben. Das ist ein gefährlicher Nährboden für bellizistisches Denken und Handeln.

Im Internet wird nicht nur in infamer Weise über Andersdenkende oder Andersseiende hergezogen. Da fehlt häufig auch jede Empathie für die Opfer derartiger Hetzkampagnen, die sich oft ohnmächtig dem Strudel der Anschuldigungen, Verleumdungen und sonstigen Hassattacken ausgesetzt sehen. Das Schlimme an diesen Hetzkampagnen ist, dass kaum etwas dagegen getan wird. Gesetzgeber und Strafverfolgungsbehörden haben zwar die Gefahren erkannt, stehen diesen oft aber ziemlich hilflos gegenüber.

Zwar hat die EU im Jahr 2022 ein Digitalgesetz beschlossen, das bei gravierenden Persönlichkeitsverletzungen Strafen androht. Auch einzelne EU-Länder reagieren mit ähnlichen Gesetzesvorhaben. Allerdings erschöpfen sich diese Vorhaben meist in recht allgemeinen Straftatbeschreibungen und Sanktionsandrohungen. Daher laufen sie de facto häufig ins Leere. Dies auch deshalb, weil die großen Internetkonzerne gerne auf das Grundrecht der »Meinungsfreiheit« verweisen und eine aktive »Zensur« ablehnen. So gesehen bleibt das Internet ein zentrales Übungsfeld für ungezügeltes Freund-Feind-Denken.

Das nachfolgende Basismaterial bietet einige Anstöße, um kritisch über die Verrohung der Sprache und der Moral im Internet nachzudenken und den Zusammenhang zwischen diesem Phänomen und der Militanz des politischen Denkens und Urteilens zu beleuchten. Mit dem Schreiben eines »Leserbriefs« wird ein konkreter Anlass geschaffen, um die eigene Meinungsbildung in Sachen Hass, Hetze und Gewaltverherrlichung in unserer Gesellschaft voranzutreiben. Wie die korrespondierende Klärungsarbeit in Schulklassen oder Seminaren ablaufen kann, zeigt der nachfolgende Leitfaden für Lehrkräfte.

## Leitfaden für Lehrkräfte (Lernspirale)

| Arbeits-schritte | Sozial-formen | Lern- und Kooperationsaktivitäten der Schüler:innen | Tipps für die Lehrperson |
|---|---|---|---|
| 1 | Pl *) | **Orientierende Instruktionen:** Die Lehrperson erläutert den bevorstehenden Arbeits- und Meinungsbildungsprozess und visualisiert die betreffenden Arbeitsschritte. | Die Lernspirale sollte gut sichtbar visualisiert werden (Folie o. Ä.). |
| 2 | EA | **Bestandsaufnahme:** Jede:r Teilnehmer:in notiert stichwortartig, welche Erfahrungen er/sie mit Hass und Hetze im Internet gemacht hat bzw. welche Beobachtungen vorliegen. | Eventuell kleine Notizzettel (A 6) vorbereiten. |
| 3 | GA | **Erfahrungsaustausch:** Die Gruppenmitglieder berichten reihum über ihre Erfahrungen und Beobachtungen, fragen nach und besprechen einzelne Internet-Auswüchse. | Die Gruppenbildung kann per Los oder Abzählen erfolgen. |
| 4 | PA | **Texterarbeitung:** Dann wird der vorliegende Basistext gelesen, markiert und mit (zugelostem) Lernpartner besprochen und mit den eigenen Erfahrungen abgeglichen. | Die Lernpartner können ebenfalls ausgelost werden. |
| 5 | GA (EA) | **Leserbrief schreiben:** In Kleingruppen werden zunächst Ideen gesammelt, was in einen kritischen Leserbrief hineinsollte. Dann schreibt jedes Gruppenmitglied seine Version. | DIe Lehrperson erläutert Sinn und Adressaten des Leserbriefs. |
| 6 | Pl | **Vorlesen + Aussprache:** 3-5 *(*ausgeloste) Gruppenmitglieder lesen ihre Briefe vor und stellen sich etwaigen Nachfragen. Dann folgt eine lehrergelenkte Aussprache. | Die Lehrperson kann auch selbst Stellung beziehen. |
| **Hinweis**: Die skizzierte »Lernspirale« kann selbstverständlich auch modifiziert werden. Sie sichert produktives und kooperatives Arbeiten in Gruppen, gibt aber auch die eine oder andere Anregung zur produktiven Alleinarbeit zu Hause. Ziel kann zum Beispiel ein *Leserbrief für die Schülerzeitung* sein. Zusätzliche Recherchen zum Stichwort »(Kriegs-)Hetze im Internet« sind empfehlenswert. | | | |

*) Pl = Plenumsphase; EA = Einzelarbeit; GA = Gruppenarbeit

## Vertiefende Sachinformationen

### *Hass, Hetze und Kleinkriege im Internet*

Das Internet ist mittlerweile zu einem beherrschenden Bestandteil unseres Lebens geworden. Fast alle Kinder und Jugendlichen im Alter von 12 bis 17 Jahren besitzen heutzutage ein eigenes Smartphone (92 Prozent) und verbringen damit täglich oft mehrere Stunden in den sozialen Medien (Youtube, Snapchat, Tiktok, Facebook et cetera), um mit anderen zu chatten, Filme zu sehen, Kommentare und Nachrichten zu lesen oder irgendwelchen Influencern zuzuschauen. Dabei begegnen sie zunehmend Hassbotschaften und Mobbing-Praktiken, die auf Dritte bezogen sind, aber durchaus auch der eigenen Person gelten können. Da wird beleidigt, herabgesetzt, mit Gewalt gedroht oder in anderer Weise diffamiert.

Zahlreiche Polit-Größen, Fußballidole, Künstler, Talkmaster oder sonstige im Rampenlicht stehende »Berühmtheiten« wissen ein Lied davon zu singen, wie schnell sich im Internet ein gewaltiger Shitstorm aufbauen kann, der keine Gnade kennt und von Beschimpfungen, Beleidigungen, Abwertungen, Gewaltandrohungen und sonstigen fiesen Provokationen nur so trieft. Das Schlimme dabei ist, dass solchen Shitstorms oft eine gefährliche Eigendynamik innewohnt, die dafür sorgt, dass einzelne »Hassprediger« innerhalb weniger Stunden ganz viele Gleichgesinnte finden, die im gleichen Tenor schreiben und ihre Opfer mit erschreckender Energie zu »zerstören« versuchen.

Manchmal gelingt das sogar wie beim Kasseler Regierungspräsidenten und Neonazi-Gegner Walter Lübcke oder der österreichischen Ärztin und Corona-Impfgegnerin Dr. Lisa-Maria Kellermayr, die beide im Zuge der gegen sie gerichteten Hetzkampagnen zu Tode kamen. Offenbar waren ihre unkonventionellen politischen Haltungen Anlass dafür, gnadenlos über sie herzuziehen. Erschütternd auch, dass zum Beispiel nach dem Mord an zwei Polizisten im rheinland-pfälzischen Städtchen Kusel innerhalb kurzer Zeit 400 bestärkende Hasskommentare gegen die Polizei ins Internet eingestellt wurden (vgl. *Süddeutsche Zeitung* vom 7.2.2022). Solche Beleidigungen und Diffamierungsexzesse betreffen freilich nicht nur Promis, sondern auch viele »Normalos«, die sich kaum wehren können.

Hetzkampagnen gegenüber Einzelpersonen sind jedoch nur das eine. Das andere sind die politischen Hetzereien gegen Fremde und Fremdes, gegen andere Religionen, Kulturen und Nationen. Die Motive der betreffenden »Hetzer« sind oft Neid, Unsicherheit, politischer Extremismus oder Hass auf Flüchtlinge, Demonstrierende oder sonstige Menschen, die von der »Norm« abweichen. Ihre Kampagnen zielen erkennbar auf Selbsterhöhung und verschaffen ihnen in ihren »Internet-Gemeinden« nicht selten ausgeprägte Anerkennung. So wird »Kriegstreiberei« zum Markenzeichen und Übungsfeld für all jene, die ihre Angriffe auf Dritte nutzen, um für sich selbst Bewunderer und Gefolgsleute zu gewinnen. Die Folgen für die Opfer und den sozialen Frieden in der Welt werden dabei in aller Regel ausgeblendet.

Dabei sind die psychischen, nervlichen und sozialen Schäden aufseiten der »Opfer« enorm. Viele von ihnen klagen bekanntermaßen über Angst, Unsicherheit, Selbstwertverlust, Panikreaktionen, Depressionen, Wut, Verzweiflung und andere krank machende Folgeerscheinungen. Von daher wird derzeit völlig zu Recht gefordert, dass Justiz und Polizei sehr viel entschiedener als bisher gegen Beschimpfungen und Hasskommentare im Internet vorgehen sollten. Und zwar sowohl gegen die mitverantwortlichen Internetkonzerne wie Facebook und Google, die das alles zulassen und als Ausdruck von Meinungsfreiheit verkaufen. Zum anderen aber auch gegen die »Hetzer« selbst, die die Anonymität des Internets nutzen, um in skrupelloser Weise gegen erklärte Feinde und »Außenseiter« vom Leder zu ziehen.

## 5.10 Anti-Kriegsgedichte als Klärungshilfe

Reflektierter Pazifismus zielt darauf, die Fratze des Krieges ins Bewusstsein zu heben und den Menschen zu einer gewissen inneren Kriegsskepsis zu verhelfen. Diese emotionale Distanz gegenüber Kriegen scheint sich mit wachsendem Abstand zum Zweiten Weltkrieg zunehmend zu verlieren. Warum? Weil persönliche Schreckens-Erlebnisse fehlen und authentische Horrorberichte von Familienangehörigen ausbleiben. Kein Wunder also, dass die Schrecken des Krieges verblassen und modernste Waffensysteme erneut Faszination auslösen.

Zwar bringt das Fernsehen ständig irgendwelche Kriegsberichte. Allerdings betreffen diese in der Regel ferne Länder, deren Katastrophen die meisten Zuschauerinnen und Zuschauer hierzulande eher wenig berühren und belasten. Diese Distanz gegenüber den faktischen Kriegsgräueln abzubauen, ist eine der großen Herausforderungen, vor denen eine moderne friedensethische Meinungsbildungsarbeit steht. Denn letztlich hat der Frieden nur dann eine Chance, wenn den Menschen die Schrecken des Krieges bewusst sind.

Wer also beim Wort »Krieg« nicht sofort eine gehörige Portion Abscheu empfindet, wird sich in aller Regel schwer damit tun, Kriege mit der nötigen inneren Entrüstung abzulehnen und dem Primat der Friedensvorbereitung und Friedenssicherung zu folgen. Durch das Vorbereiten und Schreiben von Gedichten »wider den Krieg« ergibt sich die Gelegenheit, dieses pazifistische Denken anzubahnen und sowohl die eigene latente Kriegsbegeisterung zu überwinden als auch den dramatischen Folgen von Militäreinsätzen ganz offen nachzuspüren. Das eröffnet die Chance, dass den anhaltenden Kriegstreibereien auf dieser Welt mit mehr Skepsis und Risikobewusstsein entgegengetreten wird.

Die im Anhang dokumentierten Gedichte anonymer Bürger geben konkrete Anregungen, wie ein mögliches Gedicht gegen den Krieg aussehen kann. Ein Gedicht, das die Schrecken des Krieges sichtbar macht, vielleicht aber auch einen Hauch von Friedenssehnsucht verströmt. Das zu formulierende Gedicht kann, muss aber nicht gereimt sein. Auf jeden Fall aber sollte es nachdenklich machende Gedankensplitter in gedichtartiger Weise aneinanderreihen. Wie das gehen kann, zeigt der nachfolgende Leitfaden für Lehrkräfte.

## Leitfaden für Lehrkräfte (Lernspirale)

| Arbeits-schritte | Sozial-formen | Lern- und Kooperationsaktivitäten der Schüler:innen | Tipps für die Lehrperson |
|---|---|---|---|
| **1** | Pl *) | **Orientierende Instruktionen:** Die Lehrperson erläutert den bevorstehenden Arbeits- und Meinungsbildungsprozess und visualisiert die betreffenden Arbeitsschritte. | Die Lernspirale sollte gut sichtbar visualisiert werden (Folie o. Ä.). |
| **2** | GA | **Assoziationsphase:** Die Gruppenmitglieder machen sich zum Impuls »Kriege sind für mich …, und für dich?« Notizen und tauschen ihre Assoziation anschließend aus. | Zufallsgruppen bilden; evtl. kleine Impulszettel (A 6) vorbereiten. |
| **3** | PA | **Gedichte lesen und besprechen:** In Tandems werden die dokumentierten Gedicht-Beispiele erschlossen und daraufhin abgeklopft, worauf beim eigenen Dichten geachtet werden sollte. | Basismaterial (Gedichte) kopieren und an alle verteilen. |
| **4** | EA | **Eigenes Gedicht entwerfen:** Jede:r versucht für sich geeignete Gedichtinhalte, Gedichtanfänge und Reimformen zu finden und probeweise den einen oder anderen Vers zu formulieren. | Evtl. können die Partner aus Phase 3 zusammenbleiben. |
| **5** | GA | **Beratung und Optimierung:** Die notierten Verse werden in Zufallsgruppen reihum vorgelesen, besprochen und in eine erweiterte/optimierte Gruppenfassung überführt. | Die Gruppenbildung erfolgt per Los oder Abzählen. |
| **6** | **Pl** | **Vorträge + Aussprache:** Ausgeloste Gruppen lesen ihr optimiertes Gedicht vor, geben Erläuterungen und beantworten etwaige Nachfragen. Am Ende folgt eine lehrergelenkte Aussprache. | Gedichte können an Pinnwand ausgehängt werden. |
| **Hinweis**: Die skizzierte »Lernspirale« kann selbstverständlich auch modifiziert werden. Sie sichert produktives und kooperatives Arbeiten in Gruppen, gibt aber auch die eine oder andere Anregung zur produktiven Alleinarbeit zu Hause. Phase 4 kann auch als vorbereitende Hausaufgabe angesetzt werden. Tipp: Haiku-Gedichte sind relativ leicht zu konstruieren (bitte recherchieren). | | | |

*) Pl = Plenumsphase; EA = Einzelarbeit; GA = Gruppenarbeit

## Beispiele für Gedichte aus dem Internet

Im Internet finden sich zahlreiche frei zugängliche Gedichte unbekannter Autoren zur Kriegs-Thematik. Vier davon werden im Folgenden auszugsweise abgedruckt. Bitte nur als Anregung verstehen und nicht direkt übernehmen! Zur Gedicht-Konstruktion kann auch im Internet recherchiert werden (Mögliches Stichwort: »Haiku-Gedicht«).

### Kriegsmacht

Hass erobert viele Seelen,
lehrt sie Kriege ihrer Wahl,
gieren sehr nach Macht und Größe,
sehen nicht der Völker Qual.

Teuflisch all ihr Tun und Denken,
groß der Menschen Pein und Not,
müssen Orte schnell verlassen,
weil ihr Dasein sonst bedroht.

Massen eilen durch die Straßen,
Häuser stürzen, vieles brennt,
stolpern über Trümmerteile,
jeder um sein Leben rennt.

## Friedensbemühungen

Nach Frieden ruft die ganze Welt,
und Sicherheit noch viel mehr,
um normal wieder zu leben,
wie das Gute war vorher.

Viele Worte an den Tischen,
ob sie lang sind oder rund,
an der Wahrheit sie sich messen,
am Tag und zu später Stund'.

Indes gehen Kriege weiter,
bomben ohne Unterlass,
Menschen fliehen in die Weite,
ungezähmt verbleibt der Hass.

## Kämpfe

Kämpfe, nichts als Kämpfe,
jeden Tag auf's Neu,
Gewalten gegen Gewalten,
täglich ohne Scheu.

Waffen umkreisen die Erde,
machen nirgends halt,
schinden, töten, morden,
machen Menschen kalt.

Sinnlos all das Treiben,
verwirren – bringen Not,
Kinder unschuldig leiden,
strecken sich hungrig nach Brot.

## Frieden wird kommen

Frieden liegt schon auf der Lauer,
auch wenn Böses noch regiert,
sucht begehrlich stets nach Wegen,
nie die Zuversicht verliert.

Frieden möchte gewaltlos sein,
Kriege und Hass verbannen,
doch all die Größen dieser Welt,
sie immer neu ersannen.

Frieden mit Waffen erzwingen,
das wird nie eine Option,
das Böse wird Hass nicht lassen,
zwischen Völkern und Nation.

## 5.11 Warum Aufrüstung einen Irrweg bildet

Die weltweite Aufrüstung steht in völligem Widerspruch zu dem, was angesichts von Klimakrise, Energiekrise, Bildungsnotstand, Hungersnöten, Flüchtlingsströmen und sonstigen Krisenherden auf diesem Planeten eigentlich notwendig wäre – nämlich eine konzertierte Aktion zur Rettung menschenwürdiger Lebensverhältnisse. Diesbezüglich müsste dringend investiert und alle international verfügbare Kraft eingesetzt werden, um der Zukunft der Menschheit eine überzeugende Chance zu geben.

Doch was geschieht? Statt zusammenzustehen und die volkswirtschaftlichen Ressourcen weltweit zu bündeln und zur Lösung ökologischer, ökonomischer, medizinischer und sozialer Kernprobleme einzusetzen, werden in Ost wie in West Billionen von US-Dollar in die militärische Rüstung gesteckt. Allein die USA gaben im Jahr 2022 geschlagene 877 Milliarden US-Dollar für die Anschaffung immer raffinierterer militärischer Vernichtungsarsenale aus – angefangen bei Nuklearwaffen, Marschflugkörpern, Kampfdrohnen, Cyber-Abwehrsystemen und Luftabwehrraketen bis hin zu modernsten Panzern, Granaten und sonstigen schweren Waffen mit immer größerer Zerstörungskraft und technischer Finesse.

Aber auch andere Länder gehen in die Vollen – nicht zuletzt die Bundesregierung mit ihrem 100-Milliarden-Sonderprogramm zur Modernisierung der Bundeswehr. Auch China, Russland, Saudi-Arabien, Indien, Iran, die NATO-Länder und sonstige machtbewusste Nationen planen kräftige Steigerungen ihrer Militärausgaben. Ein Irrsinn, wenn man sich die oben angedeuteten existenziellen Kernprobleme unserer Tage vor Augen führt. Wenn diese Aufrüstungsdynamik anhält, dann ist der Dritte Weltkrieg womöglich nicht mehr weit.

Von daher muss die Losung der Gegenwart unbedingt ABRÜSTUNG heißen. Das Erstellen eines Protestflyers bietet die Möglichkeit, diesen aktuellen Aufrüstungswahn kritisch zu beleuchten. Wichtig dabei ist, dass auf dem Flyer die ganze Dramatik des neuen Rüstungswettlaufs mit möglichst aufrüttelnden Botschaften deutlich gemacht wird. Wie die korrespondierende Klärungsarbeit in Schulklassen oder Seminaren ablaufen kann, zeigt der nachfolgende Leitfaden für Lehrkräfte.

## Leitfaden für Lehrkräfte (Lernspirale)

| Arbeits-schritte | Sozial-formen | Lern- und Kooperationsaktivitäten der Schüler:innen | Tipps für die Lehrperson |
|---|---|---|---|
| **1** | Pl *) | **Orientierende Instruktionen:** Die Lehrperson erläutert den bevorstehenden Arbeits- und Meinungsbildungsprozess und visualisiert die betreffenden Arbeitsschritte. | Die Lernspirale sollte gut sichtbar visualisiert werden (Folie o. Ä.). |
| **2** | PA | **Texterarbeitung:** Alle lesen den vorliegenden Basistext zur »Aufrüstung«, markieren wichtige Stellen, machen Randnotizen und beraten sich schließlich mit ihren Lernpartnern. | Den Basistext M1 kopieren und an alle verteilen. |
| **3** | GA | **Methodenklärung:** Die Gruppenmitglieder informieren sich mittels M 2 über das Erstellen eines Flyers, besprechen etwaige Unklarheiten und tauschen Vorerfahrungen aus. | Die Gruppenbildung erfolgt per Los oder Abzählen. |
| **4** | GA | **Flyer entwerfen:** Die gleichen Gruppen beraten, welche Inhalte/Bilder/Slogans sie auf den Flyer nehmen wollen, und skizzieren einen Entwurf unter Berücksichtigung der Infos in M2. | Gefaltete Roh-Flyer bereitstellen. Tandems auslosen. |
| **5** | PA | **Flyer mit PC gestalten:** In Zufallstandems werden die endgültigen Flyer gestaltet. Dazu empfiehlt sich die Nutzung eines PC mit einem geeigneten Layout-Programm. | Diese Arbeitsphase kann evtl. vorbereitete Hausaufgabe sein. |
| **6** | Pl | **Präsentation + Feedback:** Die erstellten Flyer werden in Mischgruppen reihum vorgestellt und bei Bedarf besprochen. Dann folgt ein übergreifendes Feedback im Plenum. | Feedback-Kärtchen vorbereiten (Impulszettel). |

**Hinweis**: Die skizzierte »Lernspirale« kann selbstverständlich auch modifiziert werden. Sie sichert produktives und kooperatives Arbeiten in Gruppen, gibt aber auch die eine oder andere Anregung zur produktiven Alleinarbeit zu Hause. Zusätzliche Recherchen im Internet sind grundsätzlich zu empfehlen. Phase 5 kann auch als Hausaufgabe angesetzt werden.

*) Pl = Plenumsphase; EA = Einzelarbeit; GA = Gruppenarbeit

## Vertiefende Sachinformationen

*Der Teufelskreis der Aufrüstung (M1)*

Nachdem es in den 1980er- und 1990er-Jahren unter dem Einfluss der damaligen Entspannungspolitik gelungen war, auf russischer wie auf US-amerikanischer Seite beträchtliche Abrüstungserfolge zu erzielen, hat sich das Blatt seither wieder entscheidend gewendet. Vorbei sind die mit dem INF-Vertrag von 1987 und den späteren START-Verträgen verbundenen Abrüstungsschritte und -initiativen in den Bereichen Mittelstreckenwaffen, nukleare Trägersysteme und nukleare Gefechtsköpfe. Vorbei sind auch die mit dem KSE-Vertrag von 1990 eingeleiteten Schritte zur konventionellen Abrüstung und Rüstungskontrolle in Europa, die bis Mitte der 1990er-Jahre dazu führten, dass rund 60 000 schwere Waffensysteme in den betreffenden Vertragsstaaten zerstört wurden – darunter Kampfpanzer, Artilleriesysteme und Kampfflugzeuge (vgl. www.bpb.de/kurz-knapp/hintergrund-aktuell/511337).

Seit einigen Jahren haben die Aufrüstungsbefürworter erneut Oberwasser und setzen spätestens seit der Krim-Annexion Russlands und dem seit Jahren schwelenden Taiwan-Konflikt alles daran, dass die Rüstungsindustrie in West wie in Ost wieder boomt und immer raffiniertere Waffensysteme entwickelt und angeschafft werden. Allein die USA gaben im Jahr 2022 geschlagene 877 Milliarden US-Dollar für neue Rüstungsgüter aus (Nuklearwaffen, Kampfdrohnen, Cyber-Abwehrsysteme, Luftabwehrraketen et cetera). China investierte im gleichen Jahr 292 Milliarden US-Dollar – gefolgt von Russland mit 86,4 Milliarden, Indien mit 81,4 Milliarden, Saudi-Arabien mit 75 Milliarden, Großbritannien mit 68,5 Milliarden und Deutschland mit 55,8 Milliarden US-Dollar (vgl. SIPRI-Studie vom April 2023) – Tendenz steigend.

Mit dem aktuellen Russland-Ukraine-Krieg und der Zuspitzung der Spannungen zwischen den USA und China im pazifischen

Raum wird dieser Rüstungsboom der letzten Jahre nochmals beschleunigt. Das im März 2022 beschlossene 100-Milliarden-Aufrüstungsprogramm der Bundesregierung steht für diesen neuen Zeitgeist. Ein ziemlicher Irrsinn, wenn man sieht, dass die Welt angesichts der alarmierenden Klima-, Energie-, Flüchtlings-, Ernährungs- und Beschäftigungskrisen nichts dringlicher braucht als Frieden, Völkerverständigung und internationale Zusammenarbeit. Doch genau dieses Anliegen wird derzeit in abenteuerlicher Weise mit Füßen getreten. Stattdessen werden von allen Seiten Konflikte geschürt und immer mehr schwere, modernisierte und zerstörerische Waffen gefordert und auch angeschafft. Dass diese Waffen nicht nur Abwehrpotenzial besitzen, sondern bekanntermaßen auch zur Kriegstreiberei verleiten, wird bei alledem sträflich übersehen beziehungsweise vernachlässigt.

Die Frage ist deshalb, was diese ganze Aufrüstungsmanie soll. Vieles spricht dafür, dass Aufrüstung und Waffengänge beim besten Willen keinen dauerhaften Frieden schaffen, sondern eher das Gegenteil bewirken, indem sie bei den rivalisierenden Parteien Angst, Misstrauen, Vorurteile und Kampfbereitschaft schüren. Sei es nun, dass sich bestimmte Länder durch die Rüstungsanstrengungen ihrer Rivalen bedroht fühlen und deshalb vorsorglich schon mal zu den Waffen greifen. Oder sei es, dass das Gefühl der militärischen Überlegenheit zu leichtfertigen Provokationen und Waffengängen reizt, die genauso kriegstreibend sind. Oder sei es auch, dass ein siegreicher Waffengang zwar zur Beendigung eines Krieges führt, nicht aber zur Sicherstellung dauerhaften Friedens. Warum nicht? Weil die unterlegene Partei in aller Regel nichts dringlicher zu tun hat, als auf Rache zu sinnen und die eigenen Aufrüstungsmaßnahmen so zu forcieren, dass ein erneuter Krieg mit größeren Siegeschancen möglich wird. Dieser Teufelskreis von Rüstung, Gewaltandrohungen und wiederkehrenden Kriegen und Rachefeldzügen muss durchbrochen werden!

*Einige Hinweise zur Gestaltung eines Protest-Flyers (M2)*

Flyer bieten die Möglichkeit, wichtige Botschaften zu einem bestimmten Thema kurz und bündig vorzustellen. Daher enthält ein Flyer idealerweise Texte, Bilder, Merksätze, grafische Elemente und andere »Eyecatcher« – je nachdem, was auf die einzelnen gefalteten Seiten draufgeht. Tipp: Flyer-Beispiele, Designvorlagen, Druckhinweise und Anregungen zur Flyer-Erstellung mit Word finden sich auch im Internet.

Für die Gestaltung von Flyern ist es wichtig, dass sie Blickfänge sichern, Neugierde wecken und insgesamt dafür sorgen sollten, dass die Adressaten die jeweilige Kernbotschaft möglichst schnell erfassen und verstehen. Das gelingt am besten mit einem kreativen, aber einfach und übersichtlich gehaltenen Design. Hinweis: Wenn Fotos, Grafiken oder sonstige Materialien aus dem Internet genutzt werden, bitte unbedingt die Quelle angeben und darauf achten, dass keine Bild- und/oder Persönlichkeitsrechte verletzt werden.

## 5.12 Zur »Scheinheiligkeit« des Irak-Kriegs

Derzeit richtet sich die Aufmerksamkeit vieler Menschen auf den fraglos schlimmen und völkerrechtswidrigen Angriffskrieg Russlands in der Ukraine und die dort laufenden Zerstörungen. Diese Wachheit ist insofern wichtig, als wieder mal gegen das Gewaltverbot der UN-Charta verstoßen wird. Die Crux ist nur, dass es derartige völkerrechtswidrige Waffengänge in den letzten Jahrzehnten auch von US- und NATO-Seite gegeben hat, ohne dass diese sanktioniert oder international geächtet worden wären. Erinnert sei nur an den Kosovo-Krieg (1999) oder den von den USA und England befeuerten Irak-Krieg (2003).

Ernüchternd am Irak-Krieg ist zum Beispiel, dass dessen Legitimierung durch die damalige US-Regierung unter Präsident George W. Bush erwiesenermaßen auf vorgeschobenen Verdächtigungen und Lügen beruhte. Doch was folgte daraus? Praktisch nichts! Vielmehr blieben die USA nach den Terroranschlägen radikaler Islamisten am 11. September 2001 in New York (9/11) unbeirrt bei ihrer Strategie, nicht nur den Irak, sondern auch andere vermeintlich Al-Qaida- beziehungsweise Osama-Bin-Laden-freundliche Länder nach eigenem Gusto zu attackieren.

Davon betroffen waren unter anderem Afghanistan, Pakistan, Libyen und eben der Irak. Das Paradoxe an der Causa Irak ist, dass der von den USA lange Zeit unterstützte irakische Diktator Saddam Hussein erst in dem Augenblick zum »Feind« wurde, als er die US-Linie verließ. Solange er den Iran völkerrechtswidrig angriff, war das den Vereinigen Staaten nur recht. Doch als er seine eigene Agenda verfolgte und mit dem Kuwait-Überfall gegen die (Öl-)Interessen der USA verstieß, wurde er zur Persona non grata.

Nach 9/11 bot sich dann die Gelegenheit, die vermeintliche Al-Qaida-Nähe des irakischen Diktators zum Anlass zu nehmen, um den Irak anzugreifen und Saddam Hussein zu töten. Seither herrschen Chaos, Terror und Elend. Die aktuelle Bilanz im Irak: 1,5 Millionen getötete Zivilisten (vgl. *Berliner Zeitung* vom 18.9.2021). Die nachfolgenden Materialien geben Gelegenheit, die Hintergründe und Folgen des Irak-Krieges näher unter die Lupe zu nehmen. Wie die korrespondierende Reflexions- und Klärungsarbeit in Schulklassen beziehungsweise Seminaren ablaufen kann, zeigt der nachfolgende Leitfaden für Lehrkräfte.

Leitfaden für Lehrkräfte (Lernspirale)

| Arbeits-schritte | Sozial-formen | Lern- und Kooperationsaktivitäten der Schüler:innen | Tipps für die Lehrperson |
|---|---|---|---|
| 1 | Pl *) | **Orientierende Instruktionen:** Die Lehrperson erläutert den bevorstehenden Arbeits- und Meinungsbildungsprozess und visualisiert die betreffenden Arbeitsschritte. | Die Lernspirale sollte gut sichtbar visualisiert werden (Folie o. Ä.). |
| 2 | EA | **Texterarbeitung:** Jede/r Teilnehmer/in liest die drei Textbausteine zum Irak-Krieg, markiert wichtige Stellen und notiert sich, was in den zu schreibenden Kommentar hineinsoll. | Der Basistext zum Irak-Krieg wird kopiert und an alle verteilt. |
| 3 | GA | **Beratungsphase:** Die Gruppenmitglieder besprechen inhaltliche Unklarheiten, recherchieren zusätzlich im Internet und beraten den Aufbau des anstehenden Kommentars. | Gruppenbildung durch Losen oder Abzählen. |
| 4 | EA | **Kommentar schreiben:** Nun verfasst jede:r auf Basis eigener Notizen und gruppeninterner Anregungen einen kritischen Kommentar zum Irak-Krieg (DIN-A5-Seite). | Evtl. Tipps und Zusatzinformationen einbringen. |
| 5 | PA | **Vorlesen in Tandems:** In Partnerarbeit werden die geschriebenen Kommentare wechselseitig vorgelesen und auf Übereinstimmungen und Unterschiede hin abgeklopft und besprochen. | Die Paare können durch Losen oder Abzählen gebildet werden. |
| 6 | Pl | **Präsentation + Reflexion:** Ausgeloste Lerner:innen lesen ihre Kommentare nochmals im Plenum vor und erhalten ein kurzes Feedback. Dann folgt eine lehrergelenkte Aussprache. | 3–4 Sch. werden ausgelost. Lehrperson gibt Tipps zum Feedback-Verfahren. |

**Hinweis**: Die skizzierte »Lernspirale« kann selbstverständlich auch modifiziert werden. Sie sichert produktives und kooperatives Arbeiten in Gruppen, gibt aber auch die eine oder andere Anregung zur produktiven Alleinarbeit zu Hause. Zusätzliche Internet-Recherchen zum Irak-Krieg und zu den Eigenheiten eines Kommentars sind zu empfehlen.

*) Pl = Plenumsphase; EA = Einzelarbeit; GA = Gruppenarbeit

## Vertiefende Sachinformationen

### *Zur Vorgeschichte des Irak-Krieges*

Der im Krieg gestürzte irakische Diktator Saddam Hussein wurde jahrelang von den USA hofiert und sowohl militärisch als auch wirtschaftlich unterstützt. Sein völkerrechtswidriger Angriff auf den Iran im Jahre 1980 machte ihn zum willkommenen Bündnispartner der USA, da der Iran als amerikafeindlicher Unruheherd im Nahen Osten galt. Auch der von Saddam Hussein verfügte Einsatz von Giftgas gegen die vorrückenden iranischen Soldaten im Jahr 1988 wurde weder von den USA noch von der UNO gerügt, geschweige denn bestraft. Die finanzielle und logistische Unterstützung Saddam Husseins wurde uneingeschränkt weitergeführt. Dieses Wohlwollen der USA endete erst, als Saddam Hussein 1990 den »Fehler« beging, Kuweit und seine Ölfelder zu besetzen, um dadurch mehr Einfluss auf den Öl-Markt zu bekommen. Ab diesem Zeitpunkt verhängten die USA nicht nur massive Wirtschaftssanktionen gegenüber dem Irak, sondern entwickelten auch gezielte Pläne für eine militärische Invasion. Ab 2002 wurden Waffen und Truppen in Stellung gebracht.

### *Scheinheilige Kriegsbegründung*

Im Gefolge von 9/11 riefen die USA den »Krieg gegen den Terror« aus und nahmen dabei besonders den Irak ins Visier (neben Afghanistan). Obwohl keinerlei Beweise für die Beteiligung des Irak an den Anschlägen auf das World-Trade-Center in New York vorgelegt werden konnten, wurde die Kriegsplanung und Kriegsvorbereitung intensiviert. Das Einzige, was fehlte, war ein triftiger Kriegsgrund. Dieser wurde schließlich seitens der US-Regierung erfunden, indem zunächst die Behauptung in die Welt gesetzt wurde, Saddam Hussein plane den Bau neuer Atomwaffen sowie B- und C-Waffen. Als diese Version auf UN-Ebene (noch) nicht verfing, legte das

Bush-Regime nach und ließ am 5. Februar 2003 durch Außenminister Colin Powell erklären, es gebe triftige Beweise dafür, dass der Irak biologische und chemische Waffen baue, um die islamischen Terroristen zu unterstützen. Eine glatte Lüge, wie sich Mitte 2004 herausstellte. Das fehlende UN-Mandat hinderte die USA und England jedoch nicht daran, am 20. März 2003 ihre militärische Invasion im Irak zu starten.

### *Der Blitzkrieg und seine Folgen*

Der völkerrechtswidrige Krieg der USA wurde als »Operation zur Befreiung des Iraks« etikettiert und mit humanitären Zielen gerechtfertigt. Die militärische Invasion selbst dauerte gerade mal zehn Wochen. Dann war die Eroberung und Besetzung des Irak durch eine »Koalition der Willigen« – allen voran die USA und England – abgeschlossen. Aufgrund ihrer Luftherrschaft und modernster Waffen gelang es den USA im Handumdrehen, die Hauptstadt Bagdad und andere zentrale Städte/Regionen einzunehmen. Am 1. Mai erklärte US-Präsident George W. Bush den Krieg für siegreich beendet. Frieden gab es allerdings nicht! Im Gegenteil: Während der anschließenden Besatzungszeit kam es zu Tausenden von Terroranschlägen, zu Gewaltkriminalität und zu immer neuen Kriegshandlungen. Heute wissen wir, dass seit 2003 rund eine Million Menschen getötet und chaotische Verhältnisse im Irak angerichtet wurden (vgl. www.dw.com/de/irak-krieg). Leider wurde darüber in unseren Medien in all den Jahren kaum berichtet, wohl aber über den heroischen Kampf der Amerikaner gegen al-Qaida in Afghanistan, Syrien und anderswo.

## 5.13 Zur Vorgeschichte des Ukraine-Kriegs

Kriege haben nicht nur viele Gesichter; sie haben meist auch mehrere Verursacher. Das gilt auch und nicht zuletzt für den Ukraine-Krieg. Zwar ist unstrittig, dass Russland der finale Aggressor und Kriegstreiber war. Doch was ging diesem Angriff voraus? Welche Rolle spielten USA und NATO im Prozess der Konflikt-Eskalation? Welche wechselseitigen Provokationen, Versäumnisse und Missverständnis gab es? Diese und andere Fragen stehen im Mittelpunkt dieses Reflexionsbausteins. Es geht also ganz bewusst um das Sondieren der unterschiedlichen Sichtweisen, Provokationen, Interessen und Eskalationsbeiträge der beiden Großmächte Russland und USA, das heißt um deren geopolitische Rivalitäten und Schachzüge auf dem Rücken der Ukraine. Denn dass der Westen an der Zuspitzung des Ukraine-Konflikts völlig unschuldig sei, ist eine Mär.

Westliche Provokationen gab es immer wieder. Dazu gehören beispielsweise die über Jahrzehnte sich erstreckenden Regimewechsel-Vorstöße der USA im russischen Umfeld – zum Beispiel im Iran (Schah-Regime), in Syrien, Georgien, Belarus oder in der Ukraine (Maidan-Putsch). Dazu zählt aber auch und besonders die zielstrebige NATO-Osterweiterung in den Jahren 1999 ff., die erwiesenermaßen in krassem Widerspruch zu den im Kontext der deutschen Wiedervereinigung getroffenen Absprachen zwischen Kohl, Gorbatschow und anderen westlichen Staatsführern stand (vgl. *Der Spiegel* vom 30.4.2022).

Auch die massive Aufrüstung der Ukraine durch die USA während der 2010er-Jahre sowie die demonstrative Forcierung des NATO-Eintritts der Ukraine hatte aus russischer Sicht provokativen Charakter. War doch die russlandfeindliche Haltung der ukrainischen Regierung bekannt. Besonders fatal war, dass über Russlands Sicherheitsbedenken nie ernsthaft gesprochen wurde. Das gilt vor allem für die US-Führung. Meist wurden diese Bedenken unter Verweis auf die inhärente Friedfertigkeit der NATO vom Tisch gewischt.

Das Recherchieren zu dieser Vorgeschichte des Ukraine-Kriegs eröffnet die Möglichkeit, den Eskalationsbeiträgen und -motiven der westlichen wie der russischen Seite näher auf die Spur zu kommen. Zusätzlich kann unter Umständen auch zur Binnenperspektive der ukrainischen Regierung recherchiert und eine entsprechende Erweiterung des geplanten Hearings vorgenommen werden.

## Leitfaden für Lehrkräfte (Lernspirale)

| Arbeits-schritte | Sozial-formen | Lern- und Kooperationsaktivitäten der Schüler:innen | Tipps für die Lehrperson |
|---|---|---|---|
| 1 | Pl *) | **Orientierende Instruktionen:** Die Lehrperson erläutert den bevorstehenden Arbeits- und Meinungsbildungsprozess und visualisiert die betreffenden Arbeitsschritte. | Die Lernspirale sollte gut sichtbar visualisiert werden (Folie o. Ä.). |
| 2 | EA | **Lesephase:** Jede:r liest die vorliegenden Info-Seiten, markiert interessante Stellen und notiert sich zur westlichen wie zur russischen Sicht wichtige Argumente und Fakten. | Die beiden Info-Texte kopieren und an alle verteilen. |
| 3 | PA | **Reziprokes Berichten:** In Partnerarbeit erläutert Person A die zugeloste westliche und dann Person B die zugeloste russische Sichtweise. Ein klärendes Gespräch schließt sich an. | Lernpartner und Rollen »A« und »B« werden per Los bestimmt. |
| 4 | GA | **Rechercheplanung in Gruppen:** Die Gruppenmitglieder besprechen und legen fest, was vertiefend recherchiert werden soll. Dann verteilen sie die Rechercheaufgaben. | Gruppenbildung durch Los oder Abzählen |
| 5 | EA | **Vertiefendes Recherchieren:** Jede:r recherchiert zu den übernommenen Fragen bzw. Unklarheiten im Internet oder in Zeitungen und notiert die gefundenen Informationen. | Recherche eventuell als vorbereitende Hausaufgabe |
| 6 | Pl | **Hearing im Plenum:** Zuerst kommen diejenigen zu Wort, die zur westlichen Sicht recherchiert haben, dann jene, die der russischen Sicht nachgegangen sind. Die Leitung hat die Lehrperson. | Berichterstatter können Freiwillige sein oder ausgelost werden. |
| **Hinweis**: Die skizzierte »Lernspirale« kann selbstverständlich auch modifiziert werden. Das betrifft zum Beispiel zusätzliche Recherchen und Klärungen zur Sicht der ukrainischen Regierung (warum NATO-Beitritt? et cetera). Dann muss das Hearing in Phase 6 entsprechend erweitert werden. Anhörende sind die Lehrkraft und eventuell zwei Beisitzer:innen. | | | |

*) Pl = Plenumsphase; EA = Einzelarbeit; GA = Gruppenarbeit

## Vertiefende Sachinformationen

*Grundinformationen zur Entwicklung des Ukraine-Konflikts*

Der Ukraine-Konflikt begann spätestens mit dem »Maidan-Putsch« im Februar 2014, der zum endgültigen Sturz des russlandfreundlichen Präsidenten Wiktor Janukowytsch führte. Dieser Führungswechsel schwächte Russlands Position in der Ukraine und wurde von der russischen Regierung als »Machwerk« der USA gewertet. Dies umso mehr, als die für die nachfolgenden Wahlen aufgestellten Kandidatinnen und Kandidaten betont russlandkritisch auftraten (Poroschenko, später Selenskyj) und mit allen Mitteln versuchten, den Beitritt der Ukraine zur NATO zu lancieren. Ein Beitritt, der bereits 2008 anlässlich des NATO-Gipfels in Bukarest in Aussicht gestellt wurde und Russland befürchten ließ, dass bald modernste US-Waffensysteme an der russisch-ukrainischen Grenze stehen.

Das so entstandene Misstrauen und Bedrohungsgefühl veranlasste die russische Führung im März 2014 zum geopolitischen Gegenschlag, nämlich zur völkerrechtswidrigen Annexion der Schwarzmeer-Insel Krim – angeblich, um die dort lebende russischstämmige Bevölkerungsmehrheit sowie die eigenen militärischen Anlagen vor dem Zugriff der USA beziehungsweise der NATO zu schützen. Ferner pochte Russland darauf, dass die Krim 170 Jahre lang russisches Kerngebiet gewesen sei, bevor sie im Jahr 1954 vom früheren KPdSU-Parteichef Nikita Chruschtschow, der selbst Ukrainer war, aus verwaltungstechnischen und sonstigen ungeklärten Gründen an die Ukraine abgetreten wurde (vgl. www.welt.de/.../article125588099/Wie-die-Krim-zur-Ukraine-kam.html).

Diese Krim-Annexion beantworteten die USA unter Verweis auf das Budapester Memorandum von 1994 zur Anerkennung der bestehenden ukrainischen Grenzen umgehend mit massiven Wirtschaftssanktionen, denen sich die europäischen NATO-Staaten – trotz bestehender Zweifel an der Rechtsverbindlichkeit des

Memorandums – sukzessive anschlossen (vgl. https//de.wikipedia.org/wiki/Budapester_Memorandum). Gleichzeitig wurde die politische, militärische und finanzielle Zusammenarbeit zwischen den USA und der Ukraine mit großen Nachdruck ausgebaut, sodass sich die russische Regierung in ihren latenten Befürchtungen bezüglich der eigenen militärischen Verwundbarkeit durch die Allianz USA/Ukraine/NATO bestärkt fand. Die Folge dieses Eskalationsprozesses war unter anderem, dass es zu wiederkehrenden Verstößen gegen das unter EU-Regie ausgehandelte Minsker Friedensabkommen (Minsk-II) in der Ostukraine kam. Offenbar trugen beide Seiten dazu bei, dass die vereinbarte Waffenruhe wiederholt gebrochen wurde.

Eine dramatische Zuspitzung erfuhr diese »Konfrontationspolitik«, nachdem die NATO der Ukraine 2018 ganz offiziell den Status eines Beitrittskandidaten verlieh. Als dann das ukrainische Parlament im Februar 2019 auch noch beschloss, den NATO-Beitritt in der eigenen Verfassung festzuschreiben, erreichten die Spannungen ihren Höhepunkt, zumal die russlandfeindlichen Töne der ukrainischen Führung unüberhörbar waren. Zwar protestierte Russlands Präsident wiederholt gegen die NATO-Pläne, fand aber weder auf US-Seite noch bei der NATO Gehör. Putins Warnungen, dass der geplante NATO-Beitritt der Ukraine die territoriale Sicherheit Russlands bedrohe, wurden kaum ernst genommen.

Die Folgen sind bekannt: Putin ließ Anfang 2022 seine Truppen an der Grenze zur Ukraine aufmarschieren, um damit ultimativen Druck aufzubauen. Dieser Druck galt ganz vorrangig den USA, die sich ernsthaften Verhandlungen über die Neutralität der Ukraine verweigerten. Noch im Dezember 2021 schrieb Putin an den US-amerikanischen Präsidenten, dass er nun endlich schriftlich wissen wolle, wie »... wir mit der Ukraine in Zukunft umgehen wollen«. Präsident Bidens lapidare Antwort lautete: »Über diese Frage werden wir mit Ihnen gar nicht verhandeln« (zitiert nach Klaus von Dohnanyi; NDR-Sendung DAS!« vom 22.4.2022).

Russland forderte seit den späten 1990er-Jahren, dass die Auflösung der Sowjetunion und des Warschauer Pakts Anlass sein sollte, um über eine »neue europäische Sicherheitsordnung« zu beraten, die der NATO-Osterweiterung rechtsverbindliche Grenzen setzt. Auf dieses Anliegen ließ sich der Westen allerdings nie ein. Im Gegenteil: Die NATO wurde ohne ernsthafte Abstimmung mit Russland nach Osten hin erweitert. 2004 wurden Estland, Lettland, Litauen, Tschechien, Ungarn, Polen, Slowenien und die Slowakei in die NATO aufgenommen, 2007 Bulgarien und Rumänien und 2013 Kroatien. Weitere acht osteuropäische Länder erhielten den Status eines »NATO-Beitrittskandidaten« – darunter die Ukraine. Diese Perspektive veranlasste das ukrainische Parlament im Februar 2019, den Beitritt zur NATO und zur EU ganz offiziell als Ziel in die Verfassung zu schreiben. Parallel dazu gab es massive Waffenlieferungen der USA an die Ukraine. Zum Problem wurde diese NATO-Annäherung der Ukraine deshalb, weil die ukrainische Regierung unter Präsident Selenskyj als besonders USA-hörig und russlandfeindlich galt und Russland deshalb damit rechnen musste, dass schon bald modernste NATO-Stützpunkte und Waffensysteme sechshundert Kilometer von Moskau entfernt stehen würden, um unter anderem die Rückeroberung der Insel Krim einzuleiten. Zudem ging Russlands Führung davon aus, dass die Ukraine eigentlich seit Jahrhunderten Teil des russisch-sowjetischen Imperiums sei, leider aber seit geraumer Zeit von rechtsgerichteten Nationalisten so dominiert werde, dass mit militärischen Angriffen und/oder einer Vertreibung der russischstämmigen Bevölkerung gerechnet werden müsse. Das alles sah die russische Staatsführung als akute Gefahr für die eigene nationale Sicherheit. Deshalb das Pochen auf Entmilitarisierung der Ukraine und direkte Verhandlungen und Vereinbarungen mit den USA. Dieses Anliegen wurde von US-Präsident Joe Biden noch Ende 2021 brüsk zurückgewiesen.

*Die Sichtweise des Westens*

Die westlichen NATO-Länder – insbesondere die USA – sehen sich als Vorkämpfer für Freiheit, Demokratie, Rechtsstaatlichkeit, Menschenrechte, Völkerrecht und ökonomischen Wettbewerb. Sie kämpfen für eine liberale, regelbasierte Gesellschafts- und Wirtschaftsordnung und nehmen für sich in Anspruch, Länder mit ernsthaften Sympathien für dieses Ordnungssystem kräftig zu unterstützen. Die Kehrseite dieses Selbstverständnisses: Wer sich dieser Politik entgegenstellt, muss mit heftiger Kritik und nicht selten auch mit gnadenlosen Sanktionen wirtschaftlicher wie politischer Art rechnen. Letztere treffen vor allem autoritär regierte Systeme wie Russland, China oder den Iran, die als repressiv, inhuman, ineffizient und krisenanfällig gelten. Der Untergang der ehemaligen Sowjetunion wird vom Westen als typischer Beleg dafür gesehen, dass derartige totalitäre Systeme mit ihrer staatlichen Omnipräsenz, Kontrolle und Drangsalierung der Menschen zum Scheitern verurteilt sind. Wenn Russlands Regime dennoch gerade wieder versucht, seine imperialen Herrschaftsansprüche in Osteuropa neu zu beleben, dann ist das nach westlicher Lesart nicht nur ignorant und gefährlich, sondern auch ein gravierender Verstoß gegen das von der UNO verbriefte Selbstbestimmungsrecht der Völker. In diesem Sinne sieht sich der Westen als Schutzpatron der von Russland bedrohten Völker Osteuropas. Das betrifft vor allem die Ukraine, aber auch Staaten wie Estland, Lettland oder Litauen. Die westliche Sicht ist die: Wenn Russland im Ukraine-Konflikt siegt, dann wird Putin schon bald auch andere ehemalige Sowjetrepubliken angreifen oder sogar Länder wie Polen oder Finnland überfallen. Das militärische Treiben Russlands in Georgien oder Syrien sei Warnung genug. Zwar gibt es bislang keine ernsthaften Indizien dafür, dass Russland den militärischen Schlagabtausch mit wehrhaften NATO-Ländern sucht, aber dem ehemaligen Geheimdienstler Putin wird von westlicher Seite auch dieses zugetraut. Deshalb sehen sich USA und NATO »genötigt«, Russland mit allen Mitteln zu schwächen.

## 5.14 Grundsätze und Chancen der Diplomatie

Ein großes Manko des internationalen Konfliktmanagements ist seit vielen Jahren, dass viel zu wenig auf Konfliktprävention, Diplomatie und vertrauensbildenden Interessenausgleich gesetzt wird, wie das die UN-Charta eigentlich vorsieht. Stattdessen dominieren vorschnelle wechselseitige Drohgebärden, Schuldzuweisungen und Sanktionen. Diese »Rambo-Strategie« hat den großen Nachteil, dass der »Gegner« sehr schnell sein Gesicht verliert und deshalb mit verschärften Aggressionen beziehungsweise Revanchegelüsten reagiert.

Dabei gilt: Je intensiver die internationale Diskreditierung ausfällt, desto größer ist die Gefahr, dass die betroffenen Regierungen militärische Abwehrmaßnahmen erwägen. Daher ist es wichtig, frühzeitig zu deeskalieren, vertrauensbildende Signale zu senden und ernsthafte Verhandlungen zwecks gewaltfreier Konfliktbeilegung anzubahnen. Und genau das ist die Aufgabe der Diplomatie. Diplomaten agieren in diesem Sinne als »Mediatoren«, indem sie unterschiedliche Sichtweisen anhören und nach einem möglichen Interessenausgleich suchen.

Geben und Nehmen, Für und Wider – das sind abwägende Denkweisen, die für Diplomaten zentral sind. Denn wer mit dem Kopf durch die Wand will, voller Misstrauen ist oder sich scheut, um Annäherung und Verständigung zu werben, der hat meist schon verloren, bevor ein Konflikt so richtig eskaliert. So gesehen ist Diplomatie die Kunst der wechselseitigen Annäherung und Vertrauensbildung im Vorstadium eskalierender Konflikte. Zuhören, verstehen, abwägen und vermitteln – das sind entsprechende Verhaltensmaximen.

Mit der Vorbereitung eines »fiktiven Interviews« mit einem typischen Diplomaten oder einer Diplomatin wird den Lernern die Gelegenheit eröffnet, die Denkweisen, Prinzipien und Strategien dieser Konfliktlösungs-Spezialisten näher zu studieren und eine gewisse Vorstellung von den Chancen einer geschickten und vertrauensbildenden Diplomatie zu entwickeln. Wie die Vorbereitung, Durchführung und Auswertung dieses »Interviews« in Schulklassen oder Seminaren ablaufen kann, zeigt der nachfolgende Leitfaden für Lehrkräfte. Dabei empfiehlt es sich, den Interviewten konkrete Namen wie Dr. Gründlich (Journalistin) und Dr. Mittler (Diplomat) zu geben.

Leitfaden für Lehrkräfte (Lernspirale)

| Arbeits-schritte | Sozial-formen | Lern- und Kooperationsaktivitäten der Schüler:innen | Tipps für die Lehrperson |
|---|---|---|---|
| 1 | Pl *) | **Orientierende Instruktionen:** Die Lehrperson erläutert den bevorstehenden Arbeits- und Meinungsbildungsprozess und visualisiert die betreffenden Arbeitsschritte. | Die Lernspirale sollte gut sichtbar visualisiert werden (Folie o. Ä.). |
| 2 | GA | **Brainstorming:** Die Gruppenmitglieder äußern sich reihum zum Impulssatz: »Beim Begriff Diplomatie denke ich an …« Rückfragen und kurze Gespräche schließen sich an. | Gruppenbildung per Abzählen oder Losverfahren |
| 3 | EA | **Lesephase:** Jede:r liest den vorliegenden »Basistext«, markiert wichtige Stellen und notiert sich Fragen zur Planung und Gestaltung des bevorstehenden Interviews. | Der Basistext wird kopiert und an alle verteilt. |
| 4 | GA | **Interviewvorbereitung:** Die Sch. werden je zur Hälfte der Journalisten- und der Diplomatenrolle zugelost. Dann klären die J- bzw. D-Gruppen, wie sie im Interview agieren und argumentieren wollen. | Lose mit den Kennziffern J1 bis Jx und D1 bis Dx vorbereiten. |
| 5 | PA | **Interviewdurchführung:** J1 und D1, J2 und D2 et cetera gehen zusammen und führen im Stehen ihr Interview. J fragt und D antwortet auf Grundlage des Basistextes und sonstiger Recherchen. | Die Sch. stehen sich paarweise im Raum gegenüber. |
| 6 | Pl | **Blitzlicht und Aussprache:** Wer will, äußert sich im Plenum zur Bedeutung von Verhandlungen und Diplomatie. Die Lehrperson leitet das Blitzlicht und die anschließende Aussprache. | Die Lehrperson erteilt das Wort, gibt Impulse und notiert Wichtiges an der Tafel. |
| **Hinweis**: Die skizzierte »Lernspirale« kann selbstverständlich auch modifiziert werden. Sie sichert produktives und kooperatives Arbeiten in Gruppen, gibt aber auch die eine oder andere Anregung zur produktiven Alleinarbeit zu Hause. Beim Interview in Phase 5 sollten sich die Partner mit fiktiven Namen anreden (zum Beispiel Dr. Gründlich = Journalist; Dr. Mittler = Diplomat). | | | |

*) Pl = Plenumsphase; EA = Einzelarbeit; GA = Gruppenarbeit

## Vertiefende Sachinformationen

### *Das kleine Einmaleins der Diplomatie*

Diplomatie ist die Kunst des Verhandelns und des respektvollen Interessenausgleichs. Das betrifft nicht nur die internationale Politik, sondern auch den privaten und familiären Bereich. Wer mit dem Kopf durch die Wand will und andere Sichtweisen und Interessen ignoriert, der wird es in aller Regel schwer haben, aufkeimende Konflikte erfolgreich einzudämmen. Die anhaltende Kriegstreiberei unserer Tage zeigt in alarmierender Weise, dass die Vorzüge der Diplomatie leider viel zu selten gesucht und genutzt werden.

Dabei sind die Vereinten Nationen (UNO) mit ihrem Sicherheitsrat genau zu diesem Zweck gegründet worden, um bei internationalen Konflikten beziehungsweise Kriegsgefahren möglichst früh und vermittelnd zu reagieren und die betreffenden Konfliktparteien an einen Tisch zu bringen und mittels vertrauensbildender Verhandlungen zu einem tragfähigen Kompromiss beziehungsweise Interessenausgleich hinzuführen (»Win-win-Situationen«).

Gerade in Kriegszeiten ist es wichtig, möglichst rasch aus der Spirale von Hass und Gewalt herauszukommen und auf verstörendes Säbelrasseln zu verzichten. Denn je länger ein Konflikt/Krieg dauert, desto schwieriger wird es, ihn friedlich und gesichtswahrend aus der Welt zu schaffen. Nur wenn ein frühzeitiger Austausch stattfindet und die bestehenden Aversionen, Verletzungen, Missverständnisse und/oder Interessenunterschiede offen angesprochen und abgebaut werden, wird es zu einem baldigen »Waffenstillstand« kommen können. Mit anderen Worten: »Nur ein Verhandlungsfrieden hat Aussicht, einigermaßen dauerhaft zu sein. Für Diplomatie gibt es keinen Ersatz« (Daase 2022, S. 5).

Zu den Eigenheiten von Diplomatinnen und Diplomaten gehört es, auch gegenüber erklärten »Feinden« Offenheit und Respekt zu zeigen und auf einen tragfähigen Interessenausgleich zu zielen. Ihr grundlegendes Bestreben ist es, durch wechselseitige Annäherung weiteres Morden und Blutvergießen zu verhindern und auf dem Verhandlungsweg für Frieden und Völkerverständigung zu sorgen. Dementsprechend sondieren sie die unterschiedlichen Interessen, Ziele und Probleme der Konfliktparteien und versuchen trotz aller Differenzen Brücken zu bauen und Kompromissmöglichkeiten zu finden. Sie sind bereit, vorurteilsfrei zuzuhören, die Sichtweise des Gegenübers zu erkunden und im Auftrag ihrer Regierungen internationale Absprachen und Verträge vorzubereiten. Dazu gibt es sowohl informelle Kontakte in den »politischen Hinterzimmern« als auch offene Verhandlungen auf der politischen Vorderbühne.

Verhandlungspatreien können Botschaftsangehörige, Ministe-r:innen, Regierungschefs oder sonstige Gesandte sein. Typisch für das Tun und Lassen dieser Diplomatinnen und Diplomaten ist also die bewusste Zielsetzung und Haltung, (a) die Absichten, Wünsche und/oder Interessen aller betreffenden Konfliktparteien wertzuschätzen und eine offene Konsultation und Aussprache vorzubereiten, (b) die jeweiligen Verhandlungspartner tatsächlich als »Partner« zu betrachten und alles zu vermeiden, was diese bloßstellen oder in die Enge treiben könnte, (c) sogenannte »Win-win-Situationen« zu eruieren, die beiden Seiten Nutzen beziehungsweise Vorteile bringen, (d) nicht auf kurzfristige Scheineffekte zu setzen, sondern darauf, langfristige anhaltende Verständigungserfolge zu erreichen, die einen dauerhaften Frieden sicherstellen.

Dabei gilt ganz grundsätzlich, dass Diplomatinnen und Diplomaten stets in enger Abstimmung mit ihren politischen Auftraggebern handeln und nach soliden Kompromissen und Vertragswerken suchen. So gesehen sind sie wichtige Akteurinnen und Akteure in puncto internationale Friedenssicherung.

## 5.15 Ein verstörender Kleinkrieg am Telefon

Das A und O einer seriösen Meinungsbildung in Friedensfragen ist, dass vorhandene Vorurteile und Klischees überwunden und blickerweiternde Argumente offen zugelassen und reflektiert werden. Daran hapert es in unserer Gesellschaft in erheblichem Maße. Gerade in den letzten Jahren macht sich ein fataler Dogmatismus breit, der durch Besserwisserei und Killerbegriffe wie »Verschwörungstheoretiker«, »Lumpenpazifist«, »Antiamerikanismus« oder »Putin-Versteher« auffällt und unerwünschte Ansichten des Gegenübers oft engstirnig abwehrt (vgl. Käßmann 2023, S. 4).

Diese Cancel-Culture ist deshalb problematisch, weil sie diejenigen, die hinterfragen, Nachdenklichkeit zeigen, Systemkritik üben oder in anderer Weise vom Mainstream der Meinungen abweichen, ganz schnell diskreditieren und mundtot machen. Das gilt nicht nur für die politischen Arenen, sondern auch in privaten Debatten über Geopolitik, Kernkraft, Dieselgate, Gendern, Migration, Steuergerechtigkeit, Kriminalität und viele andere Brennpunktthemen mehr. Querdenken ist eher tabu.

Diese verbale »Kriegstreiberei« im Kleinen spiegelt im Kern nur das, was sich auf der großen Bühne der Politik an Demagogie, Polemik, Propaganda, Hetze und vordergründiger Dialogverweigerung abspielt. Durch die besagte Cancel-Culture wird nicht nur ungeprüften Schuldzuweisungen Tür und Tor geöffnet, sondern auch der sachlichen Meinungsbildung ein Bärendienst erwiesen. Verurteilen, provozieren und polemisieren statt zuhören, verstehen und nachdenken – das scheint die Devise vieler Menschen zu sein, die diesen modernen Denk- und Sprachstil pflegen.

Durch das Analysieren und versuchsweise Fortschreiben des im Anhang dokumentierten Telefonats werden die Tücken eines konstruktiven Dialogs vor Augen geführt. Der Gesprächsverlauf lässt erkennen, dass es vielen verbohrten Menschen im Privatleben wie in Parteien, Parlamenten oder Talkshows vorrangig darum geht, bestehende Vorurteile und Aversionen mit aller Radikalität rauszulassen und dem jeweiligen Gegenüber die eigene Gefechtshoheit zu demonstrieren. Wie sich diese »Dialogstörung« äußern kann, lässt sich mithilfe der nachfolgenden Materialien und Denkanstöße klären.

## Leitfaden für Lehrkräfte (Lernspirale)

| Arbeits-schritte | Sozial-formen | Lern- und Kooperationsaktivitäten der Schüler:innen | Tipps für die Lehrperson |
|---|---|---|---|
| **1** | Pl *) | **Orientierende Instruktionen:** Die Lehrperson erläutert den bevorstehenden Arbeits- und Meinungsbildungsprozess und visualisiert die betreffenden Arbeitsschritte. | Die Lernspirale sollte gut sichtbar visualisiert werden (Folie o. Ä.). |
| **2** | EA (PA) | **Zettelabfrage:** Jede:r schreibt einige Wörter auf, mit denen erklärte Kriegsgegner derzeit madig gemacht und als ernsthafte Gesprächspartner disqualifiziert werden. | Hier ist unter Umständen auch Partnerarbeit sinnvoll. |
| **3** | GA | **Gesprächsrunde:** Die Gruppenmitglieder nennen und erläutern reihum ihre notierten Wörter (Killerphrasen) und stellen sich etwaigen Nachfragen bzw. Einwänden. | Die Gruppenbildung erfolgt per Los oder Abzählen. |
| **4** | EA | **Textarbeit:** Nun wird das vorliegende Telefon-Protokoll gelesen und Wichtiges markiert. Danach werden erste Ideen zum möglichen Fortgang des Telefonats notiert. | Das Telefon-Protokoll wird kopiert und an alle verteilt. |
| **5** | PA | **Dialogproduktion:** Die richtige Fortschreibung des Telefonats erfolgt in Tandems, die die gemeinsam vermuteten Wortbeiträge der Telefonpartner auf ein gesondertes Blatt schreiben. | Die Gruppen aus Phase 3 können in Tandems aufgeteilt werden. |
| **6** | Pl | **Präsentationsphase:** Ausgeloste Tandems tragen ihre »Fortsetzungs-Versionen« vor und liefern ggf. Begründungen. Den Abschluss bildet ein lehrergelenktes Unterrichtsgespräch. | Drei bis vier Paare werden ausgelost. |

**Hinweis**: Die skizzierte »Lernspirale« kann selbstverständlich auch modifiziert werden. Sie sichert produktives und kooperatives Arbeiten in Gruppen, gibt aber auch die eine oder andere Anregung zur produktiven Alleinarbeit zu Hause. Die abschließende Präsentation erfolgt im Rollenspiel-Format, das heißt die beiden Präsentatoren telefonieren mit Handy am Ohr.

*) Pl = Plenumsphase; EA = Einzelarbeit; GA = Gruppenarbeit

## Protokoll eines fragwürdigen Telefonats

Zwei Freunde telefonieren miteinander und kommen während des Telefonats auf den Ukraine-Krieg zu sprechen, der mittlerweile schon Hunderttausende von Soldatinnen und Soldaten, Zivilistinnen und Zivilisten das Leben gekostet und grässliche Zerstörungen im Lande angerichtet hat. Trotzdem wird mit wachsender Verbissenheit weitergekämpft. Mit welchem Ziel eigentlich? Bekannt ist: Der Westen möchte die Ukraine als Sieger sehen und der ukrainische Präsident Selenskyj nennt die Rückeroberung der von Russland besetzten Gebiete – auch der Krim – als zentrales Kriegsziel. Die Russen wiederum verstärken ihre Angriffsbemühungen, um ihr gewonnenes Terrain zu behaupten und die Ukraine zu destabilisieren. Ein Teufelskreis! Das Telefonat der beiden zeigt, dass beide skeptisch sind, aber aus unterschiedlichen Gründen:

A: Ich finde, dass der Krieg nicht auf dem Schlachtfeld, sondern nur durch umgehende Verhandlungen und gewisse Zugeständnisse der Kriegsparteien beendet werden kann.

B: Mit Putin kann man nicht verhandeln! Dessen großrussische Träume sind doch bekannt. Wenn er nicht besiegt wird, kommen bald andere NATO-Staaten dran.

A: Woher nimmst du denn diese Gewissheit? Bisher gibt es keine Indizien dafür, dass sich Russland mit NATO-Ländern anzulegen gedenkt. Dazu ist das Land militärisch und ökonomisch viel zu schwach und mit großen inneren Problemen belastet.

B: Aber was ist mit Georgien, Tschetschenien oder Syrien? Da hatten sie auch keine Skrupel, militärisch zuzuschlagen und ihnen genehme Machthaber zu unterstützen.

A: Das machen doch die Amerikaner seit Jahr und Tag. Regimewechsel-Initiativen gab es in Syrien, Afghanistan, Libyen, Irak, Panama und auch in der Ukraine.

B: Das kann man doch nicht vergleichen. Die Amerikaner haben nicht gebombt, sondern sind aus humanitären Gründen eingeschritten, um Schlimmeres zu verhindern. Außerdem gab es Freiheitsbewegungen, die sie gerufen haben.

A: Das ist doch ein Märchen. Syriens Präsident Assad hat auch die Russen gerufen. Und außerdem: Die Initiatoren und Antreiber der sogenannten Freiheitsbewegungen wurden in erheblichem Maße von den USA gelenkt und unterstützt.

B: Das ist jetzt aber O-Ton Putin! Willst du etwa bestreiten, dass Russland die Ukraine angegriffen und schlimmste Massaker und Zerstörungen angerichtet hat?

A: Das kann niemand bestreiten. Aber eine ganz andere Frage ist die, ob der Westen an der Zuspitzung des Ukraine-Konflikts eine Mitschuld trägt. Ich erinnere nur an das gebrochene Versprechen von Kohl, Bush und Clinton, die NATO nicht nach Osten hin zu erweitern.

B: Das ist doch nur russische Propaganda. Es gab keine Verträge. Also hat der Westen auch nichts falsch gemacht. Russland ist der Aggressor und niemand sonst.

A: Das beantwortet aber weder die Frage nach der Mitschuld des Westens noch die nach einer baldigen Beendigung des verheerenden Krieges. Was ist denn die Alternative zu Verhandlungen und gewissen Zugeständnissen an Russland?

B: Zugeständnisse? Das wäre das Schlimmste, was der Westen der Ukraine zumuten könnte. Die Ukraine führt einen heldenhaften Kampf – auch für uns in Deutschland!

Wie könnte das Telefonat wohl weitergehen? Schreibe eine Fortsetzung!

## 5.16 Einsatz und Elend von Kindersoldaten

Zu den besonderen Auswüchsen des weltweiten kriegerischen Treibens gehört der Einsatz von Kindersoldaten. Nach Schätzungen der Kindernothilfe terre des hommes sind weltweit 250 000 Kinder unter 18 Jahren in Kriegshandlungen verwickelt. Viele von ihnen wurden zuvor entführt und/oder durch Misshandlungen, Drogen, Geld oder sonstige Versprechungen gefügig gemacht. Sie arbeiten als Kämpfer, Köche, Träger, Nachrichtenübermittler, Spione und in anderen Funktionen mehr – oft an vorderster Front.

Dort müssen sie nicht selten schlimmste Gräueltaten miterleben. Ihre Ausbildung ist auf absoluten Gehorsam ausgerichtet sowie darauf, erklärte Feinde brutal zu behandeln und auch zu töten (vgl. www.tdh.de/was-wir-tun/themen-a-z/kindersoldaten). Erziehung zur Grausamkeit eben! Wie erwachsene Truppenangehörige auch, so wird niemand von ihnen gefragt, ob die angeordneten Kampfeinsätze akzeptiert werden und für die Zukunft ein Mehr an Frieden, Sicherheit und Wohlergehen für die Menschen versprechen. In aller Regel sind die Folgen gänzlich andere, nämlich viele Tote und unsägliche Zerstörungen.

Was macht das mit den betroffenen Kindern und Jugendlichen? Viele von ihnen erleiden nicht nur körperliche, sondern auch mentale Schäden und werden ganz häufig so traumatisiert, dass es ihnen nach Kriegsende schwerfällt, wieder in ein friedliches »Normalleben« zurückzukehren. Sie stumpfen ab, entwickeln Ängste und Misstrauen, neigen zur Gewalttätigkeit oder erfahren andere seelische Verwundungen, die ihnen ein Leben lang nachhängen. Dieses Leiden der Kindersoldaten ist den verantwortlichen Kriegsführern schlicht egal.

Durch das Schreiben eines Briefes an einen fiktiven Kindersoldaten (hier »Akim« genannt) entsteht ein konkreter Anlass, um sich mit dem Wahnsinn von Kriegen und den damit verbundenen Grausamkeiten auseinanderzusetzen und begründete Warnungen und Umkehrhinweise an Akim zu richten. Durch die persönliche Anrede (Lieber Akim, ...) wird die eigene Imagination angeregt und einer gewissen persönlichen Entrüstung der Weg geebnet. Wie dieser Reflexions- und Klärungsprozess in Schulgruppen beziehungsweise Seminaren ablaufen kann, zeigt der nachfolgende Leitfaden für Lehrkräfte.

## Leitfaden für Lehrkräfte (Lernspirale)

| Arbeits-schritte | Sozial-formen | Lern- und Kooperationsaktivitäten der Schüler:innen | Tipps für die Lehrperson |
|---|---|---|---|
| 1 | Pl *) | **Orientierende Instruktionen:** Die Lehrperson erläutert den bevorstehenden Arbeits- und Meinungsbildungsprozess und visualisiert die betreffenden Arbeitsschritte. | Die Lernspirale sollte gut sichtbar visualisiert werden (Folie o. Ä.). |
| 2 | EA<br>PA | **Texterarbeitung:** Jede:r liest das vorliegende Basismaterial zum Schicksal von Kindersoldaten und berät etwaige Unklarheiten mit dem jeweiligen Tischnachbarn. | Den Basistext kopieren und an alle verteilen. |
| 3 | GA | **Ideensammlung:** Die Gruppenmitglieder sammeln Ideen, was und wie man dem auf dem Foto zu sehenden Akim schreiben könnte, damit er sich diesem Wahnsinn entzieht. | Die Gruppenbildung erfolgt per Los oder Abzählen. |
| 4 | EA | **Brief schreiben:** Jede:r schreibt Akim einen persönlichen Brief, in dem er/sie ihm erzählt, warum Kriege und Waffengewalt »Bullshit« sind und nur Leid und Elend bringen. | Der Brief geht an den Jungen auf dem Foto (s. Basistext). |
| 5 | PA | **Partner-Lesung:** Die erstellten Briefe werden in Partnerarbeit abwechselnd vorgelesen und auf auffällige Unterschiede und Gemeinsamkeiten abgeklopft und besprochen. | Die Zufallspartner stehen sich im Raum gegenüber. |
| 6 | Pl | **Plenarphase:** Ausgeloste Briefschreiber lesen ihre Briefe nochmals im Plenum vor. Nachfragen und vertiefende Anmerkungen der Lehrperson runden das Ganze ab. | Drei bis vier Briefschreiber werden ausgelost. |

**Hinweis**: Die skizzierte »Lernspirale« kann selbstverständlich auch modifiziert werden. Sie sichert produktives und kooperatives Arbeiten in Gruppen, gibt aber auch die eine oder andere Anregung zur produktiven Alleinarbeit zu Hause. Fiktive Briefadressaten könnten zum Beispiel auch Soldat:innen in den Schützengräben von Verdun (1. Weltkrieg) oder »Trümmerfrauen« in Dresden (2. Weltkrieg) sein.

*) Pl = Plenumsphase; EA = Einzelarbeit; GA = Gruppenarbeit

## Vertiefende Sachinformationen

*Über das Elend von Kindersoldat*innen*

Sie werden gezwungen, zu töten und zu plündern; sie müssen an die Front, werden durch Minenfelder getrieben oder zur Spionage eingesetzt. Kinder sind in vielen Kriegen fester Bestandteil des militärischen Geschehens.

*Einige Zahlen*

250 000 Kinder und Jugendliche werden weltweit in mehr als 20 Ländern als Soldaten rekrutiert, die meisten davon im Nahen Osten, Afrika und Asien.

In Syrien werden Tausende von Kindern als Soldaten missbraucht, vom Islamischen Staat, von der Freien Syrischen Armee sowie kurdischen und Pro-Assad-Gruppen.

In Kolumbien wurden im Jahr 2017 infolge des Ende 2016 unterzeichneten Friedensvertrages 7 000 Kämpfer der Kolumbischen Befreiungsarmee (FARC) entwaffnet und demobilisiert, darunter viele Minderjährige. Bei anderen bewaffneten Guerilla-Gruppen und sonstigen paramilitärischen Gruppen und kriminellen Banden gibt es weiter in großem Maße minderjährige Soldaten.

Mehr als 8 000 Kinder, darunter viele Mädchen, wurden in Nigeria seit 2009 von Boko Haram rekrutiert und zum Teil gezwungen, sich als Selbstmordattentäter:innen in die Luft zu sprengen. Auch die gegen Boko Haram kämpfenden Bürgerwehren rekrutierten Hunderte Kinder.

In Myanmar gibt es wohl Tausende oder möglicherweise sogar Zehntausende Kinder im Dienst von Terrorgruppen – genaue Zahlen sind allerdings nicht bekannt. Zwar sind die Fälle von Rekrutierungen in die staatliche Armee nach der Unterzeichnung eines UN-Aktionsplanes im Jahr 2012 zunächst zurückgegangen, ab 2020 aber wieder massiv gestiegen. Auch bewaffnete Oppositionsgruppen wie die Kachin Independent Army (KIA) setzen in großem Maße Minderjährige als Soldaten ein.

In Indien rekrutieren zahlreiche bewaffnete Oppositionsgruppen Kinder, zum Beispiel die Naxaliten und viele Gruppen in Nordostindien, und auch bei der staatlichen Armee werden immer wieder Fälle von Rekrutierungen und illegalen Inhaftierungen von Minderjährigen dokumentiert.

Auch in der Demokratischen Republik Kongo, in Kamerun, Sudan, Südsudan, Mali, Burkina Faso, der Zentralafrikanischen Republik, Somalia, Libanon, Libyen, im Jemen, in Syrien, im Irak, in Israel/Palästina, im Libanon, in Afghanistan, auf den Philippinen und weiteren Ländern werden Minderjährige als Soldat:innen rekrutiert und ausgebeutet.

Quelle: terre des hommes
(www.tdh.de/was-wir-tun/themen-a-z/kindersoldaten)

## 5.17 EU-Interessen versus USA-Interessen

Zu den zentralen Druckmitteln der USA gegenüber »Feind-Staaten« oder sonstigen widerspenstigen Nationen gehören seit Jahrzehnten Wirtschaftssanktionen der verschiedensten Art, das heißt Import- beziehungsweise Exportverbote, einschneidende Kapitalverkehrskontrollen oder sonstige politische, ökonomische und technische Sanktionen beziehungsweise Einflussnahmen. Das betrifft keinesfalls nur »Schurkenstaaten« wie Russland, China oder den Iran, sondern von Zeit zu Zeit auch verbündete europäische Länder und deren Konzerne.

Wie gefährlich das für die EU werden kann, zeigte sich erstmals ganz dramatisch in der Ära Donald Trump, als dieser unter dem Label »America first« ausländische Unternehmen mit Sonderzöllen und sonstigen Auflagen »quälte«, sofern sich diese nicht an die erklärten US-amerikanischen Vorgaben hielten. Will sagen: Konzerne, die zum Beispiel gegen den von den USA verfügten Iran-Boykott verstießen, mussten damit rechnen, vom amerikanischen Markt ausgeschlossen und/oder mit zusätzlichen Zöllen/Strafzahlungen belastet zu werden. Zahlreiche europäische Konzerne bewog das zum Rückzug vom iranischen Markt.

Präsident Joe Biden setzt diese selbstherrliche Linie seither ziemlich nahtlos fort. Jüngstes Druckmittel ist der sogenannte *Inflation Reduction Act*, der erstens massive Subventionen für klimaschutzrelevante US-Unternehmen vorsieht (Autobranche, Solarbranche et cetera) und zweitens die zusätzliche Auflage enthält, dass ausländischen Konzernen mit klimafreundlichen Technologien und Produkten der US-amerikanische Markt nur noch dann offensteht, wenn sie ganz oder größtenteils in den USA produzieren.

Dieser Protektionismus zeigt, dass europäische und US-amerikanische Interessen sehr unterschiedlich sein können (vgl. Dohnayi 2022, S. 121 ff.). Von daher gibt es gute Gründe dafür, dass »wir aus dem Schatten der USA heraustreten müssen« (Lüders 2021). Das alles soll mittels einer fiktiven Anfrage an die europäische Kommission beleuchtet werden, in der deutlich werden sollte, dass Europa seine unkritische Vasallenhaltung gegenüber den USA überwinden muss. Wie die betreffende Reflexions- und Klärungsarbeit in Schulklassen oder Seminaren aussehen kann, zeigt der nachfolgende Leitfaden für Lehrkräfte.

Leitfaden für Lehrkräfte (Lernspirale)

| Arbeits-schritte | Sozial-formen | Lern- und Kooperationsaktivitäten der Schüler:innen | Tipps für die Lehrperson |
|---|---|---|---|
| **1** | Pl *) | **Orientierende Instruktionen:** Die Lehrperson erläutert den bevorstehenden Arbeits- und Meinungsbildungsprozess und visualisiert die betreffenden Arbeitsschritte. | Die Lernspirale sollte gut sichtbar visualisiert werden (Folie o. Ä.). |
| **2** | EA | **Bewertungsphase:** Jede:r bewertet spontan die wirtschaftliche Zusammenarbeit von USA und Europa auf einer Skala von +3 (sehr fair) bis -3 (sehr unfair) und notiert Begründungen. | Punktabfrage auf Zettel; evtl. zusätzlich auf Flipchart |
| **3** | GA | **Meinungsaustausch:** Die Gruppenmitglieder benennen und erläutern in Zufallsgruppen ihre Spontanurteile und diskutieren die bestehenden Unterschiede und Kritikpunkte. | Die Gruppenbildung erfolgt per Los oder Abzählen. |
| **4** | PA | **Texterarbeitung:** Die beiden Lernpartner markieren und besprechen den vorliegenden Basistext zur Abhängigkeit Europas von den USA. Evtl. zusätzlich im Internet recherchieren. | Den Text kopieren und an alle verteilen. |
| **5** | PA | **Anfrage formulieren:** Die gleichen Paare schreiben eine kritische Anfrage an die Spitze der EU und problematisieren Europas Abhängigkeit von den USA und deren Politik. | Eventuell können auch neue Zufallspaare gebildet werden. |
| **6** | Pl | **Präsentation und Aussprache:** Ausgeloste Tandems lesen ihre Anfragen vor und erläutern ihre Beweggründe. Anschließend folgt eine offene Aussprache unter Leitung der Lehrperson. | Die Lehrperson erteilt das Wort, gibt Impulse und notiert Wichtiges an der Tafel. |

**Hinweis**: Die skizzierte »Lernspirale« kann selbstverständlich auch modifiziert werden. Sie sichert produktives und kooperatives Arbeiten in Gruppen, gibt aber auch die eine oder andere Anregung zur produktiven Alleinarbeit zu Hause. Weitere Recherchen sind empfehlenswert. Die Anfrage kann auch als Protextbrief angelegt werden, der an die EU-Kommission gerichtet wird.

*) Pl = Plenumsphase; EA = Einzelarbeit; GA = Gruppenarbeit

## Vertiefende Sachinformationen

### *Interessenkonflikte zwischen Europa und den USA*

Friedenssicherung in Europa geht sicherlich nicht ohne die USA, aber auch nicht allein durch kritikloses Mitschwimmen im politischen Fahrwasser der USA. Fakt ist nämlich, dass in den USA häufig deutlich andere Interessen und Wertvorstellungen dominieren als in den Ländern des europäischen Staatenverbunds. Das gilt sowohl im Hinblick auf das Wahlsystem, die Parteienfinanzierung und die Rechtsprechung als auch bezüglich der Einkommensverteilung, der sozialen Absicherung der Menschen, der Wirtschaftspolitik und der Einstellung zum Völkerrecht und zur Entspannungspolitik (vgl. Dohnanyi 2022, S. 73 ff.).

Als große Schwäche der USA beklagt Klaus von Dohnanyi völlig zu Recht, dass die US-Elite seit vielen Jahrzehnten in ziemlich selbstherrlicher Weise meint, der ganzen Welt die neoliberale Lebens- und Wirtschaftsweise »nahebringen« zu müssen – notfalls mit Wirtschaftssanktionen, Putschinitiativen und/oder militärischer Gewalt (vgl. ebenda, S. 30). Demokratie, Menschenrechte und Toleranz gegenüber anderen Regierungsformen sind dabei eher nebensächlich. Stattdessen geht es vorrangig darum, die eigenen geopolitischen und wirtschaftlichen Interessen durchzusetzen und die Weltmachtposition der USA zu sichern.

Von Europa wird unter diesen Vorzeichen erwartet, dass sich die einzelnen europäischen Staaten und Wirtschaftskonzerne dem US-amerikanischen Konfrontationskurs gegenüber Systemkonkurrenten anschließen und ihre politischen und ökonomischen Verbindungen zum Beispiel zu Russland, China oder anderen »Schurkenstaaten« zurückfahren oder auch ganz kappen. Andernfalls müssen die betreffenden EU-Staaten und Unternehmungen damit rechnen, dass ihnen der Zugang zum US-amerikanischen Markt verbaut oder sonstige Sanktionen angedroht werden. Dass damit die Autonomie Europas untergraben wird, scheint kaum zu interessieren.

Wie gefährlich diese Strategie für Europa werden kann, zeigt unter anderem die von Donald Trump eingefädelte und vom aktuellen Präsidenten Joe Biden nahtlos fortgesetzte »America-First-Politik«. Zu deren Eigenheiten gehört es unter anderem, dass über die Köpfe der Europäer hinweg Verträge mit dem Iran und Russland gekündigt, Wirtschaftssanktionen erlassen oder andere rüde Vorgaben für die europäische Rüstungs-, Außen- und Handelspolitik gemacht wurden. Diese anmaßende Politik der USA ist für Europa nicht nur erniedrigend, sondern auch höchst gefährlich

Bidens Sanktionspolitik gegenüber China trifft nämlich nicht nur China, sondern auch die europäischen Länder – allen voran Deutschland, Frankreich und die Niederlande mit ihren chinaorientierten Lieferketten. Mit ihrem Chip- beziehungsweise Wirtschaftskrieg gegenüber China sowie den offen angekündigten Exportkontrollen für europäische Unternehmen setzen die USA die europäischen Staaten und Konzerne in höchst unfairer Weise unter Druck. Dass dabei gegen internationales Recht verstoßen wird, schert die politische Elite des Landes kaum. Sie verfolgt US-Interessen und erwartet, dass Westeuropa mitspielt.

Letzteres gilt unter anderem für das 2022 erlassene Gesetz zur gezielten Wirtschaftsförderung und Inflationsbekämpfung (»Inflation Reduction Act«). In diesem Gesetz schreiben die USA knallhart vor, dass nur jene ausländischen Unternehmen Zugang zum US-amerikanischen Markt und den dort fließenden Subventionen behalten werden, die (a) klimaverträgliche US-Vorgaben erfüllen, (b) Exportverbote der USA beachten und (c) ihre dort vertriebenen Produkte – zum Beispiel Autos, Wärmepumpen et cetera – in den USA selbst produzieren, gestützt auf einheimische Rohstoffe und Vorprodukte (vgl. *Der Spiegel* vom 3.12.2022, S. 76 ff.). Diese massive Bevormundung löste bei der europäischen Kommission Irritationen, aber kaum Gegenwehr aus.

## 5.18 Zu den Geheimnissen der Geopolitik

Egon Bahr brachte es Ende 2013 anlässlich einer Diskussion mit Schüler:innen eines Heidelberger Gymnasiums unverblümt auf den Punkt: In der internationalen Politik, so sein Statement, gehe es »... nie um Demokratie und Menschenrechte. Es geht um die Interessen von Staaten. Merken Sie sich das, egal was man Ihnen im Geschichtsunterricht erzählt« (vgl. *Der Spiegel* vom 11.6.2022, S. 44). Diese rigide Interessenpolitik wird derzeit vor allem von den USA, Russland und China verfolgt, während die EU-Staaten eher am Rande des Geschehens stehen.

China beispielsweise versucht mit seinem Seidenstraßen-Projekt verstärkt Einfluss auf Afrika, Europa und den vorderen Orient zu bekommen. Russland wiederum ist nach dem Zerfall der alten Sowjetunion ebenfalls bemüht, seine frühere Bedeutsamkeit in Afrika und Mittel- und Südamerika wiederzubeleben, stößt derzeit aber auf große Zurückhaltung. Und die USA? Sie betreiben seit Jahrzehnten eine äußerst konsequente Geopolitik sowohl im pazifischen als auch im europäischen Bereich, unterstützen bei Bedarf schon mal Regimewechsel und unterhalten Allianzen wie die NATO, um ihre Weltmachtstellung zu sichern.

Bei alledem ruht das besondere Augenmerk auf Eurasien (China, Russland, Europa et cetera). Jene Weltregion also, die nach dem rapiden Niedergang der alten See- beziehungsweise Kolonialmächte England, Frankreich, Holland, Spanien und Portugal als der neue Nabel der Welt gilt. Der legendäre Spruch »Wer Eurasien beherrscht, der beherrscht auch die Welt« macht die geostrategische Bedeutung dieser riesigen Land- und Bevölkerungsmasse deutlich. Sie ist gleichsam das »Herzland« der Erde, das es entweder zu beherrschen oder aber zu teilen gilt. Das erklärt die erbitterten Kämpfe in dieser Weltregion.

Der vorliegende Reflexionsbaustein gibt allen Beteiligten Gelegenheit, sich kritisch mit dieser Geopolitik auseinanderzusetzen und die korrespondierenden strategischen Deutungen, Theorien und Schachzüge der Weltmächte sowie die daraus erwachsenden Konflikte und Kriegsgefahren zu beleuchten. Das kann alleine oder auch in Gruppen geschehen. Wie die korrespondierende Reflexionsarbeit in Schulgruppen oder Seminaren ablaufen kann, zeigt der nachfolgende Leitfaden für Lehrkräfte.

## Leitfaden für Lehrkräfte (Lernspirale)

| Arbeits-schritte | Sozial-formen | Lern- und Kooperationsaktivitäten der Schüler:innen | Tipps für die Lehrperson |
|---|---|---|---|
| 1 | Pl *) | **Orientierende Instruktionen:** Die Lehrperson erläutert den bevorstehenden Arbeits- und Meinungsbildungsprozess und visualisiert die betreffenden Arbeitsschritte. | Die Lernspirale sollte gut sichtbar visualisiert werden (Folie o. Ä.). |
| 2 | EA | **Texterarbeitung:** Jede:r liest und markiert das vorliegende Basismaterial und notiert jene Begriffe bzw. Aussagen, bei denen vertiefende Klärungen gewünscht werden. | Die beiden Info-Seiten kopieren und an alle verteilen. |
| 3 | GA | **Beratungsphase:** Die Gruppenmitglieder besprechen die notierten Unklarheiten, fragen nötigenfalls die Lehrperson und recherchieren zusätzlich im Internet zum Stichwort »Geopolitik«. | Die Gruppenbildung erfolgt per Los oder Abzählen. |
| 4 | PA | **Rollenvorbereitung:** Paarweise bereiten sich die Sch. darauf vor, entweder aus US- oder aus chinesischer Sicht auf die aktuelle Geopolitik zu blicken und kritische Überlegungen zu notieren. | Die Rollenzuordnung (USA oder China) kann ausgelost werden. |
| 5 | Pl | **Streitgespräch:** Vertreter beider Blickrichtungen diskutieren die divergierenden geopolitischen Interessen, Befürchtungen und Schachzüge der beiden Blöcke. Die Lehrperson moderiert das Podium. | Die Diskutierenden melden sich oder werden ausgelost. |
| 6 | Pl | **Reflexionsphase:** Die Zuhörer:innen äußern sich zur erlebten Debatte, kommentieren das Gesagte und stellen Wichtiges heraus. Die Leitung liegt bei der Lehrperson. | L. erteilt das Wort, gibt Impulse und notiert Wichtiges an der Tafel. |

**Hinweis**: Die skizzierte »Lernspirale« kann selbstverständlich auch modifiziert werden. Sie sichert produktives und kooperatives Arbeiten in Gruppen, gibt aber auch die eine oder andere Anregung zur produktiven Alleinarbeit zu Hause. Die Leitung des Streitgesprächs in Phase 5 liegt bei der Lehrperson. Zusätzliche Recherchen zur Geopolitik sind empfehlenswert.

*) Pl = Plenumsphase; EA = Einzelarbeit; GA = Gruppenarbeit

## Vertiefende Sachinformationen

*Der ewige Kampf um die Weltherrschaft*

Das Streben der Völker nach besonderer Größe und Bedeutsamkeit ist wahrscheinlich so alt wie die Menschheit selbst. Angefangen bei den antiken Weltreichen über das römische, das osmanische, das mongolische, das russische oder das Inka-Reich bis hin zur Qing-Dynastie, dem britischen Empire oder dem spanischen Kolonialreich – stets gab es ein ausgeprägtes Geltungs-, Macht- und/oder Eroberungsbedürfnis der betreffenden Herrscher-Clans, das zu unzähligen Raubzügen, Schlachten und Kriegen führte. Trotzdem sind alle diese Reiche über kurz oder lang wieder untergegangen, da ihr Gewaltmonopol irgendwann bröckelte und die unterworfenen Völker sich erfolgreich wehrten. Frieden gab es selten!

Diese Gefahr besteht auch heute, wenn die seit Jahrzehnten dominierende Weltmacht USA ihre aufstrebenden Konkurrenten China und Russland mittels Radikalkritik, Sanktionen, Aufrüstung und sonstigen Pressionen kleinzuhalten versucht, anstatt einen sensiblen Interessenausgleich anzusteuern. Hinter dieser Politik steht die fragwürdige These, dass autoritär regierte Großmächte wie China oder Russland nur durch eine derartige Konfrontationspolitik davon abzuhalten sind, ihre wirtschaftliche und militärische Einflusssphäre zulasten der liberalen Demokratien des Westens auszudehnen. Zweifelhaft ist diese Annahme deshalb, weil Russland ökonomisch, technologisch und politisch viel zu schwach ist, um sich mit dem Westen ernsthaft anlegen zu können. Und China wiederum ist bisher in erster Linie dadurch aufgefallen, dass es sein Handelsnetz auszubauen und US-amerikanischen Druck selbstbewusst zu kontern versucht. Militärische Expansionsgelüste sind dagegen kaum erkennbar. Dafür spricht unter anderem die Tatsache, dass Chinas für Rüstung »nur« ein Drittel des US-Etats ausgibt. Russland wendet sogar nur zehn Prozent auf (SIPRI-Studie 2023).

Im geopolitischen Machtpoker spielen also die USA fraglos die erste Geige. Sie unterhalten weltweit unzählige Militärbasen und können mittels Wirtschaftssanktionen ungeheuren Druck erzeugen. Die Frage ist nur, ob diese Strategie auf längere Sicht zielführend ist. Schaut man sich zum Beispiel die Geopolitik der alten Kolonialreiche England, Spanien, Portugal oder Holland an, so kann man feststellen, dass deren selbstherrliche Macht- und Unterdrückungspolitik letztlich dazu führte, dass es zu blutigen Unabhängigkeitskriegen, verlorenen Seeschlachten und gravierenden Wohlstandsverlusten in den »Mutterländern« kam. Ähnliches droht den USA heute, sofern sie es nicht bald schaffen, ihre Omnipotenz-Vorstellungen zurückzuschrauben und der Deeskalation und Vertrauensbildung zwischen den Weltmächten verstärktes Augenmerk zu schenken. Diplomatie, Interessenausgleich und handfeste Verträge sind letztlich die besten Versicherungen gegen zukünftige Kriege.

Druck, Gewalt, Protektionismus, Sanktionen, Regimewechselinitiativen und andere Formen der Konfrontation und Machtdemonstration helfen dagegen keiner Seite wirklich weiter – zumindest nicht auf Dauer. Das gilt für den Westen wie für die neue geopolitische Allianz China/Russland. Diese Konfrontationspolitik mag zwar eine Weile gut gehen, aber auf längere Sicht ist sie alles andere als friedens- und stabilitätsfördernd. Warum? Weil der Gegendruck irgendwann zu groß wird – auch seitens der eigenen Bevölkerung. Letzteres ist besonders in Demokratien gefährlich, wie die aktuellen innenpolitischen Spannungen und Grabenkämpfe in den USA zeigen. Der dortige Liberalismus hat mittlerweile Ungerechtigkeiten und sozial-kulturelle Verlierer in einem Ausmaß produziert, dass die Akzeptanz des liberal-kapitalistischen US-Systems bedenklich schwindet (vgl. Reckwitz 2022a, S. 47).

### *Vom Wandel der geopolitischen Sichtweisen*

Geopolitik ist eine besondere Form der Machtpolitik. Sie zielt auf geografische Ausdehnung und das Vereinnahmen fremder Länder,

Bodenschätze und Kulturen zwecks Anpassung an die eigenen Interessen und Wertesysteme. Diese Vereinnahmungsstrategie kann mit friedlicher Überzeugungsarbeit einhergehen. Sie kann aber auch gewalttätige Züge tragen und auf militärische An- und Eingriffe setzen. Dahinter stehen oft missionarische Motive, historische Ressentiments, Überlegenheitsmythen, handfeste ökonomische Interessen oder auch planvolle Versuche, von Problemen im eigenen Land abzulenken. Zu den Gründervätern der angloamerikanischen Geopolitik gehören der Amerikaner Alfred Mahan und der Brite Halford Mackinder (vgl. https://de.wikipedia.org/wiki/Geopolitik).

### *Wer die Meere beherrscht*

In der Kolonialepoche des späten Mittelalters galt der geopolitische Grundsatz, dass diejenige Nation, die die Meere beherrscht und ressourcenreiche ferne Länder zu erobern versteht, zu Reichtum und Weltgeltung gelangen wird. In England, Spanien, Portugal und anderen europäischen Seefahrer-Nationen fiel diese Deutung auf fruchtbaren Boden, wie sich an ihren zahlreichen Kolonien und Beutezügen in fernen (exotischen) Weltregionen ablesen lässt. Auch die Amerikaner schlossen sich dieser Denkweise später mit dem Aufbau einer schlagkräftigen Hochseekriegsflotte im Atlantik- und Pazifik-Raum an – inklusive Bau des Panamakanals. Ziele waren die Stärkung der eigenen Seemacht und das Fernhalten der europäischen Groß- beziehungsweise Kolonialmächte von der amerikanischen Küste.

### *Wer die Lufthoheit hat*

Im 20. Jahrhundert änderte sich diese geopolitische Sichtweise insofern, als die technologischen Entwicklungen den Aufbau einer schlagkräftigen Luftwaffe ermöglichten. Damit waren nicht mehr die Seemächte die ersten Anwärter auf die Weltherrschaft, sondern vornehmlich jene Nationen, die nachdrücklich in ihre Luftwaffe investierten, um mittels ihrer Luftherrschaft andere Länder besiegen beziehungsweise zur Gefolgschaft zwingen zu können. Das NS-Regime zog diese Trumpfkarte im Zweiten Weltkrieg ganz bewusst, um damit seinen europaweiten Eroberungsfeldzug zum Erfolg zu führen. Dass dieser Plan schiefging, lag vornehmlich daran, dass insbesondere England noch schlagkräftigere Bomber aufzubieten hatte, die zahlreiche deutsche Großstädte in Schutt und Asche legten.

### *Wer »Eurasien« beherrscht*

Bereits zu Beginn des 20. Jahrhunderts prognostizierte der oben erwähnte Brite Halford Mackinder eine bevorstehende Epoche der »Landmacht«. Seine geopolitische These war die, dass die Herrschaft über das »eurasische Herzland« ganz wesentlich darüber entscheide, wer Weltmacht sei. Sein Credo: »Wer über Osteuropa herrscht, beherrscht das Herzland: Wer über das Herzland herrscht, beherrscht die Weltinsel (Eurasien). Wer über die Weltinsel herrscht, beherrscht die Welt« (zitiert nach Wikipedia, ebenda). Vieles spricht dafür, dass Hitlers Feldzug gen Osten dieser geopolitischen Logik folgte. Auch der aktuelle Kampf Russlands, Chinas und der USA um eine möglichst starke Stellung im eurasischen »Heartland« mag diesem strategischen Kalkül geschuldet sein.

## 5.19 Massenmedien als Stimmungsmacher

Kriegstreibendende Kräfte sind nicht nur Politiker:innen und/oder Militärs, sondern indirekt auch viele Massenmedien. Wie? Indem sie durch die Art ihrer Berichterstattung nicht unerheblich dazu beitragen, dass im Volk eine um sich greifende Kriegsstimmung entsteht. Das wird von den Medienschaffenden hierzulande zwar regelmäßig bestritten, ist aber längst ein offenes Geheimnis. Vor allem die sozialen Medien sind mittlerweile zu einem Faktor geworden, der eine Unmenge Hass und Hetze verbreitet und massiv gängige Vorurteile schürt.

Diese mediale Panikmache ist Ausdruck unserer modernen Aufmerksamkeitsökonomie, in der Hass, Hetze, Polemik, Demagogie und andere Formen der Emotionalisierung längst zu wichtigen Umsatz- und Gewinntreibern geworden sind, da sie die Sensationsgier vieler Menschen befriedigen. Einige neuere Bücher problematisieren diesen Trend (vgl. Müller 2022, Precht/Welzer 2022; Lüders 2021). Alarmierende Beispiele für eine derartige Meinungs- und Stimmungsmache liefert unter anderem der Springer-Konzern mit seinem Flaggschiff »Bild-Zeitung« und einigen anderen Printmedien und Fernsehsendern.

Aber auch vermeintlich seriöse Medien wie *Der Spiegel, taz, FAZ, Süddeutsche Zeitung, Zeit* oder Fernsehformate wie Panorama und Monitor bedienen sich gelegentlich einer recht grenzwertigen Stimmungsmache (vgl. Müller 2022, S. 17 f.). So widmete beispielsweise *Der Spiegel* allein zwischen Februar und Oktober 2022 dem »Dämon Putin« neun ausführliche Titelstorys mit entsprechend reißerisch aufgemachten Titelbildern, um damit Stimmung für Waffenlieferungen, gegen Russland und gegen Verhandlungen zu machen. Seriöse politische Analysen und Berichte sehen anders aus!

Mit dem Erstellen einer Mindmap wird dieser fragwürdige Einfluss der Medien auf die Kriegsstimmung im Volk kritisch beleuchtet. Welche Äste und Zweige sich dabei anbieten und wie diese inhaltlich zu füllen sind, ist jedem selbst überlassen. Das gilt sowohl für die ideologische Ausrichtung der Medienkonzerne als auch für die veränderten Arbeitsbedingungen und »Schreibzwänge« der Journalistinnen und Journalisten. Wie die konkrete Reflexionsarbeit in Schulklassen und Seminaren aussehen kann, zeigt der nachfolgende Leitfaden für Lehrkräfte.

Leitfaden für Lehrkräfte (Lernspirale)

| Arbeits-schritte | Sozial-formen | Lern- und Kooperationsaktivitäten der Schüler:innen | Tipps für die Lehrperson |
|---|---|---|---|
| 1 | Pl *) | **Orientierende Instruktionen:** Die Lehrperson erläutert den bevorstehenden Arbeits- und Meinungsbildungsprozess und visualisiert die betreffenden Arbeitsschritte. | Die Lernspirale sollte gut sichtbar visualisiert werden (Folie o. Ä.). |
| 2 | EA | **Punktabfrage:** Jede:r bewertet auf einer Skala von 0 bis 4, ob die Medien als »Friedensstifter« zu sehen sind (4 = voll; 0 = überhaupt nicht), und heftet seinen Punkt ans Flipchart. | Bewertungstabelle und entsprechendes Flipchart vorbereiten. |
| 3 | GA | **Meinungsaustausch:** In Stehzirkeln (Zufallsgruppen) werden die angepinnten Einschätzungen reihum kenntlich gemacht, begründet, erläutert und bei Bedarf auch besprochen. | Die Gruppenbildung erfolgt per Los oder Abzählen. |
| 4 | EA<br>PA | **Recherchephase:** Nun liest jede:r den vorliegenden Basistext und recherchiert zusätzlich im Internet. Dann werden mit dem Tischnachbarn erste Ideen zur Mindmap gesammelt. | Mindmap-Methode kurz erläutern (Thema, Äste et cetera). |
| 5 | PA | **Mindmapping:** Die gesammelten Ideen werden mit neuen Lernpartnern ausgetauscht und als Grundlage genutzt, um eine stimmige Mindmap zu erstellen (evtl. am PC oder auf Plakat). | Zufallstandems bilden; evtl. DIN-A2/A3-Pappe bereitstellen. |
| 6 | Pl | **Präsentation + Aussprache:** Zwei bis drei ausgeloste Tandems präsentieren ihre Mindmaps im Plenum und stellen sich den Fragen bzw. Einwänden des Publikums. | Präsentation und Aussprache werden von der Lehrperson geleitet. |

**Hinweis**: Die skizzierte »Lernspirale« kann selbstverständlich auch modifiziert werden. Sie sichert produktives und kooperatives Arbeiten in Gruppen, gibt aber auch die eine oder andere Anregung zur produktiven Alleinarbeit zu Hause. Sollte die Mindmap-Methode unbekannt sein, bitte kurz klären. Für die Präsentationsphase empfehlen sich großformatige Mindmaps.

*) Pl = Plenumsphase; EA = Einzelarbeit; GA = Gruppenarbeit

## Vertiefende Sachinformationen

*Zur Glaubwürdigkeitskrise der Massenmedien*

Der deutsche Mediensektor ist höchst vielschichtig. Private und öffentlich-rechtliche Funk- und Fernsehanstalten gehören ebenso dazu wie Tageszeitungen, Wochenzeitungen und sonstige gedruckte Magazine mit größerer Auflage. Auch reichweitenstarke Blogger:innen im Internet sind mittlerweile Teil des politischen Meinungsmanagements. Wie steht es um die Glaubwürdigkeit dieser Massenmedien? Wie neuere Befragungen zeigen, haben viele Bundesbürger erhebliche Zweifel an der Korrektheit der politischen Berichterstattung. So lässt sich zum Beispiel einer Repräsentativbefragung von RTL/n-tv aus dem Jahr 2022 entnehmen, dass nur 46 Prozent der Befragten »Vertrauen« in die Presse haben. Dem Radio vertrauen 55 Prozent und dem Fernsehen lediglich 32 Prozent (vgl. Precht/Welzer 2022, S. 8). In die gleiche Richtung gehen die Befunde einer FORSA-Umfrage aus dem Jahr 2022, der zufolge 43 Prozent der Befragten meinen, dass der Journalismus in den letzten Jahren schlechter geworden sei (vgl. ebenda). Gerade in Krisenzeiten ist es höchst gefährlich, wenn Journalistinnen und Journalisten in Verdacht geraten, einseitig zu berichten und Stimmungsmache zu betreiben.

*Zum Meinungsmanagement der Leitmedien*

Egal, ob man in die USA, nach England oder nach Deutschland schaut: Einige wenige Medienkonzerne beherrschen das Feld. In Deutschland zum Beispiel dominieren der Bertelsmann-Konzern, gefolgt vom Springer-Konzern sowie den Mediengruppen Burda, Bauer und Georg von Holtzbrinck (vgl. Lüders 2021, S. 81). Zum erstgenannten Bertelsmann-Konzern gehören unter anderem die Verlagsgruppe Gruner+Jahr (*Stern, Kapital, Financial Times, Spiegel*-Verlag et cetera), große Teile von RTL, VOX und n-tv sowie 53 Prozent von Penguin Random House (vgl. ebenda). Problematisch ist diese Marktmacht vor allem deshalb, weil sie einer einseitigen Meinungsmache Tür und Tor öffnet. Diese Gefahr zeigt sich zum Beispiel darin, dass viele tonangebende Medienkonzerne eine recht ausgeprägte neoliberale Weltsicht pushen, die Amerika blauäugig verherrlicht und allem, was nach mehr Staatseinfluss, Sozialstaat, Gewerkschaftsmacht und zentraler Steuerung aussieht, mit erheblicher Skepsis oder gar Ablehnung begegnet. Dementsprechend wird Medienpolitik und Meinungsmanagement betrieben. Besonders ausgeprägt gilt das für die »Leitmedien« in den USA selbst (vgl. ebenda, S. 72 ff.).

### *Zum fatalen Einfluss der sozialen Medien*

Zur Ehrenrettung der Journalistinnen und Journalisten sei angemerkt, dass sie bei ihrer politischen Berichterstattung gleich doppelt unter Druck stehen. Zum einen müssen sie zwecks Arbeitsplatzerhalt und Karrieresicherung ein gewisses Wohlverhalten gegenüber den politischen Erwartungen und Vorgaben ihrer Konzernleitungen beziehungsweise Chefredaktionen zeigen. Zum anderen haben sie aber auch den Druck, im Interesse ihres »Geschäftserfolgs« mit der reißerischen und recherchearmen Berichterstattung der sozialen Medien mithalten zu müssen. Thomas Kaspar nennt das die »Todesspirale der Wahrheitssuche« und führt dazu weiter aus: »Es ist großartig, dass Redaktionen heute quasi in Echtzeit berichten können. Die Kehrseite: Viele reagieren auf das Erregungspotenzial und veröffentlichen erste Antworten, wo doch nur Fragen angebracht wären. Die nötige Langsamkeit ist aus dem Journalismus weitgehend verschwunden« (Kaspar 2022, S. 11). Kaspar spricht diesbezüglich von der »Boulevardisierung« des Journalismus, die einer gründlichen Auseinandersetzung mit der Komplexität politischer Geschehnisse und Zusammenhänge deutlich entgegensteht.

## 5.20 Fragwürdige Wirtschaftssanktionen

Kriege werden bekanntermaßen nicht nur militärisch, sondern auch mit ökonomischen Mitteln geführt. Typisch für diese »Wirtschaftskriege« ist, dass kein direkter Waffeneinsatz erfolgt, sondern durch gezielte Import-, Export- und/oder Kapitalverkehrsbeschränkungen Druck auf missliebige Länder ausgeübt wird. Ein drastisches Beispiel dafür bilden die aktuellen Wirtschaftssanktionen der NATO-Länder gegenüber Russland, deren Ziel es ist, die russische Ökonomie und Militärwirtschaft von Technologieimporten und Deviseneinnahmen aus dem Westen abzuschneiden und Russland insgesamt möglichst schmerzhaft zu schwächen.

Da Russland die Ukraine völkerrechtswidrig angegriffen hat, sind solche Wirtschaftssanktionen des Westens durch die UN-Charta legitimiert. Allerdings nutzen die USA dieses Druckmittel nicht nur gegenüber totalitären Feind-Regimen, sondern gelegentlich auch gegenüber verbündeten Staaten in Europa und anderswo, wenn sich diese dem geopolitischen Kurs der USA widersetzen. Letzteres geschah zum Beispiel in den Jahren 2018/19, als einige EU-Länder das von den USA verfügte Exportverbot in Richtung Iran nicht mitmachen wollten.

Allerdings führte das rasche Einknicken dieser EU-Länder noch lange nicht dazu, dass der gesteigerte westliche Druck auf den Iran dessen Politik tatsächlich veränderte. Im Gegenteil. Offenbar waren und sind autoritäre Regime wie Iran, Kuba, Russland, Nordkorea oder China relativ gut in der Lage, derartige Druckmaßnahmen unbeeindruckt wegzustecken und sich die benötigten Ressourcen anderswo zu besorgen. Fakt ist ferner, dass Wirtschaftssanktionen in der Regel Gegensanktionen der sanktionierten Staaten auslösen, die schnell zu massiven Belastungen in den Urheber-Ländern führen können.

Dieser Bumerang-Effekt zeigt sich zum Beispiel in den durch Russlands Gegensanktionen ausgelösten Krisenphänomenen wie Energieverknappung, Inflation, Wachstumsschwäche, Unternehmensstillegungen, Staatsverschuldung, Lieferkettenproblematik, Flüchtlingsströme und Demokratiekrise. Diese Ambivalenz ökonomischer und technischer Sanktionen in den Blick zu bringen, ist das Anliegen des Reflexionsbausteins. Wie die betreffende Reflexionsarbeit in Schulklassen oder Seminaren ablaufen kann, zeigt der nachfolgende Leitfaden für Lehrkräfte.

Leitfaden für Lehrkräfte (Lernspirale)

| Arbeits-schritte | Sozial-formen | Lern- und Kooperationsaktivitäten der Schüler:innen | Tipps für die Lehrperson |
|---|---|---|---|
| 1 | Pl *) | **Orientierende Instruktionen:** Die Lehrperson erläutert den bevorstehenden Arbeits- und Meinungsbildungsprozess und visualisiert die betreffenden Arbeitsschritte. | Die Lernspirale sollte gut sichtbar visualisiert werden (Folie o. Ä.). |
| 2 | EA | **Notizphase:** Jede:r notiert, was er/sie bereits über die Funktion und Folgen von Wirtschaftssanktionen bzw. Wirtschaftskriegen weiß und wie diese zu beurteilen sind. | Evtl. ein entsprechendes Arbeitsblatt erstellen und austeilen. |
| 3 | GA | **Gedankenaustausch:** In Zufallsgruppen werden die notierten Vorkenntnisse und Einschätzungen ausgetauscht und wechselseitig kommentiert, ergänzt und besprochen. | Die Gruppenbildung kann per Los oder Abzählen erfolgen. |
| 4 | EA | **Texterarbeitung:** Jede:r liest und markiert den vorliegenden Basistext, notiert offene Fragen und startet unter Umständen zusätzliche Recherchen im Internet oder anderswo. | Basistext kopieren und verteilen; evtl. Recherche als Hausaufgabe. |
| 5 | PA | **Positionsklärung:** Die zu bildenden Tandems klären die notierten Restfragen und erstellen einen »Spickzettel« für die anstehende Debatte. Ob »pro« oder »kontra«, entscheidet das Los. | Wer pro oder kontra vorzubereiten hat, wird ausgelost. |
| 6 | Pl | **Debatte:** Auf dem »Podium« sitzen je zwei Vertreter der Pro- und der Kontra-Seite und tragen im Wechsel ihre Argumente vor. Die Gesprächsleitung liegt bei der Lehrperson. Die Zuhörer machen Notizen. | Am Ende geben die Zuhörenden ein kurzes Feedback. |

**Hinweis**: Die skizzierte »Lernspirale« kann selbstverständlich auch modifiziert werden. Sie sichert produktives und kooperatives Arbeiten in Gruppen, gibt aber auch die eine oder andere Anregung zur produktiven Alleinarbeit zu Hause. Zusätzliche Internet-Recherchen sind empfehlenswert. Das Pro-und-Kontra-Szenario sollte kurz erläutert und das »Podium« gestellt werden.

*) Pl = Plenumsphase; EA = Einzelarbeit; GA = Gruppenarbeit

## Vertiefende Sachinformationen

### *Das zweischneidige Schwert der Wirtschaftssanktionen*

Weltmeister in Sachen Wirtschaftssanktionen sind die USA. Länder wie Kuba, Nordkorea, Russland, China, der Iran und einige andere »Schurkenstaaten« können ein Lied davon singen. Sonderzölle, Export- und/oder Importverbote, Kapitalverkehrskontrollen, Reiseverbote, Sperrung von Bankkonten und manches andere mehr wurden und werden eingesetzt, um die sanktionierten Länder unter Druck zu setzen und zur Übernahme westlicher Politik- und Wertvorstellungen zu nötigen. Das betrifft Menschenrechte und Demokratiegebot, aber auch Wirtschaftsliberalismus, Privateigentum, Rechtsstaatlichkeit und ausgeprägte Selbstverantwortung der Menschen. Wer sich dieser liberalen Agenda der USA widersetzt, muss unter Umständen mit politischen und/oder wirtschaftlichen Sanktionen rechnen.

Das Problem ist nur, dass sich autoritär regierte Länder wie China, Russland, Nordkorea oder der Iran durch derartige Wirtschaftssanktionen in den seltensten Fällen beeindrucken, geschweige denn zu einem politischen Kurswechsel bewegen lassen. Eher schon reagieren sie trotzig, indem sie ihrerseits Lieferketten unterbrechen, Sonderzölle erheben, Exporte verknappen, eigene Unternehmen hoch subventionieren, Importbeschränkungen erlassen, Auslandsinvestitionen erschweren et cetera. Offen bleibt dabei, ob die dortigen Herrscher nur nachziehen oder wirklich die offene Konfrontation mit dem Westen beziehungsweise den USA suchen. Wie auch immer: Fest steht, dass derartige Wirtschaftskriege die politischen Kulturen dieser »Schurkenstaaten« kaum verändern, wohl aber im Westen gewaltige Geldsummen verschlingen, die dann zum Bearbeiten anderer Großbaustellen wie der Klimarettung, der Armutsbekämpfung oder der Flüchtlingskrise fehlen.

Angesichts dieser offenkundigen Ambivalenz der Sanktionsstrategie spricht einiges dafür, das Instrument der Wirtschaftssanktionen sehr viel stärker als bisher zu problematisieren. Einmal natürlich, weil sie die Spannungen zwischen den Völkern meist nur weiter anheizen und einschneidende Wohlstandseinbußen auf allen Seiten nach sich ziehen. Zum anderen aber auch deshalb, weil sie in der Regel weniger die politischen Autokraten treffen, sondern vorrangig deren »Untergebene«, die unter den Sanktionsfolgen am meisten zu leiden haben und eher keine humanitären Verbesserungen ihrer Lebensverhältnisse erwarten können.

Schaut man aktuell zum Beispiel nach Russland, so zeigt sich, dass die massiven Wirtschaftssanktionen des Westens vornehmlich zweierlei bewirken: erstens die entschiedene Umstrukturierung und internationale Neuorientierung der russischen Wirtschaft und zweitens den vorbehaltlosen Ausbau des militärischen Apparats. Beides geht natürlich zulasten der Zivilbevölkerung und der Armutsbekämpfung. Zudem lässt sich beobachten, dass die von den besagten Sanktionen betroffenen Technologien, Rohstoffe und sonstigen Produkte schon bald über Drittländer bezogen wurden. Das wirkt systemstabilisierend. Eine weitere paradoxe Reaktion auf die westlichen Sanktionen ist die, dass die sanktionsbegleitenden Gegenmaßnahmen der russischen Führung zum massiven Anstieg der Weltmarktpreise für Gas, Öl und andere Rohstoffe führten und damit die russischen Deviseneinnahmen weiterhin sprudeln lassen. Kein Wunder also, dass Putin seinen Kriegskurs fortsetzen kann.

Zwar ist zu erwarten, dass Russlands Ökonomie längerfristig technologisch, ökonomisch und sozial Einbußen erleiden wird. Allerdings trifft das – wie erwähnt – vor allem die Zivilbevölkerung. Außerdem darf nicht vergessen werden, dass die massiven Wirtschaftssanktionen gegenüber Russland bekanntermaßen fatale Rückwirkungen in Deutschland und Europa selbst haben. Energiekrise, Inflation, Exportverluste, Unternehmensschließungen, gekappte Lieferketten und anderes mehr sind sichtbare Zeichen dieses Bumerang-Effekts.

## 5.21 Ziele, Aufbau und Chancen der UNO

Nach dem Trauma des Zweiten Weltkrieges war es vielen Ländern wichtig, ein neues Fundament für die internationale Friedenssicherung zu schaffen. Ein Fundament, das sowohl die militärischen als auch die politischen, ökonomischen, sozialen und kulturellen Beziehungen zwischen den unterschiedlichen Staaten so stabilisiert, dass kriegstreibende Feindschaften erst gar nicht entstehen können. Als Garant für dieses friedliche Miteinander wurde 1945 die Organisation der Vereinten Nationen (UNO) gegründet – mit Sitz in New York.

Gründungsmitglieder waren seinerzeit die großen Achsenmächte USA, China, Großbritannien, Frankreich und die Sowjetunion sowie 45 weitere Staaten, die am 24. Oktober 1945 die entsprechende UN-Charta unterzeichneten, um damit dem Weltfrieden eine neue Chance zu geben. Das Androhen oder Anwenden militärischer Gewalt gegenüber Drittländern wurde ausdrücklich geächtet, die territoriale Unversehrtheit aller Staaten zum Gebot erhoben (vgl. Artikel 2, Ziffer 4). Internationale Streitigkeiten und drohende Friedensbrüche sollten mit friedlichen Mitteln bereinigt werden (Art. 2, Ziffer 1).

Zur Ahndung etwaiger Friedensbrüche wurde ein »Sicherheitsrat« eingerichtet, dem für den Fall eines völkerrechtswidrigen Waffenganges sowohl nichtmilitärische als auch militärische Sanktionskompetenzen unter Heranziehung von »Blauhelm-Soldaten« zugeschrieben wurden. Die Wirksamkeit dieses Sanktionsinstrumentariums ist bis heute allerdings ziemlich bescheiden, da die fünf ständigen Mitglieder China, Russland, Frankreich, Großbritannien und die USA ein Vetorecht haben und wegen ihrer eigenen Beteiligung an vielen Friedensbrüchen dieses auch häufiger nutzen.

Durch das Entwickeln einer Grafik/Tabelle zur Organisation der UNO ergibt sich die Gelegenheit, nähere Einblicke in deren Ziele, Organe und Wirkungsprobleme zu bekommen und diese einprägsam zu veranschaulichen. Dazu bieten sich ein Mindmap-artiges Schaubild oder eine gut strukturierte Tabelle an, aus denen sich die wichtigsten Aspekte, Chancen und Probleme der UNO ersehen lassen. Wie die korrespondierende Klärungsarbeit in Schulklassen oder Seminaren ablaufen kann, zeigt der nachfolgende Leitfaden für Lehrkräfte.

## Leitfaden für Lehrkräfte (Lernspirale)

| Arbeits-schritte | Sozial-formen | Lern- und Kooperationsaktivitäten der Schüler:innen | Tipps für die Lehrperson |
|---|---|---|---|
| 1 | Pl *) | **Orientierende Instruktionen:** Die Lehrperson erläutert den bevorstehenden Arbeits- und Meinungsbildungsprozess und visualisiert die betreffenden Arbeitsschritte. | Die Lernspirale sollte gut sichtbar visualisiert werden (Folie o. Ä.). |
| 2 | PA | **Brainstorming:** Die Lernpartner tragen zusammen, was sie über die UNO wissen, und bewerten anschließend deren Wichtigkeit auf einer Skala von 0 (unwichtig) bis 4 (sehr wichtig). | Evtl. »Bewertungsraster« vorbereiten und an alle verteilen. |
| 3 | GA | **Meinungsaustausch:** Die Gruppenmitglieder legen reihum ihre Bewertungen offen, geben Erläuterungen dazu und besprechen ihre unterschiedlichen Sichtweisen und Vorkenntnisse. | Die Gruppenbildung kann per Los oder Abzählen erfolgen. |
| 4 | EA<br>PA | **Recherchephase:** Jede:r liest und markiert den vorliegenden Basistext. Dann wird in Tandems zusätzlich zur UNO recherchiert und der Aufbau einer Grafik bzw. Tabelle überlegt. | Basistext kopieren und verteilen; Tandems bilden. |
| 5 | PA | **Grafik/Tabelle erstellen:** In neuen Tandems werden die wichtigsten Informationen zur UNO zusammengetragen und in eine übersichtliche Grafik (»Spickzettel«) überführt. | Zufallstandems bilden; Tipps zur Visualisierung geben. |
| 6 | Pl | **Vorträge plus Reflexion:** Zwei bis drei ausgeloste Paare halten spickzettelgestützte Vorträge zur UNO (evtl. mit Power-Point). Dann folgt eine lehrergelenkte Aussprache. | Präsentation überlegen; Lehrperson leitet die Reflexionsphase. |

**Hinweis**: Die skizzierte »Lernspirale« kann selbstverständlich auch modifiziert werden. Sie sichert produktives und kooperatives Arbeiten in Gruppen, gibt aber auch die eine oder andere Anregung zur produktiven Alleinarbeit zu Hause. In Phase 4 empfehlen sich zusätzliche Internet-Recherchen. Der Vortragsleitfaden zur UNO kann auch mit Power-Point gestaltet werden.

*) Pl = Plenumsphase; EA = Einzelarbeit; GA = Gruppenarbeit

## Vertiefende Sachinformationen

### *Grundinformationen zur UNO*

Die Organisation der Vereinten Nationen (UNO) wurde 1945 mit dem Ziel gegründet, eine internationale Friedensordnung zu errichten. Als Sitz wurde New York festgelegt. Hintergrund war das Inferno des Zweiten Weltkriegs, das die Großmächte USA, Russland, China, Frankreich und Großbritannien sowie weitere 45 Nationen dazu veranlasste, einen Staatenverbund zur friedlichen Beilegung internationaler Konflikte ins Leben zu rufen. Die entsprechende UN-Charta trat am 24. Oktober 1945 in Kraft und legte in Artikel 1 als Kernziele fest: (a) die Sicherung des Weltfriedens, (b) die Entwicklung freundschaftlicher Beziehungen zwischen den Nationen, (c) die Verbesserung der internationalen Zusammenarbeit, (d) die Förderung der Menschenrechte und (e) die gemeinsame Lösung globaler Probleme.

Zur Umsetzung dieser Ziele wurden fünf Hauptorgane gebildet und mit unterschiedlichen Planungs-, Entscheidungs- und Vermittlungsaufgaben betraut: nämlich erstens die UN-Generalversammlung als diplomatisches Zentrum, zweitens das UN-Sekretariat mit dem UN-Generalsekretär als Kopf, drittens der Sicherheitsrat als mächtigstes UN-Organ, viertens der Wirtschafts- und Sozialrat zur weltweiten Förderung des Lebensstandards, der humanitären Hilfe, der Menschenrechte und der Kultur und Erziehung sowie fünftens der Internationale Gerichtshof mit Sitz in Den Haag, welcher bei internationalen Rechtsverstößen und Rechtsstreitigkeiten tätig werden kann. Darüber hinaus gibt es mittlerweile eine ganze Reihe weiterer Sonderorganisationen der UNO wie den Internationalen Währungsfonds, die Weltgesundheitsorganisation, die Weltbank, die Welternährungsorganisation, die OECD oder die UNESCO in Paris mit den Arbeitsfeldern Erziehung/Wissenschaft/Kultur.

Die grundsätzliche Bedeutung der UNO lässt sich unter anderem daran ablesen, dass ihr inzwischen 193 Mitgliedstaaten angehören, die 99,4 Prozent der Weltbevölkerung repräsentieren. So gesehen sind die Vereinten Nationen eine imposante Großorganisation mit Weltgeltung, die eigentlich sehr mächtig sein könnte, es de facto aber leider nicht ist, weil die Durchsetzungskompetenzen der einzelnen Organe doch sehr bescheiden zugeschnitten wurden. Die UNO kann beraten, tadeln, warnen, Gutachten erstellen lassen, Sanktionen androhen, Blauhelm-Soldaten aus einzelnen Mitgliedsstaaten in Krisengebiete schicken oder sonstige diplomatische Initiativen starten, die im weitesten Sinne des Wortes der Sicherung des Weltfriedens dienen (vgl. die »Millenniumsziele« aus dem Jahre 2001). Ihre faktische Durchsetzungsmacht gegenüber akuten Friedensstörern/Friedensbrechern ist allerdings ziemlich gering.

Das zeigt sich beispielsweise an der inneren Lähmung des besagten Sicherheitsrates, der laut Artikel 2 der UN-Charta eigentlich mit großer Entschiedenheit dafür sorgen müsste, dass internationalen Friedensbrechern umgehend mit diplomatischen, wirtschaftlichen und sonstigen nichtmilitärischen Sanktionen entgegengetreten wird. Selbst ein militärisches Einschreiten mittels Blauhelm-Soldaten oder mandatierten Truppen von Mitgliedsstaaten ist in Grenzfällen vorgesehen. Das Problem ist nur, dass derartige Sanktionen und Interventionen der UNO daran gebunden sind, dass keines der fünf ständigen Mitglieder im Sicherheitsrat – USA, Russland, China, Frankreich und Großbritannien – ein Veto einlegt. Da diese fünf Schlüssel-Länder häufig aber selbst an internationalen Friedensbrüchen beteiligt sind, sind einstimmige Sanktionsbeschlüsse beziehungsweise Kursbestimmungen im Sicherheitsrat eine ziemliche Seltenheit. Die aktuelle Zurückhaltung der UNO im Ukraine-Krieg unterstreicht dieses Dilemma.

## 5.22 Umstrittene Kriegsdienstverweigerung

Wer sich nach der Wiederbewaffnung der Bundesrepublik Deutschland drohenden Kriegshandlungen und Kriegseinsätzen widersetzen wollte, konnte jahrzehntelang ganz legal den Kriegsdienst verweigern. Dieses Recht war und ist im Grundgesetz Artikel 4 Absatz 3, verbrieft. Der Wortlaut: »Niemand darf gegen sein Gewissen zum Kriegsdienst mit der Waffe gezwungen werden.« Hinter dieser Grundrechtsbestimmung steht die im ersten Absatz formulierte Regelung, dass die Freiheit des Glaubens, des Gewissens und die Freiheit des religiösen und weltanschaulichen Bekenntnisses unverletzlich sind (vgl. Artikel 4 Absatz 1 GG).

Mit diesem Grundrecht auf Kriegsdienstverweigerung (KDV) wagte die Bundesrepublik Deutschland 1949 einen mutigen Schritt, um der unheilvollen Kriegstradition des deutschen Reiches abzuschwören und pazifistisch gesinnten jungen Menschen einen legalen Ausweg zu ermöglichen. Mit der Gründung der Bundeswehr im Jahr 1955 und der Verabschiedung des neuen Wehrpflichtgesetzes wurde dieser Ausweg allerdings wieder deutlich eingeschränkt, indem sich Kriegsdienstverweigerer peniblen Gewissensprüfungen stellen mussten.

Das führte dazu, dass in der Folgezeit zahlreiche Berater und Beraterinnen auf kirchlicher wie politischer Ebene aktiv wurden, die den verweigerungswilligen Jugendlichen juristisch unter die Arme griffen und bewährte Argumentationsleitfäden anboten. Die Verweigerer-Quote stieg und erreichte mit rund 150 000 KDV-Anträgen im Jahr 1991 einen gewissen Höhepunkt, als in Verbindung mit dem Zweiten Golfkrieg die bewusste Kriegsgegnerschaft unter Jugendlichen wuchs. Diese Haltung verfestigte sich und führte schließlich im Jahr 2011 dazu, dass die Wehrpflicht in Deutschland komplett ausgesetzt wurde.

Mit dem Recherchieren zur Frage der Kriegsdienstverweigerung verbindet sich die Möglichkeit, stichhaltige Argumente für einen derartigen Schritt zu suchen sowie die Problematik von Waffengängen zu prüfen. Mag sein, dass manche Lerner Kriegsdienstverweigerung trotzdem als falsch ansehen. Wichtig ist nur, dass das Pro und Kontra in Sachen Kriegsdienstverweigerung sorgfältig reflektiert wird. Wie die korrespondierende Reflexionsarbeit in Schulklassen oder Seminaren ablaufen kann, zeigt der nachfolgende Leitfaden für Lehrkräfte.

## Leitfaden für Lehrkräfte

| Arbeitsschritte | Sozialformen | Lern- und Kooperationsaktivitäten der Schüler:innen | Tipps für die Lehrperson |
|---|---|---|---|
| 1 | Pl *) | **Orientierende Instruktionen:** Die Lehrperson erläutert den bevorstehenden Arbeits- und Meinungsbildungsprozess und visualisiert die betreffenden Arbeitsschritte. | Die Lernspirale sollte gut sichtbar visualisiert werden (Folie o. Ä.). |
| 2 | EA | **Notizphase:** Jede:r formuliert auf einem vorgegebenen Notizzettel eine spontane Satzergänzung zu dem Impulssatz: »Kriegsdienstverweigerer sind für mich ...« | Impulszettel im Format DIN-A-6 vorbereiten. |
| 3 | GA | **Blitzlicht:** Die Gruppenmitglieder lesen reihum ihre Satzergänzungen vor, fragen schon mal nach und besprechen die erkennbaren Unterschiede und Gemeinsamkeiten. | Die Gruppenbildung kann per Los oder Abzählen erfolgen. |
| 4 | EA | **Informationsphase:** Nun wird der vorliegende Basistext gelesen, markiert und im Internet evtl. zusätzlich unter dem Stichwort »Gründe für Kriegsdienstverweigerung« recherchiert. | Basistext kopieren; Internet-Recherche evtl. als Hausaufgabe. |
| 5 | PA | **Vortragsleitfaden erstellen:** In Tandems werden einfache Argumentationsleitfäden (Gliederungen) erstellt, die als Grundlage für einen Vortrag im Klassenverband dienen können. | Die Tandems werden mittels Losen oder Abzählen gebildet. |
| 6 | Pl | **Vorträge plus Reflexion:** Zwei bis drei ausgeloste Tandems halten ihre vorbereiteten Kurzvorträge. Dann folgt eine lehrergelenkte Aussprache zu den vorgetragenen Argumenten. | Die Tandem-Partner wechseln sich beim Vortrag ab. |
| **Hinweis**: Die skizzierte »Lernspirale« kann selbstverständlich auch modifiziert werden. Sie sichert produktives und kooperatives Arbeiten in Gruppen, gibt aber auch die eine oder andere Anregung zur produktiven Alleinarbeit zu Hause. Eventuell Tipps zum Aufbau der Gliederung geben. Für den Vortrag empfiehlt sich ein einfaches »Rednerpult« (Tischaufsatz) für die Vortragenden. | | | |

*) Pl = Plenumsphase; EA = Einzelarbeit; GA = Gruppenarbeit

## Vertiefende Sachinformationen

*Das Recht auf Kriegsdienstverweigerung*

Viele Jugendliche meinen, dass sich mit dem Aussetzen der Wehrpflicht im Jahr 2011 die Kriegsdienstverweigerung erübrigte. Das ist deshalb falsch, weil »aussetzen« ja nicht bedeutet, dass die Wehrpflicht nicht jederzeit wieder eingeführt werden kann. Gerade die aktuellen Kriegsereignisse in der Ukraine und das offene Eintreten vieler deutscher Politiker:innen für Aufrüstung und eine massive Stärkung der Bundeswehr unterstreichen, dass schon bald wieder verstärkte Rekrutierungsmaßnahmen Platz greifen könnten. So gesehen droht eine erneute Wehrpflicht, die jeden jungen Menschen vor die Frage stellt, ob er von seinem Grundrecht auf Kriegsdienstverweigerung Gebrauch machen will oder nicht. Von daher ist es ratsam, sich beizeiten zu prüfen, welche Haltung man gegenüber dem Kriegsdienst mit der Waffe einnehmen will.

Grundsätzlich gilt: Kriegsdienstverweigerer gab es schon immer – nicht erst in unserer Neuzeit. Traditionell gehörten dazu vor allem »radikale Pazifisten« aus freikirchlichen Gruppen wie Mennoniten, Quäkern, Tunkern oder Hunnen, die trotz massiver Repressalien der Herrschenden den Dienst mit der Waffe verweigerten und deshalb nicht nur bestraft, sondern unter Umständen sogar so rüde verfolgt wurden, dass sie auswandern mussten. Diese existenzielle Bedrohung gibt es heute zwar nicht mehr, trotzdem galt das Verweigern des Kriegsdienstes vielen Erwachsenen hierzulande bis in die 1990er-Jahre hinein als »Vaterlandsverrat« beziehungsweise »unpatriotische Drückebergerei«. Obgleich diese soziale Ächtung mit dem Inkrafttreten des Grundgesetzes im Jahre 1949 eigentlich untersagt wurde, hinkte das faktische Bewusstsein vieler Bundesbürger lange Zeit hinterher. Da half auch Artikel 4 Absatz 3 GG mit der Norm »Niemand darf gegen sein Gewissen zum Kriegsdienst mit der Waffe gezwungen werden« nur sehr begrenzt.

Das Tückische an dieser Grundrechtsbestimmung ist der Begriff »Gewissen«. Ein Begriff, der nach Einführung der Bundeswehr und der Wehrpflicht in den Jahren 1955/1956 bei der Prüfung der KDV-Anträge eine große Rolle spielte. Da gab es denn bei den Kreiswehrersatzämtern spezielle psychologisch geschulte »Gewissensprüfer«, die die Antragsteller mit großer inquisitorischer Energie zu zerpflücken und zu widerlegen versuchten. Diese KDV-Prüfungsverfahren schreckten in den 1950er- und 1960er-Jahren viele Jugendliche so sehr ab, dass kaum jemand auf die Idee kam, von seinem grundgesetzlich verbrieften Recht auf Kriegsdienstverweigerung Gebrauch zu machen. Kriegsdienstverweigerer gab es daher kaum. Das änderte sich erst mit dem Aufkommen der Friedensbewegung und den sichtbaren Entspannungs- und Abrüstungserfolgen in den 1970er- und 1980er-Jahren.

Die Zahl der Kriegsdienstverweigerer stieg rasant an und überschritt schon bald die Marke von 100 000 pro Jahr. Die meisten Antragsteller verwiesen auf religiöse und ethische Motive und stellten ganz häufig die Bergpredigt mit ihrer Seligpreisung der Friedfertigen und Barmherzigen sowie das sechste Gebot »Du sollst nicht töten!« in den Mittelpunkt ihrer Argumentation – zuzüglich persönlicher Erlebnisse und Prägungen, die eine tiefe innere Ablehnung von Gewalt jeglicher Art begründeten und plausibel machten (zum Beispiel Kriegsopfer in der eigenen Familie). Daneben gab es natürlich auch diejenigen, die den Sinn von Waffeneinsätzen und Kriegshandlungen aus dezidiert politischen oder weltanschaulichen Gründen infrage stellten und an Beispielen aus der jüngeren europäischen Geschichte zu belegen versuchten, dass Kriege nicht Frieden, sondern nur Tod, Zerstörung, Hass und immer neue Gewalt auslösen. Was beide Gruppen einte, war die prinzipielle Bereitschaft zur Teilnahme am alternativen Zivildienst.

## 5.23 Thesen zum »Kriegssinn« reflektieren

In der öffentlichen Debatte über Kriege, Aufrüstung und Waffenlieferungen in Krisengebiete wird häufig die Alternativlosigkeit militärischer Gewaltanwendung betont. Feinde müssen eben in ihre Schranken verwiesen und mittels Waffengewalt daran gehindert werden, sich auf Kosten anderer Länder zu bereichern. Kriegshandlungen erhalten unter diesen Umständen schnell einen tieferen Sinn. Sie scheinen unausweichlich und insofern gerecht, als sie die vermeintlichen Friedensbrecher daran hindern, fremde Völker nach eigenem Gusto zu unterjochen.

Unter Verweis auf derartige Bedrohungen schaffen es Militär-Befürworter immer wieder, eine von Fanatismus geprägte Kriegsstimmung zu entfachen. Dabei besteht die Gefahr, dass Tugenden wie Vernunft, Risikobewusstsein, Mitmenschlichkeit, Friedenssehnsucht und Kompromissbereitschaft über Gebühr auf der Strecke bleiben. Stattdessen regieren nur zu oft Vorurteile und archaische Gewaltreflexe, die den Krieg gleichsam als Schicksal und moralische Notwendigkeit aufladen – und zwar ohne Rücksicht auf absehbare Verluste. Die Menschheitsgeschichte ist voller Beispiele für diesen Kriegswahn.

Was dabei leider sträflich ausgeblendet wird, das sind die vielfältigen Irrtümer, die Kriegsbefürwortern immer wieder unterlaufen, wenn sie den »gerechten Krieg« zu propagieren versuchen. Zugegeben, es mag durchaus Situationen geben, in denen militärisches Dagegenhalten geboten ist. Gleichwohl wird diese Mär vom »gerechten Kriege« häufig vorschnell propagiert, um die Suche nach alternativen Konfliktlösungswegen erst gar nicht ernsthaft angehen zu müssen. Den Schaden haben vor allem unschuldige Zivilisten und Soldaten.

Kein Wunder also, dass das Propagieren des »gerechten Krieges« nach wie vor Konjunktur hat und von manchen Politikern ganz bewusst betrieben wird. Dieser mentalen Kriegstreiberei gilt es dringend entgegenzuwirken. Die Auseinandersetzung mit den dokumentierten Thesen eröffnet die Möglichkeit, die eigene Kriegsskepsis zu stärken und die persönliche Argumentationsfähigkeit weiterzuentwickeln. Wie die betreffende Reflexions- und Klärungsarbeit in Schulklassen oder Seminaren ablaufen kann, zeigt der nachfolgende Leitfaden für Lehrkräfte.

## Leitfaden für Lehrkräfte (Lernspirale)

| Arbeits-schritte | Sozial-formen | Lern- und Kooperationsaktivitäten der Schüler:innen | Tipps für die Lehrperson |
|---|---|---|---|
| 1 | Pl *) | **Orientierende Instruktionen:** Die Lehrperson erläutert den bevorstehenden Arbeits- und Meinungsbildungsprozess und visualisiert die betreffenden Arbeitsschritte. | Die Lernspirale sollte gut sichtbar visualisiert werden (Folie o. Ä.). |
| 2 | EA | **Thesenbewertung:** Jede:r bewertet die ausgewählten Thesen (s. Arbeitsblatt) auf einer Skala von +3 bis -3 und notiert stichwortartig Begründungen für die späteren Gespräche. | 4 bis 6 geeignete Thesen auswählen und Arbeitsblatt erstellen. |
| 3 | Pl | **Visualisierung:** Die Bewertungen werden mittels roter Klebepunkte auf einem analog zum Arbeitsblatt gestalteten Thesenplakat an der Pinnwand kenntlich gemacht. | Pinnwand mit Thesenplakat vorbereiten; rote Punkte bereitstellen. |
| 4 | GA | **Gruppengespräche:** Die Mitglieder der Zufallsgruppen nennen und begründen These für These ihre persönlichen Bewertungen und besprechen etwaige Meinungsverschiedenheiten. | Die Gruppenbildung kann per Los oder Abzählen erfolgen. |
| 5 | GA | **Spezialisierung:** Nun werden neue Gruppen gebildet, die sich auf je eine zugeloste These konzentrieren, um diese differenzierter zu beleuchten und zu diskutieren. | Evtl. neue Zufallsgruppen bilden; Thesen nummerieren und zulosen. |
| 6 | Pl | **Präsentation plus Reflexion:** Die Gruppensprecher kommentieren ihre jeweilige These. Abschließend folgt eine lehrergelenkte Aussprache zu den gewonnenen Erkenntnissen. | Pinnwand mit Thesenplakat und Punktbewertung aufstellen. |

**Hinweis**: Die skizzierte »Lernspirale« kann selbstverständlich auch modifiziert werden. Sie sichert produktives und kooperatives Arbeiten in Gruppen, gibt aber auch die eine oder andere Anregung zur produktiven Alleinarbeit zu Hause. Damit die Thesenbearbeitung und -präsentation überschaubar bleibt, empfiehlt sich eine Auswahl von 4 bis 6 »zündenden« Thesen.

*) Pl = Plenumsphase; EA = Einzelarbeit; GA = Gruppenarbeit

# Arbeitsblatt zur Vertiefung

Thesen zum Sinn oder Unsinn von Kriegen

| Einige Thesen zum Nachdenken | +3 | +2 | +1 | –1 | –2 | –3 |
|---|---|---|---|---|---|---|
| Kriege sind Ausdruck des menschlichen Unvermögens, rechtzeitig den Frieden vorzubereiten. | | | | | | |
| Kriege bejahen vor allem diejenigen, die nicht hingehen und ihr Leben riskieren müssen. | | | | | | |
| Diplomatie ist die einzige Möglichkeit, um zu einem dauerhaften Frieden zu gelangen. | | | | | | |
| Pazifisten sind Träumer, die nur an das Gute im Menschen glauben. | | | | | | |
| Die massive Aufrüstung unserer Tage ist der Treibsatz eines Dritten Weltkrieges. | | | | | | |
| Waffengänge führen nicht zum Frieden, sondern nur zu neuen Kriegen und Zerstörungen. | | | | | | |
| Bei Kriegen geht es nicht um Menschenrechte, sondern um das Durchsetzen spezieller Interessen. | | | | | | |
| Kriege haben mindestens zwei Verursacher. Wer anderes behauptet, macht sich was vor. | | | | | | |

| Einige Thesen zum Nachdenken | +3 | +2 | +1 | –1 | –2 | –3 |
|---|---|---|---|---|---|---|
| Wer Frieden will, muss das Schwarz-Weiß- bzw. Gut-Böse-Denken hinter sich lassen. | | | | | | |
| »Frieden schaffen ohne Waffen« ist nicht von gestern, sondern eine Verheißung für die Zukunft. | | | | | | |
| Die Ost-West-Entspannung der 1980er- und 1990er-Jahre war kein Fehler, sondern ein Segen. | | | | | | |
| Mit Diktatoren kann man nicht verhandeln; die muss man »totrüsten«. | | | | | | |
| Wirtschaftssanktionen täuschen Tatkraft vor, nützen in der Regel aber wenig. | | | | | | |
| Russland muss geschwächt werden, damit endlich Frieden in Europa einkehrt. | | | | | | |

Zur Bewertung der Thesen: +3 heißt volle Zustimmung, –3 völlige Ablehnung. Natürlich kann auch dazwischen angekreuzt werden. Enthaltung (0) gibt es allerdings keine. Wichtig ist nur, dass zu den eigenen Bewertungen gute Begründungen überlegt und notiert werden.

## 5.24 Ein zorniger Blick auf die Kriegsfolgen

Worüber sich die meisten Kriegsbefürworter viel zu wenig Gedanken machen, das sind die schrecklichen Zerstörungen und Todesziffern, die Kriege gemeinhin mit sich bringen. Wer siegt, hat noch lange nichts gewonnen. Im Gegenteil: De facto spricht wenig dafür, dass die Sieger mit all ihren Opfern am Ende tatsächlich Gewinner sind und in Frieden leben können. In der Regel bewirken Kriege nur, dass die Spirale von Gewalt, Zerstörung, Wiederaufbau und neuerlichen Kriegen immer weitergedreht wird.

Der legendäre Satz »Nach dem Krieg ist vor dem Krieg« macht diesen ruinösen Teufelskreis deutlich, der immer dann droht, wenn nicht frühzeitig und seriös auf Entspannung, Vertrauensbildung, Interessenausgleich und handfeste Verträge und Völkerverständigung gesetzt wird. Diese Erkenntnis scheint leider zunehmend abhandenzukommen und einer wachsenden Gleichgültigkeit gegenüber dem kriegsbedingten Leiden von Menschen zu weichen. Stattdessen wird das Jonglieren mit schweren Waffen, Atomkriegsszenarien und wagemutigen Eskalationsüberlegungen in Teilen der Bevölkerung zu einer neuen Leidenschaft und Stärke-Demonstration – gepaart mit fataler Kriegsrhetorik.

Die Leidtragenden dieses leichtfertigen Bellizismus sind vor allem die zahllosen Zivilisten, die in den betroffenen Kriegsgebieten Jahr für Jahr ihr Hab und Gut und oft auch ihr Leben verlieren. Schaut man derzeit zum Beispiel nach Syrien, Afghanistan, Jemen, Gaza, Irak oder in die Ukraine, so zeigt sich überall ein ziemlich apokalyptisches Bild: zerstörte Häuser, Schulen, Hospitäler, Straßen, Eisenbahnen, Fabriken, Versorgungsleitungen et cetera – aber auch unzählige Tote, Vertriebene, Traumatisierte, Hoffnungslose oder in anderer Weise Entwurzelte, die gewissenlos als notwendige Kollateralschäden verbucht werden.

Durch das Bilanzieren typischer Kriegsfolgen wird der Blick ganz bewusst auf die »Kosten« eines Krieges gerichtet. Diese Kostenerfassung kann in tabellarischer Form, als Mindmap oder auch in Gestalt eines Schaubilds geschehen. Dabei geht es weniger um statistische Details (Vermögensschäden, Trümmermengen, Todesziffern et cetera), sondern mehr darum, zentrale Schadenskomponenten überhaupt mal kenntlich zu machen. Wie die betreffende Reflexions- und Klärungsarbeit in Schulklassen oder Seminaren ablaufen kann, zeigt der nachfolgende Leitfaden für Lehrkräfte.

## Leitfaden für Lehrkräfte (Lernspirale)

| Arbeits-schritte | Sozial-formen | Lern- und Kooperationsaktivitäten der Schüler:innen | Tipps für die Lehrperson |
|---|---|---|---|
| 1 | Pl *) | **Orientierende Instruktionen:** Die Lehrperson erläutert den bevorstehenden Arbeits- und Meinungsbildungsprozess und visualisiert die betreffenden Arbeitsschritte. | Die Lernspirale sollte gut sichtbar visualisiert werden (Folie o. Ä.). |
| 2 | EA | **Notizphase:** Jede:r notiert stichwortartig, welche Folgen wohl Kriege für die betroffenen Menschen haben und welche materiellen und immateriellen Schäden sie anrichten. | Evtl. Arbeitsblatt vorbereiten und verteilen. |
| 3 | PA | **Blitzlicht:** Die spontan notierten Schäden werden in Zufallstandems offengelegt, erläutert und gemeinsam besprochen. Wichtige Ergänzungen werden zusätzlich notiert. | Die Tandembildung kann per Los oder Abzählen erfolgen. |
| 4 | GA | **Rubrikenbildung:** Die Gruppenmitglieder beraten etwaige Restfragen. Dann wird das vorliegende Arbeitsblatt gesichtet und eine Aufgliederung der Schadensbereiche versucht. | Arbeitsblatt kopieren und an alle verteilen. |
| 5 | PA | **Internetrecherche:** Zur Vertiefung der erstellten »Schadensbilanz« wird im Internet recherchiert (Stichwort: »Kriegsschäden«). Dabei können auch Kriegsfotos herangezogen werden. | Die Gruppen aus Phase 4 werden in 2 Tandems/Trios aufgeteilt. |
| 6 | Pl | **Präsentation plus Aussprache:** Ausgeloste Tandems präsentieren ihre Befunde (Fotos, Mindmaps et cetera). Abschließend folgt eine lehrergelenkte Aussprache. | Tafel/Pinnwand o. Ä. für Präsentationszwecke. |
| **Hinweis**: Die skizzierte »Lernspirale« kann selbstverständlich auch modifiziert werden. Sie sichert produktives und kooperatives Arbeiten in Gruppen, gibt aber auch die eine oder andere Anregung zur produktiven Alleinarbeit zu Hause. Für die Visualisierungsarbeiten in den Phasen 4 und 5 können auch Plakate, Folien o. Ä. für großformatige Präsentation bereitgestellt werden. | | | |

*) Pl = Plenumsphase; EA = Einzelarbeit; GA = Gruppenarbeit

## Arbeitsblatt zur Vertiefung

*Wie Kriege Menschen schädigen*

| Schadensbereiche | Schadensrubriken | |
|---|---|---|
| **Gebäudeschäden** | | |
| **Infrastrukturschäden** | | |
| **Sonstige Sachschäden** | | |
| **Vermögensschäden** | | |
| **Personenschäden** | | |
| **Naturzerstörung** | | |
| **?** | | |

Bitte die angeführten Schadensbereiche in den beiden rechten Spalten genauer aufgliedern. So zum Beispiel bei den Gebäudeschäden: Wohngebäude, Fabrikgebäude, Bürogebäude et cetera, oder bei den Vermögensschäden: Bargeldvernichtung, Vernichtung von Bankguthaben, Wiederaufbaukosten et cetera. Je differenzierter diese Schadensbilanz ausfällt, desto aussagekräftiger wird sie. Wenn möglich, bitte zu einem konkreten Krieg (zum Beispiel zum Zweiten Weltkrieg) genauere Zahlen ermitteln.

## 5.25 Das kleine 1x1 der Friedensforschung

Friedens- und Konfliktforschung betreiben Menschen, denen Kriegsvermeidung, Konfliktmanagement und Deeskalation besondere Anliegen sind. Sie bemühen sich um eine relativ offene und vorurteilsfreie Draufsicht auf bestehende Konflikte beziehungsweise Kriege. Diese Offenheit und Lösungsorientierung fehlt vielen Politiker:innen und Militärs leider über Gebühr, da sie dazu neigen, das beliebte »Freund-Feind-Denken« zwecks Selbstinszenierung und gesellschaftlicher Stimmungsmache auf die Spitze zu treiben.

Diesem Alarmismus versuchen Friedens- und Konfliktforscher sachrationale Analysen entgegenzusetzen, die sowohl dem Verlauf von Konflikten als auch deren möglicher Verhinderung, Abschwächung und/oder Lösung besondere Beachtung schenken. Im Zentrum ihrer Arbeit steht also das Verstehen von Konflikten, das heißt das Identifizieren von Interessengegensätzen, Missverständnissen, wechselseitigen Provokationen und sonstigen destruktionsfördernden Beweggründen sowie das Herausfinden wichtiger Stellschrauben zur Überwindung der bestehenden Feindseligkeiten beziehungsweise Kriegsfronten.

Das Bedauerliche in den aktuellen Debatten unserer Tage ist nämlich, dass genau diese Verstehens- und Lösungsbemühungen häufig viel zu kurz kommen. Hier bietet die Friedens- und Konfliktforschung echte Alternativen, indem sie einen ebenso mutigen wie kritischen Blick hinter die Kulissen von Konflikten beziehungsweise Kriegen wagt. Wohlgemerkt: Wer nachhaltigen Frieden will, der darf nicht nur die Fehler und Hinterhältigkeiten seiner »Feinde« beschwören, sondern muss auch die eigenen Fehler und Lösungsmöglichkeiten suchen.

Eine konkrete Möglichkeit zur Erfassung des entsprechenden Instrumentariums der Friedens- und Konfliktforschung ist das Formulieren gezielter Fragen, die das Leistungsspektrum dieser Forschungsdomäne erhellen. Zur Beantwortung dieser Fragen kann auf das nachfolgende Basismaterial zurückgegriffen oder auch vertiefend im Internet recherchiert werden. Damit wird der Fokus auf das Sondieren der Konfliktursachen, Konfliktverläufe und Konfliktlösungsmöglichkeiten gerichtet. Wie diese Klärungsarbeit in Schulklassen oder Seminaren ablaufen kann, zeigt der nachfolgende Leitfaden für Lehrkräfte.

## Leitfaden für Lehrkräfte (Lernspirale)

| Arbeits-schritte | Sozial-formen | Lern- und Kooperationsaktivitäten der Schüler:innen | Tipps für die Lehrperson |
|---|---|---|---|
| 1 | Pl *) | **Orientierende Instruktionen:** Die Lehrperson erläutert den bevorstehenden Arbeits- und Meinungsbildungsprozess und visualisiert die betreffenden Arbeitsschritte. | Die Lernspirale sollte gut sichtbar visualisiert werden (Folie o. Ä.). |
| 2 | PA | **Brainstorming:** Die Tandempartner lesen den dokumentierten Basistext und notieren gemeinsam 4 Fragen, die sie gerne an einen FuK-Forscher richten würden (W-Fragen). | Den Basistext kopieren; Visualisierungskärtchen austeilen. |
| 3 | Pl | **Fragesammlung:** Die beschrifteten Fragekärtchen werden nach und nach präsentiert, knapp erläutert und in sinnfälliger Weise an eine zentral stehende Pinnwand geheftet (geclustert). | Die Sch. stellen sich im Halbkreis vor der Pinnwand auf. |
| 4 | GA | **Fragenbearbeitung:** Die Gruppenmitglieder wählen von den angehefteten Fragen 3 bis 5 aus und besprechen/recherchieren, was FuK-Forschende wohl darauf antworten würden | Die Gruppenbildung erfolgt per Los oder Abzählverfahren. |
| 5 | GA | **Fiktive Interviews:** In neu zu bildenden 3er-Gruppen gibt es dann je einen Interviewer und 2 fiktive FuE-Forscher, die ausgewählte Fragen beleuchten und beantworten. | Die Forscher- und Interviewer-Rollen werden zugelost. |
| 6 | Pl | **Berichte plus Reflexion:** Zwei bis drei Interviewer berichten abschließend über ihre Befunde zur FuE-Forschung. Danach folgt ein vertiefendes lehrergelenktes Unterrichtsgespräch. | Lehrkraft notiert wichtige Punkte an der Tafel. |
| **Hinweis**: Die skizzierte »Lernspirale« kann selbstverständlich auch modifiziert werden. Sie sichert produktives und kooperatives Arbeiten in Gruppen, gibt aber auch die eine oder andere Anregung zur produktiven Alleinarbeit zu Hause. Die fiktiven Interviews in Phase 5 werden am besten im Stehen geführt (Stehzirkel). In Phase 6 kann zusätzlich die Lehrperson interviewt werden. | | | |

*) Pl = Plenumsphase; EA = Einzelarbeit; GA = Gruppenarbeit

## Vertiefende Sachinformationen

### *Grundinformationen zur Friedens- und Konfliktforschung*

Die Friedens- und Konfliktforschung (FuK) zeigt Hintergründe und Wege auf, wie sich internationale Konflikte deuten, aufdröseln und eventuell auch lösen lassen. Zwar wird sie politisch und medial eher selten angehört und ernst genommen; gleichwohl zeigt die wachsende Verunsicherung und Hilflosigkeit vieler Politiker:innen in Friedensfragen, dass sich diese Haltung ändern sollte. Kein Wunder also, dass das Bundesministerium für Bildung und Forschung (BMBF) für den Zeitraum 2022 bis 2025 zusätzliche 32 Millionen Euro für das Forschungsfeld der FuK bereitgestellt hat. Mit diesen Mitteln soll die FuK verstärkt dazu beitragen, dass der wissenschaftliche Erkenntnisstand hinsichtlich des Verständnisses und Managements zwischenstaatlicher Konflikte besser wird.

Vorreiter der FuK war der norwegische Friedensforscher Johan Galtung, der 1959 das »Peace Research Institute Oslo« (PRIO) gründete, dem sieben Jahre später die Gründung des noch heute weltberühmten Stockholmer SIPRI-Instituts folgte. Auch in Deutschland wurden danach mehrere staatliche und stiftungsfinanzierte Institute zum Aufgabenfeld der FuK gegründet – darunter zum Beispiel das Frankfurter Leibnitz Institut der Hessischen Stiftung für Friedens- und Konfliktforschung (HSFK). Ziel und Aufgabe dieser Forschungseinrichtungen war und ist es, die Hintergründe, Ursachen, Verläufe, Risiken, Folgen, Gesetzmäßigkeiten und Lösungsmöglichkeiten von militärischen und nichtmilitärischen Konflikten zu erforschen sowie konkrete Anregungen zu geben, wie die Politik konfliktvorbeugend beziehungsweise deeskalierend wirken kann.

Forschungsprojekte zur Rüstungspolitik gehören ebenso zum Repertoire der FuK wie Studien zu einzelnen Konfliktverläufen, zur Schlichtungs- und Sanktionsarbeit der UNO, zu möglichen Deeskalationsschritten bei bestimmten Kriegsgefahren oder zum Erreichen kompromissfähiger Win-win-Situationen. Dabei spielt die Verhaltensforschung insofern eine besondere Rolle, als das Reiz-Reaktions-Verhalten politischer und militärischer Führer:innen nur selten unberechenbar ist, sondern meist gewissen psychosozialen Reaktionsmustern folgt, die sich mit ein wenig Gespür durchaus antizipieren lassen. Diese »Gesetzmäßigkeiten« zu ergründen und in die konkrete Konfliktlösungsplanung und -beratung einfließen zu lassen, ist eine der Aufgaben der FuK.

Ob die Politik die seitens der Forscher:innen unterbreiteten Deutungsmuster, Deeskalationsschritte und Lösungsoptionen tatsächlich aufgreift, ist eine ganz andere Frage. Das zeigt sich derzeit zum Beispiel in Sachen Deeskalation im Russland-Ukraine-Krieg. Seit Kriegsbeginn legen renommierte Friedensforscher:innen und Militärs immer wieder bedenkenswerte Verhandlungs- und Friedensszenarien vor (unter anderem der ehemalige Bundeswehrgeneral und Vorsitzende des NATO-Militärausschusses Harald Kujat), die aber leider kaum gehört werden.

Schade ist das deshalb, weil es mit wachsender Kriegsdauer immer schwieriger wird, ersthafte Verhandlungsinitiativen zu starten. Warum? Weil die Zerstörungen und Opferzahlen derart groß werden, dass ein Handschlag mit dem Gegner unmöglich erscheint. Dieses Dilemma gab es beispielsweise schon 1916 im Ersten Weltkrieg, als das deutsche Kaiserreich angesichts horrender Verluste auf selbstzerstörerisches Weiterkämpfen setzte und das später bitter bereute, weil alles nur noch viel schlimmer wurde. Die FuK hilft dabei, diesen Irrsinn zu hinterfragen und alternative Strategien und Problemlöseoptionen zu eruieren. Dass das dringend nötig ist, zeigt der aktuelle Starrsinn im Ukraine-Krieg.

## 5.26 Pro und kontra Waffenexporte

Das Thema »Waffenexporte in Spannungsgebiete« ist in Verbindung mit den aktuellen Kriegen in der Ukraine und in Gaza/Israel neu in die Diskussion gekommen. War es bis vor zwei Jahren noch ziemlich verpönt, Waffenexporte in Krisengebiete zu bejahen, so hat sich diese Grundhaltung inzwischen deutlich verändert. Das gilt sowohl für die Politiker-Zunft als auch für zahlreiche »Normalbürger«, die seit geraumer Zeit mit irritierendem Eifer für das Liefern schwerster und modernster Waffen in kriegsführende Länder wie die Ukraine, Israel oder Saudi-Arabien plädieren.

Vieles spricht daher dafür, dass uns diese Kontroverse um die friedensstiftende Funktion von Waffenlieferungen noch lange begleiten wird. Das gilt sowohl für aktuelle als auch für potenzielle »Krisengebiete« auf dieser Welt. Welche »roten Linien« sollen gelten und welche Risiken und Gefahren drohen, wenn der neue Bellizismus weiter Furore macht? Zugegeben: Waffenlieferungen in Spannungsgebiete mögen unter günstigen Umständen durchaus zur Beendigung eines Krieges beitragen können. Aber stabiler Frieden entsteht dadurch in der Regel noch lange nicht. Im Gegenteil: Meist folgen einem militärisch erzwungenen »Frieden« schon bald neue Terror- und Kriegsattacken mit weiteren Opfern und Zerstörungen. Dieser absehbare Teufelskreis wird häufig leider ignoriert.

Längst geht es hierzulande nicht mehr nur darum, für verteidigungsrelevante Waffenexporte in die offiziellen NATO-Staaten oder assoziierte Drittstaaten wie Neuseeland, Australien, Japan oder die Schweiz einzutreten, wie das lange Zeit Konsens war. Längst können auch andere Länder in Spannungsgebieten begründet darauf zählen, mit modernsten Waffen beliefert zu werden, wenn sie nur »westliche Interessen« verteidigen helfen (insbesondere US-Interessen). Dabei sind die Grenzen zwischen Verteidigungs- und Angriffskriegen oftmals fließend.

Diese Ambivalenz und potenzielle Destruktivität von Rüstungsexporten gilt es herauszuarbeiten und bewusst zu machen. Mit der anvisierten Pro-und-Kontra-Debatte wird Gelegenheit gegeben, das Thema »Waffenlieferungen in Spannungsgebiete« grundlegend zu beleuchten. Wie diese Problematisierungs- und Klärungsarbeit in Schulklassen oder Seminaren ablaufen kann, zeigt der nachfolgende Leitfaden für Lehrkräfte.

Leitfaden für Lehrkräfte (Lernspirale)

| Arbeits-schritte | Sozial-formen | Lern- und Kooperationsaktivitäten der Schüler:innen | Tipps für die Lehrperson |
|---|---|---|---|
| **1** | Pl *) | **Orientierende Instruktionen:** Die Lehrperson erläutert den bevorstehenden Arbeits- und Meinungsbildungsprozess und visualisiert die betreffenden Arbeitsschritte. | Die Lernspirale sollte gut sichtbar visualisiert werden (Folie o. Ä.). |
| **2** | EA | **Texterarbeitung:** Jede:r liest und markiert den vorliegenden Basistext, notiert offene Fragen und startet unter Umständen zusätzliche Recherchen im Internet oder anderswo. | Basistext kopieren und verteilen; evtl. Recherche als Hausaufgabe. |
| **3** | PA | **Beratungsphase:** In Zufallstandems werden die notierten Fragen/Unklarheiten offengelegt und gemeinsam beraten. Bei Bedarf kann die Lehrperson gefragt oder recherchiert werden. | Die Tandembildung kann per Los oder Abzählen erfolgen. |
| **4** | GA | **Positionsklärung:** Die zu bildenden Pro- bzw. Kontra-Gruppen sammeln und notieren Fakten und Argumente, die sie ggf. in die nachfolgende Debatte einbringen wollen. | Wer pro oder kontra vorzubereiten hat, wird ausgelost. |
| **5** | Pl | **Debatte:** Auf dem »Podium« sitzen zwei Pro- und zwei Kontra-Anwälte und tauschen ihre Argumente aus. Die Gesprächsleitung liegt bei der Lehrperson. Die Zuhörer machen Notizen. | Podium vorbereiten, Namensschilder aufstellen, Arbeitshinweise geben etc. |
| **6** | Pl | **Feedback und Bilanz:** Abschließend gibt die Zuhörerschaft zunächst Rückmeldungen an die Diskutanten. Dann folgt eine übergreifende Aussprache zur Frage des Waffenexports. | Die Lehrkraft moderiert und notiert wichtige Punkte an der Tafel. |

**Hinweis**: Die skizzierte »Lernspirale« kann selbstverständlich auch modifiziert werden. Sie sichert produktives und kooperatives Arbeiten in Gruppen, gibt aber auch die eine oder andere Anregung zur produktiven Alleinarbeit zu Hause. Zusätzliche Internet-Recherchen sind empfehlenswert. Das Pro-und-Kontra-Szenario sollte zu Beginn kurz erläutert werden.

*) Pl = Plenumsphase; EA = Einzelarbeit; GA = Gruppenarbeit

## Vertiefende Sachinformationen

### *Zum Ausmaß der Waffenexporte*

Die USA, Russland, Frankreich, Deutschland und China sind die größten Waffenexporteure auf der Welt (vgl. Abbildung). Im Zeitraum 2016 bis 2020 entfielen laut dem Stockholmer SIPRI-Institut mehr als drei Viertel aller Rüstungsexporte auf diese fünf Länder, wobei die USA mit einem Exportanteil von rund 37 Prozent mit weitem Abstand an der Spitze standen (vgl. dazu auch Sarovic 2020). An dieser Reihenfolge ändert sich seither nichts. Geliefert wurden und werden vornehmlich Kampfflugzeuge, Panzer, hochpräzise Bomben, Kampfgewehre, Kampfdrohnen, Kriegsschiffe sowie Kurzstreckenraketen und sonstige moderne Lenkwaffen.

Das sind die größten Waffenhändler weltweit (2016 bis 2020)

| Land | Exportanteil |
|---|---|
| USA | 37,0 % |
| Russland | 20,0 % |
| Frankreich | 8,2 % |
| Deutschland | 5,5 % |
| China | 5,2 % |
| Großbritannien | 3,3 % |
| Spanien | 3,2 % |

*Quelle: Sipri (Statista-Grafik)*

Wichtig auch: Mehr als ein Drittel der besagten Rüstungsexporte gingen im besagten Zeitraum in den Nahen Osten – insbesondere nach Saudi-Arabien, Katar, die Vereinigten Arabischen Emirate, Israel und Ägypten. Dies, obwohl diese Weltregion bekanntermaßen ein ziemliches Pulverfass ist. Hauptlieferant waren die USA, die beispielsweise für 73 Prozent der saudischen Rüstungsimporte verantwortlich zeichneten (vgl. Sarovic 2020). Diese Rüstungsströme wurden durch den Ukraine-Krieg zwar etwas verschoben; der Nahe Osten bleibt jedoch ein zentrales Zielgebiet. Dafür sorgt allein schon der neu entflammte Israel-Palästina-Konflikt.

*Deutsche Waffenlieferungen*

Trotz der unheilvollen Vergangenheit der deutschen Rüstungsindustrie mischen deutsche Rüstungskonzerne bei den Waffenexporten inzwischen wieder kräftig mit. Daran ändert auch der vielbeschworene Grundsatz »Keine Waffenlieferungen in Krisengebiete« nur wenig. Schaut man sich die deutschen Rüstungsgüterexporte etwas genauer an, so stellt man fest, dass diese nicht nur in NATO-Länder oder gleichgestellte Drittstaaten wie Australien, Japan oder die Schweiz gehen, um deren Verteidigungsfähigkeit zu stärken. Sie gehen immer wieder auch in berüchtigte Spannungsgebiete, in denen handfeste Kriege drohen oder bereits geführt werden. Das gilt unter anderem für Saudi-Arabien und die Vereinigten Arabischen Emirate, die zum Beispiel am Jemen-Krieg beteiligt sind, oder für Ägypten, dessen regierender Militärdiktator al-Sisi mit dem Nachbarland Libyen sowie dem innerägyptischen Rivalen General Haftar im Clinch liegt. Auch die Waffenlieferungen in die Türkei sind insofern problematisch, als sie unter anderem gegen die nach Autonomie strebenden Kurden gerichtet werden (können). Ähnliches gilt für die langjährigen Waffenlieferungen an die afghanische Armee oder die kurdischen Peschmerga im Irak, die zur Bekämpfung des IS dienen sollten, inzwischen aber längst vom IS respektive den Taliban vereinnahmt wurden. Und die Waffenlieferungen an die Ukraine? Auch sie sind umstritten, da ihre friedenstiftende Wirkung ausbleibt. Sie sind fraglos ein lukratives Geschäftsfeld für die Rüstungsindustrie, aber eben auch ein Anreiz zur Kriegsverlängerung.

*Rechtslage und politische Grundsätze*

Ein verfassungsrechtliches Verbot für Waffenexporte in Spannungsgebiete gibt es hierzulande nicht, wohl aber eine 1971 erstmals verschriftlichte Kabinettserklärung zu den »politischen Grundsätzen der Bundesregierung für den Export von Kriegswaffen und sonstigen Rüstungsgütern«. Danach sollten Waffen grundsätzlich nur an Länder der westlichen Verteidigungsgemeinschaft (NATO) geliefert werden. Da dieses NATO-Bündnis inzwischen aber um den Kreis der EU-Mitgliedstaaten sowie mehrere »gleichgestellte Drittstaaten« wie Australien, Japan, Neuseeland oder die Schweiz erweitert wurde, ist die Zahl der legitimen Adressaten deutscher Waffenlieferungen selbstverständlich entsprechend größer geworden. Ansonsten jedoch gilt, dass Rüstungsgüter in andere Nicht-Bündnis-Länder nur dann exportiert werden dürfen, wenn sichergestellt ist, dass dadurch keine bewaffneten Konflikte ausgelöst, verschärft oder verlängert werden (vgl. Ley 2022). Dieser Grundsatz findet sich bei der Bundesregierung wie auf EU-Ebene. Leider wird er im politischen Alltagsgeschäft jedoch eher wenig beachtet. Vielmehr werden Waffenexporte in Risikoländer regierungsseitig immer wieder genehmigt, weil zum Beispiel geopolitische Gründe oder Bündnisverpflichtungen oder aber außenpolitische/wirtschaftliche Erwägungen dafürsprechen. Von daher wird der oben skizzierte Grundsatz »Keine Waffen in Spannungsgebiete« ganz häufig aufgeweicht oder auch gänzlich über Bord geworfen. Das gilt auch und nicht zuletzt für die Politiker-Zunft in Deutschland, wo spätestens mit Beginn des Ukraine-Kriegs ein neuer Zeitgeist Einzug gehalten hat. Rüstungsexportpolitik ist eben auch Interessenpolitik und setzt sich notfalls über moralische Bedenken hinweg. Meist finden die Medien und Wähler:innen diese neue militärische Entschlossenheit sogar gut.

Waffenexporte zielen auf das Führen von Kriegen und das Töten von Menschen und stehen deshalb unter ethischem Vorbehalt. Die ehemalige Ratsvorsitzende der Evangelischen Kirche Deutschlands, Margot Käßmann, brachte dies in einem Interview mit dem *Evangelischen Kirchenboten der Pfalz* im Oktober 2023 dahingehend zum Ausdruck, dass sie sich entschieden gegen Waffenlieferungen an Israel und die Ukraine aussprach. Warum? Weil sie zu Recht fürchtet, dass dadurch die »Eskalationsspirale der Gewalt« immer weitergedreht und das Töten und Zerstören unnötig in die Länge gezogen wird. Je mehr Waffen nämlich verfügbar sind beziehungsweise geliefert werden, desto eher sind die amtierenden Politiker und Militärs geneigt, Diplomatie und Friedensverhandlungen hintanzustellen und erst dann ins Auge zu fassen, wenn ein »Sieg-Frieden« winkt. Die Folgen dieser waffengestützten Arroganz sind unnötige Zerstörungsorgien, die weder zur Friedenssicherung noch zur Wahrung von Menschenrechten und Menschenwürde beitragen. Sind doch die Opfer dieser Waffengänge vor allem unschuldige Zivilistinnen und Zivilisten. Was also ist der humanitäre Nutzen von Kriegen, Aufrüstung und Waffenlieferungen? Ethisch betrachtet, sind Waffenlieferungen nichts anderes als eine Einladung zum Kämpfen, Töten und Zerstören. Zwar mögen militärische Mittel unter Umständen dazu beitragen, dass ein Krieg beendet wird. Aber Frieden, Sicherheit und Gerechtigkeit entstehen dadurch noch lange nicht. Im Gegenteil: Meist wird bei den Besiegten nur zusätzlicher Hass geschürt, der weitere Terroraktionen und Kriege induziert. Dieses historisch zu beobachtende »Perpetuum mobile« ist zutiefst zivilisations- und menschenfeindlich und wird durch besagte Waffenlieferungen in Krisenregionen leider immer wieder befeuert. Dabei zeigen neuere Meinungsumfragen, dass die deutsche Bevölkerung derartigen Waffenexporten eher skeptisch gegenübersteht – selbst wenn es sich dabei um Waffenexporte in die von Russland bedrohte Ukraine handelt. Wie eine YouGov-

Umfrage vom September 2023 zeigt, sind nur noch 49 Prozent der Befragten für weitere Waffenlieferungen an die Ukraine. 42 Prozent halten sie für (eher) falsch. Dieser Stimmungswandel zeigt, dass die angedeuteten ethisch-moralischen Bedenken wieder an Zuspruch gewinnen.

# 6. Abschließende Tipps zur Bildungsarbeit

Die Notwendigkeit einer kritischen Auseinandersetzung mit Hass, Hetze und Kriegstreibereien ist in den vorangehenden Kapiteln verdeutlicht worden. Die Alternative dazu heißt frühzeitige und flexible Kriegsprävention und verlangt den Aufbau entsprechender pazifistischer Denkweisen. Die Frage ist nur, wie und wo diese Denkweisen angebahnt und eingeübt werden können. Wo gibt es hierzulande geeignete Räume, um internationale Konflikte und Kriegsgefahren angemessen zu hinterfragen, zu analysieren, zu problematisieren und gangbare gewaltfreie Lösungswege so ins Bewusstsein zu heben, dass sich eine begründete »Kriegsskepsis« entwickelt. Wo also können die entsprechenden Reflexions- und Meinungsbildungsprozesse stattfinden, die den intendierten »reflektierten Pazifismus« reifen lassen? In den nachfolgenden Abschnitten werden einige abschließende Anregungen zur institutionellen Verankerung dieser Bildungsarbeit gegeben. Diese Anregungen reichen von der materialgestützten »Selbstbildung« zu Hause bis hin zur organisierten Bildungsarbeit in Schulen, Hochschulen, Akademien, Volkshochschulen und sonstigen Einrichtungen der Erwachsenenbildung. Bei all diesen Gelegenheiten muss verstärkt darangegangen werden, dem schwelenden Bellizismus entgegenzuwirken und friedliche Konfliktlösungsstrategien ins Bewusstsein zu heben.

## 6.1. Selbstbildung auf Grundlage des Buches

Wie in den Abschnitten 5.1 und 5.2 bereits signalisiert, sind die Ausführungen und Materialien in diesem Buch so konzipiert und aufbereitet, dass sie grundsätzlich für sich selbst stehen und in ein sporadisches Selbststudium zu Hause einfließen können. Die gebotenen Informationen und Denkanstöße sind so breit angelegt, dass alle Leser:innen davon profitieren können. Das gilt bezüglich des kritischen Hinterfragens internationaler Konflikte und Kriegsgefahren genauso wie für das sensible Wechseln der Betrachter- und Beurteiler-Perspektive. Damit lässt sich auch im Alleingang zu Hause ein Mehr an Nachdenklichkeit, Verständnis, Problembewusstsein, Differenzierungsvermögen und Sympathie für gewaltfreie Konfliktlösungen aufbauen. Die vielfältigen Denkanstöße im Buch sollen dieser friedensethischen Blickerweiterung auf die Sprünge helfen und einer seriösen Meinungsbildung verstärkten Nachdruck geben.

Dazu gehört auch, dass zusätzlich zu den vorliegenden Basismaterialien auch gezielte Recherchen im Internet möglich sind, die der tiefergehenden Sondierung einzelner Friedensfragen Raum geben. Diese Recherchen sind nicht nur erlaubt. Sie werden sogar ausdrücklich empfohlen und gutgeheißen, damit nicht etwa der Eindruck entsteht, hier werde selektiv informiert und »Meinungsmanagement« betrieben. Trotzdem sei an dieser Stelle nochmals betont, dass die Ausführungen und Materialien im Buch eine gewisse Stoßrichtung verfolgen, nämlich die, der kritischen Auseinandersetzung mit der Geo- und Sicherheitspolitik des Westens – insbesondere der USA – mehr Nachdruck zu geben. Denn daran mangelt es seit Jahren ganz erheblich. Diese Akzentsetzung empfiehlt sich auch deshalb, weil diese West-Politik in unser aller Verantwortungsbereich liegt und am ehesten beeinflusst werden kann.

Von daher ist es wichtig, die friedenspolitischen Versäumnisse, Widersprüchlichkeiten, Verklärungen und Fehleinschätzungen des Westens nicht länger unter den Tisch fallen zu lassen, wie das zahlreiche Medien und Politiker:innen hierzulande derzeit gerne tun. Die Forderung »Aus Fehlern lernen« gilt eben nicht nur für die politischen Führungskader in Russland und China, sondern auch für die politischen Eliten in unseren westlichen Demokratien, die sich in Sachen Friedenssicherung seit Jahren nicht gerade mit Ruhm bekleckern. Wohlgemerkt: Das alles lässt sich auf Basis der vorliegenden Materialien und unter Nutzung zusätzlicher Internetrecherchen recht gut im Selbststudium beleuchten und ins Bewusstsein heben. Wer also akribisch liest, markiert, recherchiert, nachdenkt, sich Notizen macht und private Gespräche nutzt, der hat gute Chancen, seine friedensethische Meinungsbildung voranzutreiben.

Trotzdem sind dieser Meinungsbildung in eigener Regie natürlich Grenzen gesetzt, da das individuelle Denken nun einmal relativ eindimensional und irrtumsbehaftet bleibt. Was fehlt, das sind die ebenso verbindlichen wie inspirierenden Nachfragen, Einsprüche und sonstigen Anstöße durch Gesprächs- beziehungsweise Arbeitspartner, wie sie in Gruppenarbeitsphasen nun einmal üblich sind. Von daher sind Meinungsbildungsprozesse in Gruppen der häuslichen Alleinarbeit grundsätzlich vorzuziehen, da die damit verbundene kognitive und soziale Aktivierung der Gruppenmitglieder im Regelfall eine deutlich tiefergehende Sachverhaltsklärung und Meinungsbildung bewirkt. So gesehen haben Schulklassen und Seminargruppen für die hier intendierte Klärungsarbeit fraglos Vorzüge, wenngleich auch ein konzentriertes Selbststudium seinen Reiz haben kann. Am besten, beide Bildungshebel werden intensiv verknüpft.

## 6.2 Prädestinierte Lernfelder im Schulbereich

Angesichts des Schwierigkeitsgrads und der Komplexität der in Kapitel fünf dokumentierten Reflexionsanstöße und Materialien empfiehlt es sich, diese vornehmlich in den höheren Klassen der Sekundarstufen einzusetzen – insbesondere in den Oberstufen von Gymnasien und berufsbildenden Schulen. Reicht die dort vorhandene intellektuelle Reife in der Regel doch aus, um eine angemessene Meinungsbildung in Sachen »Krieg und Frieden« erreichen zu können. Selbst wenn einzelne Schüler:innen in puncto Lesefähigkeit und Textverständnis Schwierigkeiten haben sollten, so sorgt deren Einbindung in wechselnde Zufallsgruppen meist doch recht wirksam dafür, dass sie zumindest phasenweise auf verständnisvolle Mitschüler:innen rechnen können, die ihnen nötigenfalls mit Tipps und Erläuterungen unter die Arme greifen. Diese »Hilfe zur Selbsthilfe« ist ein integraler Bestandteil der in den Abschnitten 5.3 bis 5.26 dokumentierten »Lernspiralen« zu ausgewählten Friedensfragen (siehe die tabellarischen Leitfäden für Lehrkräfte). Das besagte soziale Wechselspiel sichert den nötigen Tiefgang.

Verankern lässt sich die friedensethische Bildungsarbeit an verschiedenen innerschulischen Stellen. Besonders prädestiniert sind dabei die Fächer Politische Bildung, Sozialkunde, Geschichte, Ethik und Religion. Für diese Fächer gelten in den allermeisten Bundesländern Lehrpläne, die Friedensfragen ausdrücklich ausweisen und beachtliche Spielräume für entsprechende Unterrichtseinheiten zum Problemfeld »Krieg und Frieden« lassen. Dabei kann es um das Analysieren und Reflektieren aktueller Konflikte/Kriege gehen, aber auch um das Würdigen der Friedensbewegung, der Vereinten Nationen (UNO), der christlichen Friedensethik, der Entspannungs- und Abrüstungspolitik der 1970er- und 1980er-Jahre oder der deutschen Wiedervereinigung im Zeitraum 1989/90. Da den Lehrkräften in den genannten Fächern meist relativ wenige Inhaltsvorgaben gemacht werden, können einige der in Kapitel fünf thematisierten Friedensfragen recht problemlos aufgegriffen werden.

Für die Unterrichtsarbeit selbst ist es wichtig, dass die in Abschnitt 5.2 skizzierten produktiven Herangehensweisen Beachtung finden. Entscheidend für den Aufbau nachhaltiger Reflexions- und Urteilskompetenzen in Friedensfragen ist nämlich, dass nicht nur über den Hör- und Seh-Kanal gelernt wird, sondern die vorliegenden Materialien und Recherchebefunde möglichst intensiv und konstruktiv bearbeitet und verarbeitet werden. Dieser »Arbeitsunterricht« ist Voraussetzung und Gewähr dafür, dass sich der besagte »reflektierte Pazifismus« entwickeln kann. Nachplappern und oberflächliches Übernehmen vorgefertigter Denk- und Urteilsmuster reichen nun einmal nicht aus! Nötig sind vielmehr möglichst intensive Arbeits-, Interaktions- und Produktionsprozesse der Lernenden, die das Generieren eigener Meinungen, Überzeugungen und Argumentationsweisen unterstützen. Friedensethische Urteils- und Bewusstseinsbildung kann auf diese geistige Kärrnerarbeit unmöglich verzichten.

Dafür bieten sich allerdings nicht nur die regulären Fachstunden in Politik, Sozialkunde, Ethik, Religion oder Geschichte an, sondern auch spezielle Verfügungsstunden oder auch schulinterne Projekttage beziehungsweise Projektwochen mit friedensethischer Schwerpunktsetzung. Typisch für diese zeitintensiveren Bildungseinheiten ist, dass die Schüler:innen bestimmte Konflikt- beziehungsweise Kriegsereignisse vergleichsweise differenziert sondieren, reflektieren, diskutieren, problematisieren und in anderer Weise bearbeiten können. So gesehen ist produktives Arbeiten und Lernen Programm. Das eröffnet der friedensethischen Grundbildung insofern gute Chancen, als dieses zeitintensive produktive Lernen höchst lernwirksame Gestaltungsmöglichkeiten eröffnet. Das gilt insbesondere für Projektwochen, die den Schüler:innen neben ihrer zeitlichen Ausdehnung häufig auch noch interessante inhaltliche Wahlmöglichkeiten eröffnen.

Warum also nicht mal eine Projektwoche unter das Oberthema »Krieg und Frieden« stellen und korrespondierende Wahlthemen offerieren, denen sich die Teilnehmenden alters- und interessenabhängig zuordnen können. Bei der Ausgestaltung einer derartigen Projektwoche könnten die in Kapitel fünf dokumentierten Materialien und Reflexionsanstöße beste Dienste leisten. Dies auch deshalb, weil sie vielfältige Anregungen zur Aktivierung und sozialen Vernetzung der Lerner bieten. Egal, ob nun assoziativ zu zeichnen, eine Kriegslandkarte zu erstellen, ein Leserbrief zu schreiben, ein Schaubild zu zeichnen, ein Gedicht zu verfassen, ein Kommentar zu formulieren, ein Plakat zu gestalten oder ein Protestflyer zu erstellen ist. Egal auch, ob ein Interview, eine Debatte, ein Rollenspiel, ein Streitgespräch oder eine freie Rede auf dem Programm steht. Stets erhalten die betreffenden Schüler:innen eingehend Gelegenheit, sich in bestimmte friedensethische Problemlagen hineinzubohren und das eigene Grundverständnis so zu schärfen, dass ein relativ differenziertes Meinungsbild entsteht.

## 6.3 Bildungsforen in der Erwachsenenbildung

Was für die Schuljugend gilt, gilt grundsätzlich auch für die Erwachsenen. Auch viele Erwachsene tun sich eher schwer damit, in Friedensfragen klar und begründet Position zu beziehen. Im Regelfall stützen sie sich auf die medial vermittelten Deutungs- und Stimmungsmuster, obwohl diese häufig alles andere als objektiv und differenziert recherchiert sind (vgl. die Abschnitt 2.9 und 2.10). Das gilt insbesondere für »Social Media«, mit Einschränkungen aber auch für die etablierten Presse-, Funk- und Fernsehanstalten, die nicht selten einem bestimmten »Mainstream« folgen und deshalb Gefahr laufen, Meinungsmanagement zu betreiben. So gesehen ist die veröffentlichte Meinung in Sachen »Krieg und Frieden« unbedingt zu hinterfragen und mit konträren Befunden und Berichten zu konfrontieren, die Konfliktlagen unter Umständen in einem deutlich anderen Licht erscheinen lassen.

Das gilt zuallererst natürlich für Studierende der Politik-, Sozial- und Erziehungswissenschaften – einschließlich Lehramt, Journalistik, Psychologie, Ökonomie, Philosophie, Religion oder Ethik. Sie alle sind beruflicherseits gehalten, einen möglichst differenzierten Blick auf menschliche Verhaltensmuster, Wertesysteme, Konflikte und Konfliktlösungsmöglichkeiten zu erlernen und zu beherrschen. Das betrifft sowohl die gesellschaftlichen Mikrokosmen (Familie, Schule, Parteien et cetera) als auch die internationalen Beziehungen von Völkern und Nationen. Das große Thema »Konfliktmanagement« spielt letztlich überall eine wichtige Rolle. So gesehen wäre es gut, wenn in den Universitäten verstärkt Seminare angeboten würden, die dem Themenfeld »Konfliktmanagement/Kriegsprävention/Friedensicherung« besondere Aufmerksamkeit schenken. Bisher kommt diese friedensethische Grundbildung zu kurz.

Ähnliches gilt für die außeruniversitären Bildungseinrichtungen, die sich an politikinteressierte Erwachsene richten. Das sind zum einen die Volkshochschulen mit ihren vielfältigen Angeboten zu allen möglichen Lebensfragen – einschließlich Politik und Beruf. Da sind zum anderen aber auch und besonders die gesellschaftspolitisch ausgerichteten Akademien der Parteien, Kirchen und Gewerkschaften, die in Abendkursen, Vortragsveranstaltungen oder mehrtägigen Seminaren – insbesondere an Wochenenden – Angebote zu friedensethischen Kernthemen unterbreiten können. Für den Bestand einer Demokratie sind derartige »Grundbildungsmaßnahmen« insofern unverzichtbar, als ansonsten der viel gepriesene »mündige Staatsbürger« eine ziemliche »Leerformel« bleibt. Von daher ist es schade, dass friedensethische Seminar- und Vortragsangebote in der Erwachsenenbildung eher selten geworden sind. Umso wichtiger ist es, dass die genannten Veranstalter diesem Trend entgegenwirken.

Die in Kapitel fünf dokumentierten Materialbausteine bieten vielfältige Informationen und Anregungen zum Ausbau dieser friedenspolitischen Mündigkeit. Das gilt insbesondere für Veranstaltungen von mindestens zweistündiger Dauer, die aufgrund ihres Prozesscharakters Raum für tiefergehende Reflexions- und Meinungsbildungsprozesse bieten. Dabei zeichnet sich die betreffende friedensethische Grundbildung dadurch aus, dass aktuelle Friedensfragen aufgegriffen und in ebenso differenzierter wie aktiver Weise bearbeitet, diskutiert und zur eigenen Meinungsbildung genutzt werden. Wie die korrespondierenden Klärungsprozesse in Seminargruppen ablaufen können, zeigen die als Additum angefügten Leitfäden für Lehrkräfte. Ob die Seminararbeit dann tatsächlich so abläuft, sei mal dahingestellt. Die faktische Reflexionsarbeit sollte auf jeden Fall auf die Einstellungen, Vorerfahrungen und sonstigen Lernausgangsbedingungen der Seminarteilnehmer:innen Rücksicht nehmen.

Zur Rolle der Lehrenden: Diese sind im Rahmen der vorgeschlagenen Arbeits- und Interaktionsprozesse in erster Linie für die Lernorganisation, Lernberatung, Moderation und defensive fachliche Impulsgebung zuständig und weniger für kompakte Fachvorträge und sonstige Belehrungen. Will sagen: Sie bieten ihren Lerngruppen orientierende Verfahrensinstruktionen, stellen lernrelevante Materialien zur Verfügung, liefern defensive fachlich-operative Beratung, sorgen für gelegentliche Reflexionen und Feedbacks und stellen bei alledem sicher, dass die Seminarteilnehmer:innen möglichst vielseitig agieren und interagieren. Das begünstigt eine relativ intensive Meinungsbildung zum Thema »Friedenssicherung«. Statt zu rezipieren und zu konsumieren, werden die Studierenden also in erster Linie dazu angehalten, selbst aktiv zu werden und in Kooperation mit wechselnden Lernpartnern für den nötigen friedensethischen Durchblick zu sorgen. Diese teilnehmerzentrierte Lernarbeit ist gerade in der Erwachsenenbildung unverzichtbar.

## 6.4 Warum weitere Recherchen Sinn machen

Wie an anderen Stellen im Buch bereits angedeutet, bilden die in Kapitel fünf dokumentierten Reflexionsanstöße und Materialien zwar einen hilfreichen Grundstock, um die eigene Meinungsbildung zu fundieren. Sie erheben jedoch keinen Anspruch darauf, alle wichtigen Aspekte zu erfassen, die zum jeweiligen Friedensthema von Belang sein mögen. Die dokumentierten Informationspakete bemühen sich um Aspekt-Vielfalt – gewiss! Zudem begünstigen sie einen kritischen Blick hinter die Kulissen des sicherheitspolitischen Treibens. Auch sind sie grundsätzlich darauf bedacht, verkürzte Vorurteile zu vermeiden und im besten Sinne des Wortes kognitive Dissonanzen zu erzeugen, die konstruktive Gärungs- und Klärungsprozesse in Gang bringen. Gleichwohl sind ungewollte Verkürzungen bei der Materialbereitstellung nicht auszuschließen. Deshalb sind zusätzliche Recherchen unbedingt anzuraten.

Diese Anregung findet sich in den Abschnitten 5.3 bis 5.26 immer wieder und sollte von den Lernteilnehmer:innen grundsätzlich zum Anlass genommen werden, gezielt zu überlegen, ob Zusatzrecherchen Sinn machen. Zwar ist die Aussagekraft von Internetquellen häufig schwer zu beurteilen. Aber je breiter recherchiert wird, desto größer wird im Regelfall die Wahrscheinlichkeit, dass keine groben Fehleinschätzungen unterlaufen. Letzteres gilt auch und nicht zuletzt für die im Buch dokumentierten Materialien und Reflexionsimpulse, die auf gründlichen Recherchen basieren. Indem die Lerninteressenten nun zusätzliche Nachforschungen im Internet anstellen, wächst die Chance auf eine relativ solide Meinungsbildung zur jeweiligen Friedensfrage.

Da die Recherchearbeit unter Umständen ziemlich aufwendig und diffizil ist, braucht es natürlich entsprechende Rahmenbedingungen. Das gilt für Schulen, Seminare und Akademien genauso wie für die häusliche Alleinarbeit. Diese unterstützenden Rahmenbedingungen beginnen mit der Verfügbarkeit leistungsfähiger Internetverbindungen, Suchprogramme und Computer beziehungsweise Laptops und reichen über das Vorhandensein kompetenter Lernbegleiter und versierter eigener Recherchekompetenzen bis hin zu ausreichend großen Zeitgefäßen für die anstehenden Recherchearbeiten. Zum Letzteren: Doppelstunden, Projekttage oder sonstige größere Blockphasen machen es natürlich leichter, die nötige Rechercheintensität zu erreichen. Ist dieses institutionell nicht möglich, so bleibt häufig nur die häusliche Vor- und Nachbereitung am eigenen PC.

## 6.5 Fazit: Wo ein Wille ist, ist auch ein Weg!

Reflektierter Pazifismus verlangt – wie erwähnt – möglichst tiefgreifende Reflexions- und Klärungsprozesse in Sachen Kriegsvermeidung, Entspannungspolitik, Diplomatie, Interessenausgleich und internationale Völkerverständigung. Von daher muss es Lehrende, Lernende und Lernsituationen geben, die eine derartige Reflexions- und Klärungsarbeit ermöglichen beziehungsweise sicherstellen. Dass das nicht immer leicht ist, ist ein offenes Geheimnis. Trotzdem bestehen in den etablierten Bildungseinrichtungen und Hausarbeitsphasen durchaus passable Gestaltungsspielräume, um zu einer substanziellen Meinungsbildung in Sachen Krieg und Frieden gelangen zu können. Das zeigen unter anderem die im letzten Kapitel dokumentierten Leitfäden für Lehrkräfte mit ihren differenzierten Arbeitsphasen. Schwieriger wird es dagegen bei der Frage, wer sich denn im konkreten Bildungsalltag tatsächlich die Zeit nimmt und darum kümmert, dass dem Problemfeld Kriegsprävention/Friedenssicherung die nötige Aufmerksamkeit gewidmet und die mediale »Mainstream-Berichterstattung« angemessen hinterfragt wird.

Die bisherige Praxis ist eher die, dass die großen Medienhäuser und Social-Media-Akteure in hohem Maße beeinflussen, was

Menschen in Sachen Friedensgefährdung und Friedenssicherung denken, fühlen und argumentativ nach außen hin vertreten. Will sagen: Das mediale Meinungsmanagement bestimmt in alarmierender Weise das Bewusstsein vieler Menschen. Dieses Meinungsmanagement wird von den verantwortlichen Medienmachern zwar regelmäßig bestritten oder zumindest kleingeredet. Aber die faktischen Manipulationsgefahren sind deshalb keineswegs vom Tisch. Im Gegenteil: Das in der Bevölkerung vorherrschende Schwarz-Weiß- beziehungsweise Gut-Böse-Denken ist mit all seinen Verkürzungen, Verdrehungen, Klischees und Emotionen zu einem erheblichen Teil Ergebnis dieses Medieneinflusses. Die Idee des »mündigen Staatsbürgers« ist damit nur schwer in Einklang zu bringen.

Weil aber »Mündigkeit« eines der Kernanliegen der Demokratie ist, braucht die besagte mediale und politische Stimmungsmache unbedingt ein Korrektiv. Andernfalls hat die hochgeschätzte Meinungsfreiheit schnell ausgedient. Ein probater Weg zur Sicherstellung dieses Korrektivs ist die im Buch grundgelegte Reflexions- und Klärungsarbeit in Sachen Kriegsursachen, Kriegsfolgen, Kriegsprävention, Diplomatie und Konfliktmanagement. Diese Aufgabe verdient fraglos verstärkte Beachtung – aber eben auch den entschiedenen Willen aller Bildungsakteure, diesen Weg auch tatsächlich zu gehen. Ist Letzteres der Fall, so finden sich in der Regel auch genügend Möglichkeiten und Anlässe, um dem intendierten »reflektierten Pazifismus« auf die Beine zu helfen. Die Ausführungen und Materialien im Buch zeigen, dass diese friedensethische Meinungs- und Bewusstseinsbildung nicht nur dringend nötig, sondern auch machbar ist. Das vorliegende Buch bietet vielfältige Anregungen und Materialien dazu.

# Literaturverzeichnis

Adorno, T. W.: Erziehung zur Mündigkeit. Vorträge und Gespräche mit Hellmut Becker. Frankfurt am Main 1972.

Alt, F.: Ein dauerhafter Frieden – ist der möglich? Beitrag zu aktuellen Friedensfragen. In: *Frankfurter Rundschau.* 15.1.2023, S. 8.

Alt, F.: Nagasaki, 9. August 1945. Die Atombombe als gefährlichste Missgeburt des materialistischen Zeitalters. In: *Frankfurter Rundschau.* 9.8.2022, S. 2 f.

Augstein, J.; Zeh, J.; Precht, R. u. a.: Waffenstillstand jetzt! Appell zur Beendigung des Ukraine-Krieges. In: *Die Zeit* Nr. 27/2022.

Bader, R.: Welche Rolle spielen die USA im Ukraine-Krieg?. In *Frankfurter Rundschau.* 28.2.2023, S. 4.

Bandura, A.: Lernen am Modell. Ansätze zu einer sozial-kognitiven Lerntheorie. Stuttgart 1976.

Barnet, R.: Der amerikanische Rüstungswahn oder die Ökonomie des Todes. Reinbek bei Hamburg 1971.

Bastian, G.: Frieden schaffen! Gedanken zur Sicherheitspolitik. München 1983.

Beyer, W.: Pazifismus und Antimilitarismus. Eine Einführung in die Ideengeschichte. Stuttgart 2012.

Bleckmann, P.: Interview zum Thema digitales Lernen und Computerspielsucht. In: *Frankfurter Rundschau.* 7.5.2019.

Bode, V.: Kriegszerstörungen 1939-1945 in Städten der Bundesrepublik Deutschland. In: *Europa Regional.* Heft 3/1995, S. 9-20.

Brock, L.: Wozu brauchen wir heute die Vereinten Nationen? In: *Aus Politik und Zeitgeschichte.* Heft 10-11/2016, S. 3 ff.

Brüning, L.; Saum, T.: Erfolgreich unterrichten durch kooperatives Lernen. Strategien zur Schüleraktivierung. 3. Auflage. Essen 2007.

Bruner, J. S.: Der Akt der Entdeckung. In: Heinz Neber (Hrsg.): Endeckendes Lernen. Weinheim und Basel 1981, S. 15 ff.

Canetti, E.: Masse und Macht. Erstveröffentlichung 1960. Fischer Taschenbuch. Frankfurt am Main 1980.

Claußen, A.: Krieg in der Ukraine. Wir müssen reden!. In: *Frankfurter Rundschau.* 29.7.2022, S. 2 f.

Conze, E.: Wer zuerst schießt, stirbt als Zweiter. Die Geschichte eines kalten Friedens. In: Zeitonline: www.zeit.de/zeit-geschichte/2012/03/Wettruesten-Kalter-Krieg.

Cube, F. v.; Alshuth, D.: Fordern statt Verwöhnen. Die Erkenntnisse der Verhaltensbiologie in Erziehung und Führung. München 1989.

Daase, C.: Welche Rolle spielt jetzt noch die Diplomatie?. In: *Frankfurter Rundschau*.19.4.2022, S. 5.

Dahn, D.: Im Krieg verlieren auch die Sieger. In: *Der Freitag*. Nr. 41, 13.10.2022, S. 14.

Darwin, Ch.: Der Ausdruck der Gemütsbewegungen bei dem Menschen und den Tieren. Kritische Edition. Frankfurt am Main 2000.

Destatis: Familien nach Kinderzahl in Deutschland. Mikrozensus 2021. In: Destatis, online unter: www.destatis.de/DE/Themen/Gesellschaft-Umwelt/Bevoelkerung/Haushalte.

Diamond, J.: Der dritte Schimpanse. Evolution und Zukunft des Menschen. Frankfurt am Main 2020.

Dohnany, K. von: Nationale Interessen. Orientierung für deutsche und europäische Politik in Zeiten globaler Umbrüche. München 2022.

Eibl-Eibesfeldt, I.: Die Biologie des menschlichen Verhaltens. Grundriss der Humanethnologie. München 2004.

Emendörfer, J.: Trügerische Hoffnung. Artikel zum Öl-Embargo der EU. In: *Frankfurter Rundschau*. 5.5.2022.

Frech, S.; Richter, D. (Hrsg.): Der Beutelsbacher Konsens. Bedeutung, Wirkung, Kontroversen. Schwalbach im Taunus 2017.

Freud, S. Triebe und Triebschicksale. Psychologie des Unbewussten. Frankfurt am Main 2000.

Freud, S.: Massenpsychologie und Ich-Analyse. Erstveröffentlichung 1921. In Gesammelte Werke: Band XIII. Frankfurt am Main 1972.

Friedrich, J.: Frieden schaffen nur mit Waffen?. In: Deutschlandfunkt, 5.5.2022, online unter: www.deutschlandfunkkultur.de/frieden-waffen-krieg-pazifismus.

Fromm, E.: Anatomie der menschlichen Destruktivität. Reinbek bei Hamburg 2022.

Fukuyama, F.: Das Ende der Geschichte. Wo stehen wir?. München 1992.

Fukuyama, F.: Das Ende der Geschichte? Essay. Erstveröffentlichung 1989. In der »Edition Halkyon«. Band I. Leipzig 2020.

Ganser, D.: Imperium USA. Die skrupellose Weltmacht. Zürich 2021.

Glaubrecht, J.: Das Ende der Evolution. Der Mensch und die Vernichtung der Arten. München 2021.

Green, N.; Green, K.: Kooperatives Lernen im Klassenraum und im Kollegium. Das Trainingsbuch. Seelze 2005.

Grünbein, D.: Das ist sprachliche Aufrüstung, die zu Gewalt führen wird. In: Deutschlandfunk, 05.06.2018, online unter: www.deutschlandfunkkultur.de.

Guilliard, J.: Wie viele Menschen starben im Krieg gegen den Terror?. In *Berliner Zeitung*, 18.9.2021. online unter: www.berliner-zeitung.de/open-source.

Habermas, J.: Krieg und Empörung. Essay in der *Süddeutschen Zeitung* vom 29. April 2022, S. 12 f.

Hattie, J. A.: Lernen sichtbar machen. Baltmannsweiler 2015.

Hölig, S.: Friedensfragen: Wie gehen wir mit Kriegsnachrichten um?. In: *Frankfurter Rundschau* vom 26.7.2022, S. 5.

Ide, T. (Hrsg.): Friedens- und Konfliktforschung. Studienbuch zum Komplex Internationale Beziehungen. Stuttgart 2017.

Jordan, S.: Francis Fukuyama und das »Ende der Geschichte«. In: *Docupedia-Zeitgeschichte*, 30.5.2011, online unter: http://docupedia.de/zg/.

Kaspar, T.: Grenzenlos wichtig. Leitartikel zum Einfluss der digitalen Welt auf die Auslandsberichterstattung der Journalisten. In: *Frankfurter Rundschau*. 12.12.2022, S. 11.

Käßmann, M.: Liebet eure Feinde – das gilt doch auch im Krieg. Interview in: *Christ & Welt*. Nr. 39, 22.9.2022

Käßmann, M.: Welche Kraft hat Pazifismus noch? Reihe Friedensfragen. In: *Frankfurter Rundschau* vom 18.2.2023, S. 4.

Klafki, W.: Lernen in Gruppen: Ein Prinzip demokratischer und humaner Bildung an allen Schulen. In: *Pädagogik*, Heft 1/1992, S. 6 ff.

Klippert, H.: Teamentwicklung im Klassenraum. Bausteine zur Förderung grundlegender Sozialkompetenzen. Weinheim und Basel 2019.

Klippert, H.: Selbständiges Lernen fördern. Strategien für Schule, Unterricht und Elternarbeit. Weinheim und Basel 2022.

Klippert, H.: Arbeitsunterricht mit System: Die Lernspirale. In: *Herrmann*, U.: Lernlabor Schule. Weinheim und Basel 2022a, S. 126 ff.

Klippert, H.: Die gelähmte Bildungsrepublik. Plädoyer für eine veränderte Reformpolitik. Weinheim und Basel 2023.

Klippert, H.: Kommunikationstraining. Bausteine zur Förderung grundlegender Sozialkompetenzen. Weinheim und Basel 2018.

Klippert, H.: Lernförderung im Fachunterricht: Leitfaden zum Arbeiten mit Lernspiralen. Donauwörth 2016.

Klippert, H.: Methodenlernen in der Schule. Leitfaden zur Förderung grundlegender Lernkompetenzen. Weinheim und Basel 2016a.

Klippert, H.: Heterogenität im Klassenzimmer. Wie Lehrkräfte effektiv und zeitsparend damit umgehen können. Weinheim und Basel 2014.

Klippert, H.: Unterrichtsentwicklung – aber wie?. Erprobte Ansätze und Strategien. Weinheim und Basel 2013.

Kraus, J.: Helikopter-Eltern. Eine Streitschrift wider Förderwahn und Verwöhnung. Hamburg und Berlin 2015.

Krone-Schmalz, G.: Russland verstehen: Der Kampf um die Ukraine und die Arroganz des Westens. München 2015.

Krone-Schmalz, G.: Eiszeit. Wie Russland dämonisiert wird und warum das so gefährlich ist. München 2017.

L Bon, G.: Psychologie der Massen. Französische Originalausgabe 1895. Stuttgart 2017.

Ley, I.: Keine Waffenlieferungen in Krisengebiete? Hinterfragung eines Grundsatzes deutscher Rüstungsexportpolitik. Internetversion unter: https://verfassungsblog.de/keine-waffenlieferungen-in-krisengebiete/

Littell, J.: Kompromisse wären eine Katastrophe. Essay zur Ukraine-Politik Westeuropas. In: *Der Spiegel*. 25.6.2022, S. 86 f.

Lorenz, K.: Das sogenannte Böse: Zur Naturgeschichte der Aggression. München 1998.

Lüders, M.: Die scheinheilige Supermacht. Warum wir uns dem Schatten der USA heraustreten müssen. München 2021.

Meyer, B.: Konfliktregelung und Friedensstrategien. Eine Einführung in die Friedens- und Konfliktforschung. Wiesbaden 2011.

Merkel, W.: Wir waren nie Pazifisten. Interview mit dem Politikwissenschaftler Wolfgang Merkel. In: *Rheinpfalz am Sonntag*. 20.11.2022, S. 3.

Müller, A.: Glaube wenig, hinterfrage alles, denke selbst. Wie man Manipulationen durchschaut. Frankfurt am Main 2022.

Münkler, H.: Mauerfall und deutsche Einheit. In: Deutschland.de, 27.9.2018, online unter: www.deutschland.de/de/topic/politik/deutschland-europa/mauerfall.

Neuneck, G.: Das Wettrüsten der Supermächte. In: ZNF Uni Hamburg, 13.11.2018, online unter: www.znf.uni-hamburg.de/media/documents/docs-ws1819/vl18-19-wettruesten.pdf, S. 23.

Nutt, H.: Lust an der Empörung. Wir machen mit im Karneval der Affekte, erschrecken aber, wenn uns aus den sozialen Medien Hass entgegenschlägt. In: *Frankfurter Rundschau*. 5.8.2022, S. 22.

Orde, H. v.; Durner, A.: Grunddaten Jugend und Medien 2022. Aktuelle Ergebnisse zur Mediennutzung von Jugendlichen in Deutschland. Internet-Dokumentation. Hrsg. vom Internationalen Zentralinstitut für das Jugend- und Bildungsfernsehen IZI. München 2022.

Orth, G.: Bedeutet der Ukraine-Krieg das Ende des Pazifismus? In: *Frankfurter Rundschau*. 4.10.2022, S. 4.

Pavlov, I. P.: Conditioned Reflexes. An investigation of the physiological activity of the cerebral cortex. London 1927.

Pfister, R.: Ein falsches Wort. Was die Meinungsfreiheit und die offene Gesellschaft bedroht. In: *Der Spiegel*. 27.8.2022, S. 78 ff.

Pohl, K.: Kontroversität: Wie weit geht das Kontroversitätsgebot für die politische Bildung?. In: Bundeszentrale für politische Bildung, 19.03.2015, online unter: www.bpb.de/politische-bildung/193225/kontroversität.

Postman, N.: Wir amüsieren uns zu Tode. Urteilsbildung im Zeitalter der Unterhaltungsindustrie. Frankfurt am Main 1985.

Precht, R.; Welzer, H.: Die vierte Gewalt. Wie Mehrheitsmeinung gemacht wird, auch wenn sie keine ist. Frankfurt am Main 2022.

Reckwitz, A.: Die Gesellschaft der Singularitäten. Zum Strukturwandel der Moderne. Berlin 2020.

Reckwitz, A. (2022a): Der Optimismus verbrennt. Wie kann der erschütterte Liberalismus diese globale Zeitenwende meistern? In: *Die Zeit.* 17.3.2022, S. 47.

Reckwitz, A. (2022b): Freiheit, Wohlstand, Globalisierung: Alles wird besser, alles wird mehr?. Das war einmal. In: *Der Spiegel.* Heft 38/2022, S. 78 ff.

Reich, K.: Konstruktivistische Didaktik. Lehren und Lernen aus interaktionistischer Sicht. Neuwied und Kriftel 2002.

Riesenberger, D.: Geschichte der Friedensbewegung in Deutschland. Von den Anfängen bis 1933. Göttingen 1985.

Rödder, A.: Deutschland ewig Vaterland. Die Geschichte der Wiedervereinigung. München 2009.

Rosa, H.: Haltet ein! Eine Entgegnung auf Thesen des Grünen-Vordenkers Ralf Fücks zum Ukraine-Krieg. In: *Der Spiegel.* 23.7.2022, S. 40 f.

Sarovic, A..: Sipri-Studie. In: *Der Spiegel* vom 9.3.2020. Inernetfassung unter: www.spiegel.de/ausland/sipri-studie-das-sind-die groessten-waffenexporteure.

Schaible, J.: Das Märchen von der Cancel-Culture. Warum ist diese These trotzdem so populär?. In: *Der Spiegel* 31.8.2022, S. 50 ff.

Scholl, S.: Teure Tricksereien. Wie Russland Sanktionen umgeht. In: *Frankfurter Rundschau.* 2.2.2023, S. 15.

Schneider, G,; Toyka-Seid, C.: Pazifismus heißt gewaltfrei leben. In: Bundeszentrale für politische Bildung, online unter: www.bpb.de/kurz-knapp/lexika/das-junge-politik-lexikon/320925/pazifismus, abgerufen am 01.06.2022.

Schweitzer, C.: Kann dieser Konflikt mit zivilen Mitteln gelöst werden?. In: *Frankfurter Rundschau.* 23.9.2022, S. 4.

Siebert, H.: Pädagogischer Konstruktivismus. Lernen als Konstruktion von Wirklichkeit. 2. Auflage. München 2003.

Skinner, B. F.: Die Funktion der Verstärkung in der Verhaltenswissenschaft. Kindler Verlag. München 1974.

Spitzer, M.: Digitale Demenz. Wie wir uns und unsere Kinder um den Verstand bringen. München 2012.

Stenke, W.: Petra Kelly und Gert Bastian. Archiv-Beitrag des Deutschlandfunks. In: Deutschlandfunk, 19.10.2017, online unter: www.deutschlandfunk.de/petra-kelly-und-gert-bastian.

Stöver, B.: Der Kalte Krieg. Geschichte eines radikalen Zeitalters 1947 – 1991. Bibliografische Reihen. München 2017.

Tooze, A.: Amerika ist der große Gewinner des Ukraine-Krieges. In: *Frankfurter Rundschau.* 18.11.2022, S. 26 f.

Twenge, J. (2018a): Me, My Selfie and I. Was Jugendliche heute wirklich bewegt? München 2018.

Twenge, J. (2018 b): Generation Smartphone. Wie die neuen Medien auf die Jugendlichen wirken. In: *Psychologie heute.* Heft 6/2018, S. 28 ff.

Wolf, K-D.: Die UNO – Geschichte, Aufgaben, Perspektiven. München 2016.

Watson, J. B.: Psychology as the Behaviorist Views it. In: Psychological Review, Nr. 20, 1913. Frankfurt am Main 1976.

Weinert, F. E.: Lehren und Lernen für die Zukunft. Manuskript eines Vortrags. Bad Kreuznach 2000.

Winkler, H.: Als die SPD konservativ wurde. Gastbeitrag zur Ostpolitik der Sozialdemokraten. In: *Der Spiegel*. 11.6.2022, S. 42 ff.

Witzenbacher, K.: Handlungsorientiertes Lernen. Anregungen und Beispiele für einen hauptschulgemäßen Unterricht. Ansbach 1985.

Wright, Q. A Study of War. 2. Auflage. Chicago 1965.

Xiang, B.: Interview zu eskalierenden Konflikten und dem Unterschied zwischen fair und gerecht. In: *Frankfurter Rundschau*. 13.8.2022, S. 22 f.

ISBN 978-3-949925-10-8
Preis EUR 24,00 / EUA 24,70

Dieser Sammelband analysiert die Ursachen und Folgen des Ukrainekrieges und dabei im Besonderen die Rolle des Westens. Eine neue Entspannungspolitik, so die These, ist die zentrale Voraussetzung für einen Frieden in Europa und ein Ende des Konfl ikts in der Ukraine. Vertrauensbildende Maßnahmen und Verhandlungslösungen müssen ins Zentrum der politischen Debatte gerückt werden. Denn nur die Abkehr von einer Politik der Konfrontation, der Expansion und unversöhnlichen Rivalität kann einen großen Krieg und den Einsatz von Atomwaffen verhindern.

Die internationalen Autorinnen und Autoren, die dieser Band versammelt, zeigen die verheerenden Auswirkungen der bisherigen Politik auf und bieten interdisziplinäre und multiperspektivische Analysen der Konfrontationspolitik zwischen Russland und der NATO sowie Perspektiven für ein Europa in Frieden und Freiheit.

Mit Beiträgen von Wolfgang Streeck, Klaus von Dohnanyi, Sabine Schiffer, David Teurtrie, Jacques Sapir u. a.

ISBN 978-3-86489-404-6
Preis EUR 15,00 / EUA 15,50

Der deutschen Diskussion um den Ukraine-Krieg liegt die Annahme zugrunde, dass unsere Verurteilung des russischen Angriffskriegs von der ganzen Welt geteilt wird. Diese Annahme ist jedoch unzutreffend und es ist Zeit, selbstkritisch nach den Gründen dafür zu fragen. Der russische Bruch des Gewaltverbots, der Fundamentalnorm des modernen Völkerrechts, verdient unzweifelhaft eine konsequente und nachhaltige Antwort, doch kann diese Antwort glaubwürdig vom Westen, geführt von den USA, gegeben werden? Ist möglicherweise die Doppelmoral des Westens der Grund dafür, dass der Großteil der Staaten dieser Welt, vor allem des Globalen Südens, allenfalls verbal die russische Aggression verurteilt? Wie kann dem Glaubwürdigkeitsverlust des Westens in weiten Teilen der Welt begegnet werden? Was muss der Westen tun, um weltweite Glaubwürdigkeit zu erlangen?